Raphael M. Bonelli

Selber schuld!

Raphael M. Bonelli

SELBER SCHULD!

Ein Wegweiser aus seelischen Sackgassen

Pattloch

Besuchen Sie uns im Internet:
www.pattloch.de

FSC
www.fsc.org
MIX
Papier aus verantwortungsvollen Quellen
FSC® C006701

Lektorat: Michael Schönberger
Umschlaggestaltung: ZERO Werbeagentur, München
Umschlagabbildung: © August 11: Sunny spells, cloudier in the North. Cooler, 2004 (oil on panel), McLaughlin, Ben (Contemporary Artist) / Private Collection / Wilson Stephens Fine Art, London / The Bridgeman Art Library
Satz: Adobe InDesign im Verlag
Druck und Bindung: CPI – Ebner & Spiegel, Ulm
Printed in Germany
ISBN 978-3-629-13028-0

2 4 5 3 1

Gewidmet allen Gescheiterten –
auf dass ihr Scheitern Frucht bringe

Expertenstatements
aus Psychologie, Psychotherapie, Psychiatrie, Philosophie, Sexualwissenschaft, Theologie und Soziologie

Dipl.-Psych. Heiko Ernst,
Chefredakteur von »Psychologie heute«:

Bonelli führt uns auf die einfache, aber fundamentale Wahrheit zurück, dass jeder einen freien Willen hat und sich zwischen Gut und Böse entscheiden muss.

Univ.-Prof. Dr. Rotraud Perner,
Donau-Universität Krems, Psychoanalytikerin:

Raphael Bonelli gelingt es, in einer Zeit, in der sich kaum jemand mehr mit den Lasten von Schulden, Schuldgefühlen und echter Schuld auseinandersetzen will, ohne erhobenen Zeigefinger, dafür mit liebevollem Schmunzeln, Wegweiser durch den Gefühlsdschungel zu sein.

Univ.-Prof. DDr. Martin Rhonheimer,
Pontificia Universitas Sanctae Crucis in Rom, Philosoph:

Aus dem Leben gegriffen und für das Leben geschrieben: Raphael Bonellis Buch »Selber schuld!« ist eine genussvolle Lektüre voller überraschender und hilfreicher Einsichten, klug und witzig, gelehrt und tiefschürfend. Der Leser lernt sich selber besser kennen und wird motiviert, an sich zu arbeiten. Empfehlenswert für alle, die bereit sind, über den eigenen Schatten zu springen und dabei die wahre Freiheit zu entdecken.

Prim. Dr. Samuel Pfeifer, Akademie für Psychotherapie und Seelsorge, Psychiater:

Bonelli packt mit spitzer Feder ein Tabuthema der Psychotherapie an. Hier ist ein neues Standardwerk zum unverkrampften, aber nicht weniger ernsthaften Umgang mit der Schuldfrage, die unsere Patienten in vielfältigen Schattierungen in die Sprechstunde bringen. Ein provozierendes, aber auch ein weises Buch mit vielen Ideen zu originellen therapeutischen Deutungen und Interventionen. Ein »must« für jeden, der therapeutisch oder seelsorglich tätig ist.

Prof. Dr. Gerti Senger, Österreichische Gesellschaft für Sexualforschung:

Für all das, was einem im Leben widerfahren ist und was man selber »verbockt« hat, immer nur einen Sündenbock zu suchen, ist zu einfach. Natürlich ist es schwierig und schmerzhaft, Verantwortung für etwas zu übernehmen, was irgendwann einmal ohne eigenes Zutun aus dem Gleichgewicht geriet. Schuldzuweisungen sind zwar bequem, aber Konfliktlösungen, Wachstum und eine gesunde Lebensperspektive sind in der »Ich-bin-nicht-schuld-Zone« nicht vorgesehen.

Univ.-Prof. DDr. Hanna-Barbara Gerl-Falkovitz, Technische Universität Dresden, Philosophin:

Blitzlichter über Abgründen von Lust, Angst und Schuld. Und noch dazu: ein Wegweiser voller Humor! Bonelli trifft ins Schwarze, sowohl sachlich als auch sprachlich. Sigmund Freud dreht sich im Grabe um – oder freut sich, wenn er souverän ist! Besonders hübsch ist die Zeichnung der cholerischen Nichte. Ansonsten ein ziemlich sumpfiges Gelände, in dem der Autor Drainagen einzieht.

Univ.-Prof. Dr. Walter Pieringer, Medizinische Universität Graz, Tiefenpsychologe:

Selber Schuld! – Eine erfrischende Lossagung vom mitteleuropäischen Sadomasochismus. Der zentrale, neurotisch machende Komplex »nur ja nicht schuldig zu werden«, findet in dieser Anthologie eine herzliche Beleuchtung. Der Nervenarzt und Psychotherapeut Raphael M. Bonelli hat in feinfühliger Sprache, mit wertvollen Einsichten und anschaulichen Beispielen kluge Argumente für das befreiende persönliche Schuldbekenntnis vorgestellt.

Univ.-Prof. Dr. Alfred Pritz, Rektor der Sigmund Freud Universität (SFU), Psychoanalytiker:

Der SFU-Neurowissenschaftler Bonelli legt ein leicht lesbares Buch zum Schmunzeln vor. Es ist eine Freude, mit welcher Leichtigkeit er rezente neurologische Forschungsergebnisse mit psychotherapeutischen Erfahrungen und philosophischen Erkenntnissen scheinbar mühelos zu einem stimmigen Ganzen verknüpft.

Univ.-Prof. Dr. Doris Gruber,
Medizinische Universität Wien:

Endlich ein Psychobuch, das etwas von Wissenschaft versteht! Der renommierte Neurowissenschaftler Bonelli zaubert ein Buch hervor, in dem er sich nicht hinter unverständlichem Fachjargon und unzähligen Zitaten versteckt, sondern unverschämt und humorvoll seine provokante Entdeckung formuliert: Heute verdrängen wir nicht mehr Sex, sondern Schuld. Wie recht hat er mit diesem Tabubruch!

Univ.-Prof. Dr. Peter Hofmann,
Medizinische Universität Graz, Psychiater:

Respekt, da traut sich einer gegen den Wind zu pfeifen – und zwar mit liebevollem Humor und einer gehörigen Portion Weisheit gegen die eingefahrene Korrektheit. Ein Wiener Nervenarzt und Psychotherapeut, der den Wiener Nervenarzt und Psychotherapeuten Sigmund Freud vom Kopf auf die Füße stellt! Bonelli ist der neue Watzlawick: Sein Buch kann vielen Menschen eine große Hilfe sein.

Univ.-Prof. Dr. Hildegunde Piza-Katzer,
Medizinische Universität Innsbruck:

Man fühlt sich beim Lesen des Buches von Bonelli fast getrieben, eine »Geschichte« nach der anderen zu lesen, man lächelt und staunt und hält sie nicht für wahr ... Auf der Straße allerdings ertappte ich mich nach dieser Lektüre schon mehrmals fragend – ist das einer jener, der ...? Spannend, sich im humorvoll gestylten Spiegel wiederzuerkennen!

Univ.-Prof. Dr. Günter Schiepek,
Forschungsinstitut für Psychotherapieforschung,
Paracelsus Medizinische Privatuniversität Salzburg:

Die geläufige, aber in der Psychotherapie(geschichte) weitgehend »verdrängte« Unterscheidung zwischen Schuldgefühl und Schuld eröffnet dem Leser sowohl eine psychologische wie eine existenzielle Dimension der umfassenden Thematik – und vermeidet damit einen psychologisierend-reduktiven Blick nur auf die Seite der Schuldgefühle. Umso erfrischender sind die psychologischen Analysen der vielfältigen Facetten des Phänomens, wobei der Autor aus reichem Praxis- wie Fachwissen schöpft. Angereichert durch viele Fallbeispiele und aufbereitet mit Humor und Sprachwitz, zuweilen mit karikierenden Überzeichnungen, bereitet das Buch ein echtes Lesevergnügen.

Univ.-Prof. Dr. Kurt Kardinal Koch,
Präsident des Päpstlichen Rates zur Förderung
der Einheit der Christen, Rom:

Raphael Bonellis Analysen befreien den Menschen aus dem Elend des Perfektionismus und von der trügerischen Suche nach Selbsterlösung. Es ist erfrischend zu sehen, wie die Psychotherapie helfen kann, sich selbst ungeschminkt zu sehen und dadurch den verstellten Blick nach außen – und hoffentlich auch nach oben – wieder freizubekommen. In diesem Werk erweist sich Raphael Bonelli als ein Psychiater mit Fachkompetenz, feinem Humor und philosophischer Tiefe.

Dr. Fuat Sanac, Präsident der
Islamischen Glaubensgemeinschaft in Österreich:

Die psychologische Erkenntnis von Professor Bonelli, zuerst einmal vor der eigenen Türe zu kehren, bevor man den anderen die Schuld gibt, ist für mich ein wertvoller Beitrag zum toleranten Umgang miteinander. Ich habe Bonelli als ehrbaren Streiter im Kampf gegen Xenophobie und religiöse Intoleranz kennengelernt und beglückwünsche ihn von Herzen für dieses menschenfreundliche Buch.

Univ.-Prof. Dr. Christoph Kardinal Schönborn,
katholischer Erzbischof von Wien:

Verdrängte Schuld macht unfrei, ja psychisch krank. Eine schmerzliche Erfahrung, die der Psychiater Raphael M. Bonelli an vielen Fallbeispielen glaubwürdig belegt: Könnten wir auf diesem Weg nicht auch das beinahe vergessene Sakrament der Beichte wiederentdecken? Wer seine persönliche Schuld annimmt, wird es als befreiend erfahren, dass sie auch bewältigt und vergeben werden kann.

Dr. Michael Utsch, Evangelische Zentralstelle
für Weltanschauungsfragen, Berlin:

Mit der typischen Direktheit des Wiener Schmäh hat Bonelli ein provozierendes Buch über die Grenzen der Psychotherapie vorgelegt. Die zahlreichen alltagsnahen Fallgeschichten aus seiner psychiatrischen Praxis belegen, dass mit Hilfe von Psychotherapie die Ursachen seelischer Störungen verständlich werden können. Am Beispiel der Beichte verdeutlicht der Autor darüber hinaus die wohltuenden Effekte religiöser Rituale, die unter bestimmten Bedingungen eine Psychotherapie sinnvoll ergänzen können. Ein anregendes Plädoyer für mehr Zusammenarbeit zwischen Psychotherapeuten und Seelsorgern!

Univ.-Prof. Dr. Reinhard Haller,
Gerichtspsychiater:

Als Gerichtspsychiater blicken wir oft hinter die biedere Fassade von Jedermännern: Das Böse steckt in jedem von uns, ob wir das nun zugeben wollen oder nicht. Ich bin Raphael M. Bonelli dankbar, dass er dieses Thema aus psychodynamischer Sicht mit viel Sprachwitz aufrollt und so dem Menschen Handlungsspielraum zurückgibt. Nur wer für die eigene Schuld nicht systematisch andere verantwortlich macht, wird gemeinschaftsverträglich.

Univ.-Prof. Dr. Manfred Prisching,
Österreichische Akademie der Wissenschaften:

Wir haben es alle gelernt: Der Einzelne ist an nichts schuld, schuld sind immer die anderen. Meist wird nicht wahrgenommen, wie entwürdigend eine solche Deutung für die einzelnen Menschen ist. Ihnen wird nichts zugetraut. Sie sind dumm, hilflos, unselbständig, entscheidungsunfähig, Fähnchen im Wind, bloße »Objekte« des Geschehens. Sie sind nicht einmal zur Schuld fähig. Weil sie zu nichts fähig sind. Bonelli gibt den Menschen die Schuld zurück. Und damit ihre Würde.

Inhalt

Einführung
Die Unschuld auf der Couch

Über Sex zu sprechen ist heute kein Problem mehr, weder in Therapien noch in Talkshows. Kann schon sein, dass Wien in den Tagen Sigmund Freuds unheimlich verklemmt war und alles Sexuelle fürchterlich verdrängt hat. Im Wien meiner Tage ist das definitiv nicht der Fall. Aber über eigene Fehler sprechen – das geht gar nicht. Nichts ist so intim wie die eigene Schuld. Die Abwehraggression bei dem Thema ist deutlich spürbar, besonders auffällig natürlich bei Paartherapien, bei denen jeweils »Unschuld« auf Beschuldigung prallt. Die peinlichen Verrenkungen, um offensichtliche Fehler zu verleugnen, sind bemerkenswert. Wir verdrängen unsere Schuld, weil sie letztlich Schmerz bedeutet und wir Angst vor Schmerz haben. Viele Menschen tun sich heute schwer, die Verantwortung für ihre Taten zu übernehmen, und haben sich ein entlastendes Erklärungsmuster von Fremdbeschuldigung und Selbstmitleid zurechtgelegt. Fast jeder sieht sich als Opfer. Dieser Mechanismus ist aber der seelischen Gesundheit nicht förderlich, denn das Opferdasein ist eine psychodynamische Sackgasse, die in der Fachliteratur immer häufiger als »Opferfalle« beschrieben wird. Ändern können wir nur ganz selten die anderen, aber immer uns selbst.

Hiermit sei klargestellt, dass »Selber schuld!« als bewusste therapeutische Provokation zum Nachdenken anregen möchte; ein Herzensanliegen, das direkt aus der Praxis in die Feder geflossen ist – quasi aus der Hüfte geschossen. Und auch eine Portion Selbsterfahrung enthält. Es geht in diesem Buch nicht darum, sich selber fertigzumachen und sich selber womöglich noch krankhafte Schuldgefühle aufzubauen, sondern darum, den persönlichen Handlungsspielraum zu vergrößern.

Der systemische Psychotherapeut Paul Watzlawick, der wie Arnold Schwarzenegger aus Österreich stammte und in Kalifornien zu Weltruhm kam, schreibt in seiner heiter-ironischen »Anleitung zum Unglücklichsein«:

»Schön – man steht schuldbeladen da, man hätte es damals besser wissen sollen, aber jetzt ist es zu spät. Damals sündigte man, jetzt ist man das Opfer des eigenen Fehltritts: Ideal ist diese Form der Unglücklichkeitskonstruktion freilich nicht, nur passabel. Suchen wir daher nach einer Verfeinerung.
Was, wenn wir am ursprünglichen Ereignis unbeteiligt sind? Wenn uns niemand der Mithilfe beschuldigen kann? Kein Zweifel, dann sind wir reine Opfer, und es soll nur jemand versuchen, an unserem Opferstatus zu rütteln oder gar zu erwarten, dass wir etwas dagegen unternehmen. Was uns Gott, Welt, Schicksal, Natur, Chromosomen und Hormone, Gesellschaft, Eltern, Verwandte, Polizei, Lehrer, Ärzte, Chefs oder besonders Freunde antaten, wiegt so schwer, dass die bloße Insinuation, vielleicht etwas dagegen tun zu können, schon eine Beleidigung ist. Außerdem ist sie unwissenschaftlich. Jedes Lehrbuch der Psychologie öffnet uns die Augen für die Determinierung der Persönlichkeit durch Ereignisse in der Vergangenheit, vor allem in der frühen Kindheit. Und jedes Kind weiß, dass, was einmal gesche-

hen, nie mehr ungeschehen gemacht werden kann. Daher, nebenbei bemerkt, der tierische Ernst (und die Länge) fachgerechter psychologischer Behandlungen.«

Was Watzlawick da 1983 launig auf den Punkt brachte, ist heute, dreißig Jahre später, zur Pandemie geworden: Fremdbeschuldigung, Selbstmitleid, proklamierte Opferidentität – und eine steigende Zahl humorloser Therapeuten. Auch der Hinweis auf die angebliche Wissenschaftlichkeit der eigenen Meinung und die damit schon vorausgesetzte Unwissenschaftlichkeit jeglichen Rüttelns am Opferstatus ist zum Volkssport geworden. Heute wie damals haben die meisten keine besondere Ahnung, was »die Wissenschaft« wirklich sagt, aber die bloße Behauptung unterstreicht so schön die eigene Position. Die Täterliste Watzlawicks ist lang – und bestimmt fallen uns da unschwer noch mehr Bösewichte ein. Die alle eines gemeinsam haben: Es sind die anderen, die, auf die man mit dem Finger zeigen kann. Die die ganze Schuld auf sich nehmen müssen, damit wir bleiben können wie wir sind: makellos und fehlerfrei.

Dieses Buch ist von einem Neurowissenschaftler, Psychiater und Psychotherapeuten geschrieben worden. Deswegen soll in der Einführung die klassische psychiatrische Krankheitslehre als Leitfaden verwendet werden, um systematisch Auftrag und Grenzen dieses Buches zu klären. Es werden zumeist drei Ursachen für psychisches Leiden genannt, die oft kombiniert auftreten. Erstens die sogenannten endogenen Störungen, bei denen der Hirnstoffwechsel durcheinandergeraten ist. Da kann niemand etwas dafür, weder der Betroffene noch seine Eltern, noch die Umwelt – nicht einmal die

Lehrer. Also kann man bei einer endogenen Depression dem Leidenden auch nicht sagen, er möge sich doch endlich ein wenig zusammenreißen. Ebenso wenig kann man den Eltern die Schizophrenie ihres Kindes vorhalten, wie es leider in manchen psychotherapeutischen Schulen über lange Jahre irrigerweise gemacht wurde. Der Mensch ist krankheitsanfällig von der Wiege bis zum Grab, und eine dieser möglichen Krankheiten betrifft eben die Botenstoffe im Gehirn. Diese Störungen sind in diesem Buch ausdrücklich kein Thema.

Der zweite Grund, warum jemand psychisch leiden kann, sind die sogenannten reaktiven Störungen. Hier geht es um eine psychische Reaktion auf eine Traumatisierung, in deren Folge sich eine posttraumatische Belastungsstörung oder eine Anpassungsstörung entwickeln kann. Das Trauma kann ohne Schuld irgendeines Menschen aufgetreten sein – etwa durch Naturkatastrophen wie ein Erdbeben – oder durch eigene oder fremde Schuld ausgelöst werden. Fremde Schuld wäre etwa eine Vergewaltigung oder ein Raubüberfall mit Verletzung des Opfers. Eigene Schuld wäre beispielsweise ein durch überhöhte Geschwindigkeit selbst verschuldeter Verkehrsunfall, bei dem jemand ernsthaften Schaden erleidet. Das wollte man nicht: so etwas kann man sich selbst oft nur schwer verzeihen. Auch diese psychischen Störungen sind in dem vorliegenden Buch nicht gemeint.

Die dritte Dimension des subjektiven Leids wird in den klassischen alten Lehrbüchern so anschaulich »neurotische Entwicklung« genannt. Hier verheddert sich das Ich in sich selbst, der Mensch kreist mehr und mehr um sich. Perfektionismus, Ichhaftigkeit, Wehleidigkeit, Sentimentalität, Opfergejammer und Selbstmitleid können die Folge sein. Es entwickelt sich mitunter eine zunehmende Angst um sich selbst. Selbsterkenntnis wird angstvoll vermieden. Schuldige für das eigene Leiden werden außerhalb seiner selbst gesucht. So wird die Schuld im Sinn einer Fremdbeschuldigung wegprojiziert, die Angst scheinbar gebannt. Die neurotische Lebenseinstellung vergiftet das menschliche Zusammenleben und die persönliche Lebensqualität. Genau diese Mechanismen werden in diesem Buch zur Sprache gebracht. Hier greift das Sprichwort »Wie man sich bettet, so liegt man«. Aufgrund der Opfermentalität und der ausgeprägten Fremdbeschuldigung können die Betroffenen aus Fehlern nicht klug werden.

Die Psychotherapie tut sich mit der Schuldfrage schwer. Während viele Kollegen durchaus behutsam mit dem Thema umzugehen vermögen, macht es sich eine nicht unerhebliche Minderheit leicht, indem sie die Schuld kurzerhand wegerklärt und Fehler nichtanwesenden Dritten in die Schuhe schiebt (siehe die oben zitierte Täterliste von Watzlawick, die beliebtesten Prügelknaben dafür sind noch immer die Eltern). Das bedeutet aber, dass der Patient in Opferfalle und Fremdbeschuldigung steckenbleibt. In meinem Medizinstudium ließ ein erfahrener Oberarzt einmal in der Psychiatrievorlesung augenzwinkernd ein launisches Bonmot fallen, das Aufmerksamkeit erregte: *»Nach einer Psychotherapie machen die Leute dasselbe wie vorher – nur ohne schlechtes Gewissen.«* Nach lautem Lachen machte sich unter uns Studenten Nachdenklichkeit breit: Redet die Psychotherapie dem Patienten wirklich nur das schlechte Gewissen aus? Dass in dieser humorvollen Übertreibung ein Körnchen Wahrheit steckt, konnte ich in der Zwischenzeit an einigen traurigen Patientenschicksalen feststellen. Mir scheint fast, wir haben kollektiv unser Schuldbewusstsein verloren oder versuchen es krampfhaft auszumerzen wie eine schwere Krankheit. Dabei liest man ja fast täglich von seelischen Grausamkeiten, von fürchterlichen Tätern – aber das sind eben ausnahmslos die anderen! Therapeuten können ein Lied davon singen: Viele Patienten werden in der Arbeit gemobbt, aber keiner mobbt. Viele werden von ihrem Partner schlecht behandelt, aber keiner behandelt seinen Partner schlecht. Aggressive Fremdbeschuldigung ohne Selbstkritik macht aber mit der Zeit beziehungsunfähig. Manche Kollegen spielen das Spiel dieses Selbstbetruges mit – möglicherweise auch aus persönlichem Unvermögen, mit der eigenen Schuld richtig umzugehen. Dann wird aus der Therapiestunde eine konspirative Sitzung, aus dem Therapeuten ein Verbündeter und aus der Psycho-Sprache eine Kampfrhetorik, die den Partner ins Eck drängt und zum Täter umdeutet. Die erhöhte Scheidungsrate von Psychotherapeuten könnte durchaus in diese Richtung gedeutet werden.

In meiner (übrigens auch systemischen) Psychotherapieausbildung hatten wir jede Menge »Selbsterfahrung« zu absolvieren, zum Teil unter vier Augen mit einem erfahrenen Lehrtherapeuten, zum Teil in kleinen und größeren Gruppen. Dabei hatte jeder der gesamten Kollegengruppe im »vertraulichen Rahmen« von seinen intimen Seelenbewegungen zu berichten. Erwünschte und willkommene Themen waren etwa Zoff mit den Schwiegereltern, Rosenkriege, besser aber noch Ehebrüche oder Sexualphantasien. Nur damit Sie sich etwas vorstellen können. Ich entschied mich in einer dieser Sitzungen, es muss um das Jahr 1995 gewesen sein, eine persönliche Schuld preiszugeben. Mir war schon vor dem Erzählen eigentümlich klar, dass ich damit mit dem Feuer spiele und einen Tabubruch wage, dass das da jetzt nicht hingehört – und hatte gleich nach vollbrachter Tat das Gefühl, etwas definitiv Falsches gesagt zu haben. Und das ist nun in einer Runde von Psychos auf dem Selbsterfahrungstrip wahrlich nicht leicht. Denn wie kann man etwas Falsches sagen, wenn es eigentlich nichts Falsches gibt? Es war auch nicht die Sache an sich, denn wir waren ja »offen für alles«. Nein, es war mein exponiertes Schuldbewusstsein, das die staunende Gruppe verwirrte und verstörte. Das war neu! Das war, gelinde gesagt, unüblich. Ja, wahrscheinlich und ziemlich sicher war es auch unprofessionell. Und auf jeden Fall war es unerwünscht. Die Gruppenleiterin rettete die peinliche Situation: Empathisch neigte sie sich mir zu und flüsterte, mir fachfrauisch tief in die Augen blickend – und ich meine mich zu erinnern, dass sie mich dabei auch an der Hand gefasst hat: »Raphael, du bist nicht schuld, du hast es damals nicht besser gekonnt. Kannst du das annehmen?« Jetzt wiederum war ich erstaunt. Eben weil ich besser gekonnt hätte, weil ich das Gute hätte tun können und mich für das Schlechte entschieden hatte, deswegen hatte ich ja Schuldgefühle! Ich erinnere mich nur dunkel, wie die Gruppenstunde weiterging. Aber mir ist bis heute das schale Gefühl geblieben, mit dieser Antwort nicht ganz ernst genommen worden zu sein. Ich wurde mit meinen Schuldgefühlen als Mensch nicht verstanden, sondern auf einen »psychischen Apparat« reduziert, der nicht richtig funktioniert und deswegen eine Fehlermeldung (das Schuldgefühl) produziert. Ich bin jedenfalls dankbar für diese Selbsterfahrungsgruppe. Denn ich habe damals tatsächlich etwas selbst erfahren.

Manchmal werden wir Psychotherapeuten vom Klienten gefragt: »War das jetzt gut, was ich getan habe? Oder war es schlecht?« Ich weiß nicht, wie da Kollegen antworten. Meine Standardantwort jedenfalls lautet:

»Gnädige Frau bzw. mein Herr, Sie befinden sich in dieser Praxis in einer moralfreien Zone. Es kann nicht meine Aufgabe sein, Ihre Handlungen moralisch zu beurteilen.« Die »moralfreie Zone« ist für die Therapie wichtig, denn das Betrachten von Handlungsmustern ohne moralische beziehungsweise moralisierende Einengung ermöglicht oft einen ungetrübten Blick auf die Fakten, die durch ängstliche Selbstzuschreibungen (»Ich bin doch ein guter Mensch, also kann nicht sein, dass ...«) sonst verschleiert würden. So weit befinde ich mich da also noch im psychotherapeutischen Mainstream. »Das bedeutet nicht«, fahre ich dann zudem üblicherweise fort, »dass nicht alle Ihre Handlungen auch eine moralische Dimension haben, aber die besprechen Sie besser mit einem Seelsorger.« Moralische Werturteile stehen dem Psychotherapeuten nicht zu. Dazu soll – je nach Glaubenszugehörigkeit – ruhig der Pfarrer, der Rabbiner oder der Imam verhelfen. Aber erlebte eigene Schuld als solche auszusprechen – das muss doch auch in einer Therapie möglich sein, ohne dass sofort der Psychologisierungsreflex eintritt und Schuld zum neuronalen Kurzschluss oder zu einem soziologischen Dominoeffekt degradiert wird – und anschließend wegoperiert.

Der Buchtitel »Selber schuld!« ist natürlich irritierend, das gebe ich zu. Diese Irritation ist durchaus beabsichtigt. Denn nach vielen Jahrzehnten der therapeutischen Exkulpierung müssen diese Ideen wie ein Tabubruch wirken. Nochmals: selbstverständlich ist man nicht an allen psychischen Störungen, die die gängigen internationalen Klassifikationen auflisten, »selber schuld«. Dieses Buch will – das proklamiere ich hiermit feierlich – kein Allheilmittel sein für alle Formen der Psychotraumatologie als Folgen von z. B. sexuellem Missbrauch, Vergewaltigung, Raubmord, Betrug, Entführung, Flugzeugabsturz, Erdbeben, Tsunami und anderen Greueln. Diese und ähnliche Fälle sind definitiv nicht gemeint und inhaltlich zur Gänze ausgeschlossen. Es gibt sie natürlich, die Opfer von menschlicher Bosheit und Ungerechtigkeit – aber auch sehr viele Menschen, die sich von fortgeschobener Schuld endlich befreien können, indem sie in ihr den eigenen Anteil erkennen.

Ich sehe schon jetzt die moralische Entrüstung des einen oder anderen Lesers voraus, wenn er die humorvolle Aufarbeitung eines so ernsten Themas in die falsche Kehle bekommt. Er möge geneigt zur Kenntnis nehmen, dass Humor Teil meines Therapie-Repertoires ist und deswegen in diesem Werk oft mitschwingen wird. Wenn ich einen Sachverhalt leicht ironisiere, bedeutet das selbstverständlich nicht, dass ich mich über einen Patienten oder sein Leid lustig mache. Viele der hier beschriebenen Probleme kommen aus konkreten Lebensgeschichten, bei denen wir – der Patient und ich – durch das Verlachen des Symptoms eine neue innere Freiheit geschaffen haben. Wer über sich lachen kann, der nimmt sich nicht mehr selber so fürchterlich ernst. Angst und Enge können sich lösen. Das Symptom wird entmachtet. Humor schafft Freiheit, weil er Selbstdistanz ermöglicht.

Alle 45 in diesem Buch beschriebenen Fälle sind authentisch. Allerdings sind sie ausnahmslos in den biographischen Daten zum Patientenschutz so verändert, dass ein Erkennen und Identifizieren unmöglich ist. Manchmal wurden aus diesem Grund zwei oder mehr ähnliche Schicksale in eine Geschichte verpackt. Die Fälle stellen meist keine psychodynamische Entwicklung dar, sondern eine Momentaufnahme zur Veranschaulichung des im Fließtext theoretisch Abgehandelten. Damit sind die Fälle auch nicht als Therapieberichte zu verstehen. In Fall 30 mischt sich ein von Michael Linden publizierter Fall mit einem österreichischen Schicksal, Fall 29 ist wie bezeichnet zur Gänze übernommen, Fall 13 ist ein öffentlich bekannter Fall aus den USA, der deswegen auch mit Realnamen beschrieben wird.

In all diesen Fällen geht es um ernste Fragen. Wie gehen wir mit Schuld und mit unseren Schuldgefühlen um? Wie mit erlittenem Unrecht? Was ist die gesündeste Weise, mit Verletzungen und Demütigungen zurechtzukommen? Ziehen wir uns in die innere Emigration zurück? Gehen wir zum Therapeuten? Oder zum Seelsorger? Und was sollen die dann mit uns machen? Sind Groll, Verbitterung oder Rache unausweichliche Reaktionen, um damit psychisch fertigzuwerden? Ist Verzeihung möglich? Sind wir von unserem Temperament oder gar von neurobiologischen Mechanismen derart determiniert, dass von wirklicher Freiheit in unseren Gedanken und in unserem Tun gar keine Rede sein kann? Dieses Buch versucht Antworten auf all diese Fragen. Es handelt deshalb von der Schönheit der menschlichen Freiheit, die wir trotz unserer Schwäche haben, von der Verantwortung, die wir für unser Handeln tragen, und von der überwältigenden Möglichkeit, unsere Fehler einzugestehen und wiedergutzumachen. Die Schuldannahme bewirkt einen Freiheitsgewinn und macht durch laufende Kurskorrektur ein geglücktes Leben möglich. Das Buch handelt schließlich von der Wende des Herzens – weg von der Selbstbeweihräucherung hin zum Du und damit zu einem sinnvollen und geglückten Leben.

Teil I

Die Schuld als Problem

1. Kapitel

Warum es so schmerzhaft ist, Mist zu bauen

Heinrich Faust auf der Couch

Jeder baut mitunter Mist, macht Fehler und lädt Schuld auf sich. Das ist ein steter schmerzhafter Stachel im Fleisch, der zum menschlichen Leben gehört. Nur Tiere werden nicht schuldig und machen auch keine Fehler. Deshalb ist der geglückte oder missglückte Umgang des Menschen mit seiner Schuld ein dominantes Thema der Weltliteratur und der Kunst. Schuld und Sühne ist ein Thema in der Geschichte, in der Politik und in der Wirtschaft. Schuld und Sühne ist ein Thema in der Rechtsprechung und in der Philosophie. Schuld (und selten auch Sühne) ist ein Thema der sensationslüsternen Boulevardpresse. Schuld ist sogar ein Thema im Sport, wie die Rote Karte des Schiedsrichters beweist. Hand aufs Herz – das menschliche Zusammenleben ist immer ein Geben und Nehmen: Man wird an uns schuldig – und wir werden an anderen schuldig. Darum muss Schuld auch ein Thema in der Psychotherapie sein – und nicht nur verdünnt als Schuldgefühl.

Warum sich der Mensch mit seiner Schuld schwertut, ist schnell erklärt. Schuld ist schmerzhaft. Besser gesagt: unverdrängte Schuld ist schmerzhaft, weil sie den Menschen daran erinnert, dass seine Handlungen nicht seinen eigenen Prinzipien entsprechen. Und weil Schuld beängstigend ist, drängt man sie so gerne ins Unbewusste ab, und ist danach an der Oberfläche wieder schmerzlos fehlerfrei. Das Kratzen an dieser makellosen Fassade ist damit bedrohlich – weil man etwas zu verstecken, sozusagen Leichen im Keller hat. Die Verdrängung der eigenen Schuld ist übrigens der Normalfall – es bedarf eines aktiven Bemühens, seiner eigenen realen Schuld im Rahmen einer Selbsterfahrung oder einer Gewissenserforschung ins Auge zu blicken. Dieses suchende Bemühen setzt das Bewusstsein voraus, dass man selbst fehleranfällig ist. Und das fehlt heute vielen.

Heinrich Faust baut Mist

In Johann Wolfgang Goethes »Faust« verstrickt sich der Held immer tiefer in Probleme. Er lässt sich aus reiner Neugier, Langeweile und Lebensüberdruss auf die Ratschläge des Mephistopheles ein, der sofort das erhebliche Defizit an Selbstverwirklichung aufdeckt. Ein Liebestrunk à la Viagra forte macht aus dem verkopften Intellektuellen einen wagemutigen Latin Lover. Keine Frage, Faust hat viel zu lange seine Triebe unterdrückt, das ist definitiv ungesund! Gleich darauf begegnet Faust dem jungen, unschuldig-naiven Gretchen, das gerade von der Beichte kommt. Er entbrennt ob der pharmakologischen Unterstützung in heftiger Leidenschaft und verspürt das dringende Bedürfnis nach Triebentladung (Faust zu seinem Kumpel Mephisto: *»Hör', du musst mir die Dirne schaffen!«*). Der hilfsbereite Mephisto unterstützt ihn einfühlsam (Mephisto zu Faust: *»Mit Sturm ist da nichts einzunehmen. Wir müssen uns zur List bequemen.«*). Mit teuflischen Tricks baggert Faust nun die bigotte Unschuld an, indem er sie mit Schmuck und

Schmeicheleien beeindruckt. Das ist ihre Schwachstelle. Gegenüber der Nachbarin Marthe ist Faust sogar bereit, einen Meineid zu schwören, um an sein Triebziel heranzukommen. Manchmal hat er Gewissenszweifel, es kommen da so komische Gedanken, dass er das Mädchen ins Unheil stürzen werde, dass seine Begierde sie verderben könnte. Aber er schiebt diese krankhaften Skrupel weg, lässt nicht ab von ihr: schließlich muss er sich endlich selbst verwirklichen! Und Gretchen will ja auch. Die ist nämlich in der Zwischenzeit auch ohne Medizin völlig hinüber und singt voller Sehnsucht am Spinnrad: *»Meine Ruh ist hin, mein Herz ist schwer …«* Sie macht sich noch kurz Sorgen wegen seiner mangelnden Religiosität, lässt sich aber von Fausts pseudoreligiöser Rhetorik schnell einlullen.

Faust drängt sich in der Folge in ihre Schlafkammer, nachdem die beiden Turteltäubchen Gretchens Mutter mit einem Giftfläschchen ausgeschaltet haben, damit die von ihrem lustigen Treiben nichts hört. Die Schuldspirale dreht sich weiter, indem Faust mit Mephistos einfühlsamer Hilfe Gretchens Bruder im Zweikampf erdolcht. Gretchen sinkt weinend an der Seite ihres Bruders nieder, doch dieser weist sie sterbend zurück. Das ist der Super-GAU: Angsterfüllt und aufgewühlt von Schuldgefühlen wegen des Todes ihrer Mutter, des Todes ihres Bruders und ihrer unehelichen Schwangerschaft, stürzt Gretchen zum Dom, wo sie ohnmächtig zu Boden sinkt.

Faust hingegen flieht vor der Katastrophe, das ist alles viel zu belastend für ihn. Er lässt sich vom empathischen Mephisto zur Walpurgisnacht mitnehmen, um sich von seinem schlechten Gewissen abzulenken. Abstand gewinnen zur Traumabewältigung. Doch mitten in der Party überkommen ihn wieder diese lästigen und völlig überflüssigen Schuldgefühle wegen Gretchens Unglück.

Die hat inzwischen in der Einsamkeit ihr Kind geboren, es in ihrer Verzweiflung ertränkt und wurde dafür in den Kerker geworfen. Nun soll sie als Kindsmörderin hingerichtet werden. Faust versucht, sie mit Hilfe des Mephisto zu befreien. Doch Gretchen will aus Sühne für ihre Sünden die Strafe annehmen. Reuig befiehlt sie sich der Gnade Gottes an: *»Dein bin ich, Vater! Rette mich!«* Es graut ihr vor ihrem früheren Liebhaber (*»Heinrich, mir graut's vor dir«*) und seinen Taten. *»Sie ist gerichtet!«*, ruft Mephisto recht abgegrenzt. Doch aus der Höhe ertönt eine Stimme – *»Ist gerettet!«*. Das ist das ziemlich unlustige Ende von Faust I.

Die Dynamik bei meiner – zugegebenermaßen eigenwilligen – Faustinterpretation ist gekennzeichnet durch eine kraftvolle Ausblendung der Frage nach der Verantwortung, nach persönlicher Schuld. Kriterien sind die eigenen Bedürfnisse und die eigene Befindlichkeit. Rücksichtslosigkeit ist weniger direkt intendiert als eine logische Folge. Faust schiebt vor allem die Schuldfrage weg. Das ist angesichts der Dramatik und des entstandenen Schadens erstaunlich. In der realen psychotherapeutischen Praxis des 21. Jahrhunderts sieht man aber häufig, dass diese Karikatur mitunter Fleisch annimmt. Die eigene Schuld und die eigene Verantwortung können durchaus in einem Grad weggeblendet und verdrängt werden, dass einem unbeteiligten Zuschauer schwindlig wird.

Faust verdrängt seine Schuld. Ist das nun so schlimm? Nun, dadurch, dass er seine eigenen Motive nur mangelhaft hinterfragen kann, reduziert er Gretchen tatsächlich auf ein Triebziel und handelt letztlich nach dem Motto »Der Zweck heiligt die Mittel«. Und der Zweck ist die eigene Befindlichkeit, das eigene Bedürfnis, die eigene Befriedigung. Eingeschlagene Handlungsstraßen können vom ihm nicht korrigiert werden, weil er sie nicht richtig zu interpretieren vermag und nicht abschätzen will, wohin sie führen. Faust wird durch seine Verdrängung skrupellos und unfähig, die dramatische Eskalation zu vermeiden. Leicht hätte er die beiden ersten Todesopfer verhindern können. Seine Rücksichtslosigkeit – insbesondere gegenüber Gretchen – gipfelt in seiner Flucht nach erfolgter Schwängerung, die sie in völlige Verzweiflung stürzt.

FALL 1: Herr Alfred G., ein 56-jähriger Mann, kommt zum Psychiater. Auf die Frage nach dem Überweisungskontext gibt er an, dass er auf »Befehl seiner Gattin« komme. Die halte ihn nämlich für sexsüchtig und wolle sich scheiden lassen, wenn er sich nicht schleunigst in Therapie begebe. Und für seine Ehe tue er alles, deswegen sei er da. Sie habe blöderweise ein paar Pornos auf dem Computer gefunden, die er mit anderen Frauen gedreht habe. Im Grunde nicht der Rede wert, schon ältere Sachen, er habe ja eigentlich schon alles gelöscht, er wisse gar nicht, wie sie noch etwas habe finden können. Er sei seit über 30 Jahren glücklich verheiratet und habe halt ab und zu die eine oder andere Affäre gehabt. Auf Nachfrage und nach umständlichen Überlegungen wird die Zahl der Frauen mit über 50 angegeben, mit denen teilweise jahrelange Verhältnisse gepflegt wurden. Früher habe er neben seiner Frau etwa sechs Gespielinnen parallel gehabt, das habe sich im Laufe der Jahre stark reduziert. Aber er sei immer sehr rücksichtsvoll mit seiner Frau umgegangen – denn er habe immer versucht, dass sie es nicht merke. Er liebe seine Frau nämlich über alles. Und das mit den anderen Frauen, das seien nur so körperliche Sachen, nichts Ernstes, da habe er schon aufgepasst. Sein Herz schlage nur für seine Ehefrau, da könne sich der Therapeut sicher sein. Deswegen wolle Herr G. auch die Scheidung nicht. In der Zwischenzeit habe er sich ohnehin beruhigt und bis auf zwei Damen alle Affären beendet. Nein, schlechtes Gewissen habe er eigentlich nicht. Wortwörtlich: »Ich bin ja ein anständiger Mensch. Ich habe niemanden umgebracht und niemanden betrogen ...« Seine Freunde würden ihm alle bestätigen, dass es ohnehin keinen Mann gebe, der seine Frau nicht betrüge; die würden alle fremdgehen, »obwohl die auch (sic!) alle gute, brauchbare Menschen« seien. Seine Selbsteinschätzung: »Ich bin halt ein lustiger, gepflegter und sportlicher Typ, deswegen laufen mir die Frauen nach.« Später: »Ich hätte ja noch mehr Auswahl, aber man kann in jeder Hinsicht übertreiben, das würde dann massiv auf Kosten meiner Frau gehen, das würde mir gar keinen Spaß mehr machen, da hätte ich auch keine Zeit, weil ich oft zu Hause sein will, nein, eine Frau muss bei mir schon was Außergewöhnliches haben, damit ich zugreife.« Mit den außerehelichen Beziehungen aufzuhören, sei für ihn »fast undenkbar«, aber er wolle nichts mehr riskieren, und es sei ihm sehr, sehr wichtig, dass seine Frau nicht enttäuscht werde. Zum Thema Betrügen meint er: »Was ist überhaupt ›betrügen‹? Nur Geschlechtsverkehr? Das ist ja eigentlich nur eine sportliche Leistung, da sind keine Rückstände da ... Viel schlimmer sind diese emotionalen Bindungen, und das würde ich niemals tun, dazu liebe ich meine Frau viel zu sehr.« Warum er an diesem riskanten Hobby hänge: »Ich will den Genen keine Schuld geben, aber wahrscheinlich sind sie's. Es gibt Männer, die wenig an Frauen interessiert sind, Männer, die gar nicht interessiert sind, und welche, die sehr interessiert sind. Meine beiden Onkeln waren auch Weiberhelden – das soll natürlich keine Ausrede sein!« Zum Schluss die Selbstanalyse: »Ich bin nicht sexsüchtig, es macht mir einfach Spaß. Ich sage nicht: ›Das brauch ich unbedingt.‹ Das ist so wie Alkohol: Ich kann auch ohne Bier leben, ich trinke aber gerne eines ... Ich habe kein Problem damit – meine Frau hat ein Problem mit der Situation ...«

ANALYSE: Das Denken und die Selbstrechtfertigung des Alfred G. zeigen, welches Ausmaß Schuldverdrängung erreichen kann: Herr G. deutet sein Geheimhalten zur Rücksichtnahme um, zelebriert vor dem Therapeuten die Liebe zu seiner Frau, lobt sich als einer, der auf sein Herz aufpasse, und hält sich für anständig, weil er niemanden »betrogen« habe. Dabei übersieht er die Paradoxie seiner Aussage.

Die Verdrängung der Schuld

In den »Aufzeichnungen aus einem Kellerloch« schreibt Fjodor Michailowitsch Dostojewski 30 Jahre vor Freud: *»Jeder Mensch hat Erinnerungen, die er nicht jedem erzählen würde, sondern nur seinen Freunden. Anderes, was er im Sinn trägt, würde er noch nicht einmal seinen Freunden erzählen, sondern nur sich selbst, und das heimlich. Aber dann gibt es noch andere Dinge, die sogar sich selbst zu erzählen er Angst hätte, und jeder anständige Mensch hat eine Reihe solcher Dinge tief in seinem Geist vergraben.«* Dass dieser Dreischritt besonders für das Thema Schuld zutrifft, wird niemanden ernsthaft verwundern.

Dieses Phänomen der Verdrängung hat Sigmund Freud, der viele bahnbrechende Entdeckungen im menschlichen

Seelenleben gemacht hat, wissenschaftlich beschrieben und theoretisch begründet. Mit »Verdrängung« bezeichnet die Psychoanalyse heute den wichtigsten Abwehrmechanismus, durch den tabuisierte und bedrohliche Inhalte und Vorstellungen von der bewussten Wahrnehmung des Menschen ausgeschlossen und ins Unbewusste abgedrängt werden. Oft handelt es sich bei verdrängten Inhalten um schmerzliche und ängstigende Erfahrungen, die von negativen Affekten begleitet werden.

Aber was genau sind tabuisierte und bedrohliche Inhalte und Vorstellungen, die Angst machen? Hier folgen heute nicht mehr alle Schüler ihrem Meister. Freud selbst meinte nämlich, der Mensch stoße bei der Verdrängung *»den Trieb und dessen Vorstellungen«* in das Unbewusste zurück und halte ihn dort fest. Die Verdrängung geschehe in den Fällen, in denen die Befriedigung des Triebes im Hinblick auf andere Forderungen Gefahr laufe, Unlust hervorzurufen. Welchen Trieb Freud meinte, ist heute jedem klar, der seine Schulpflicht halbwegs erfolgreich zu Ende gebracht hat: *»Die Neurosen sind der Ausdruck von Konflikten zwischen dem Ich und solchen Sexualstrebungen, die dem Ich als unverträglich mit seiner Integrität oder seinen ethischen Ansprüchen erscheinen. Das Ich hat diese nicht ichgerechten Strebungen verdrängt.«* Als Kurzformel: Neurose ist Verdrängung von Sexualität. Die theoretische Verabsolutierung der Sexualität bei Freud ist schon der Grund des inhaltlichen Auseinanderdriftens mit Alfred Adler und Carl G. Jung gewesen; schließlich hat Viktor Frankl den Begriff »Verantwortung« in das freudianische Modell eingebracht, um diesen Mangel zu ergänzen.

Wenn wir die Werke und darin besonders die Fallbeschreibungen Freuds aber genau lesen, stellen wir fest, dass auch bei Freud nicht jede Sexualität verdrängt wird, sondern nur schuldhaft erlebte Sexualität: etwa Inzest oder Ehebruch. Denn das wirklich Bedrohliche ist nicht die Sexualität, sondern die Schuld. Freud sagt dazu manchmal »verbotene Sexualität«. Das erleben Menschen heute nicht mehr so, deswegen muss Sex auch in der Jetztzeit nicht mehr verdrängt werden. Aber verdrängt wird heute mindestens noch genauso viel Angstmachendes und Bedrohliches wie damals: die eigene Schuld nämlich. In der Psychiatrie begegnet man heutzutage kaum noch Menschen, die Sexualität verdrängen. Sicherlich, manchmal sieht man auch solche Ausnahmeerscheinungen. Aber das sind Raritäten, von denen sich Psychiater am Stammtisch erzählen – freilich anonymisiert, keine Angst! Die Freudschen Fälle sind in Wirklichkeit fast ausgestorben. Es ist, besonders durch die Bemühungen der 68er-Bewegung, bei der Sexualität das moralische Sollen auf ein Minimum heruntergeschraubt worden. Dafür finden wir in den psychiatrischen Praxen eine Reihe von neuen Störungen in der Sexualität, insbesondere sexuelle Unlust, Frigidität und Impotenz aufgrund des erhöhten Leistungsdrucks – aber wie gesagt keine Sexualverdrängung mehr.

Freud beschreibt aber auch meisterhaft, dass das Verdrängte es gerne dunkel hat und keinesfalls zurück in den Scheinwerferkegel des Bewusstseins treten möchte: *»Wenn man in der Therapie versucht, diese verdrängenden Regungen bewusst zu machen, bekommt man die … Kräfte als Widerstand zu spüren.«* In der Tat: die Konfrontation mit der eigenen, verdrängten Schuld provoziert einen Widerstand, der von paralogischen Erklärungsversuchen bis zur Abwehraggression reicht. Je größer die Angst vor Schulderkenntnis, umso aggressiver die Abwehr. Die Schuldverdrängung wiederum paralysiert die Fähigkeit zur Selbstkritik und führt zur Skrupellosigkeit. Sie führt zu einer wachsenden Selbstentfremdung, verhindert persönliche Weiterentwicklung und reduziert den eigenen Handlungsspielraum, indem der nunmehr unbewusste innere Konflikt handlungsrelevant wird – insbesondere in der Abwehraggression. Anders formuliert: Handeln aus verdrängtem schlechtem Gewissen ist besonders irrational und für die anderen leichter durchschaubar als für den Betroffenen.

FALL 2: Der Psychiater hat als Gerichtsgutachter eine skurrile Begegnung: Er muss einen 16-jährigen Jugendlichen neurologisch begutachten, der aus Frust nächtens in einer dunklen Gasse 20 Autospiegel abgetreten hat. Der kleine Rowdy begrüßt den Arzt mit den Worten: »Ich sag's Ihnen, ich werde die alle anzeigen, denn ich hab mir den Fuß verletzt, als ich auf die Autospiegel trat. Das kommt die teuer zu stehen!«

ANALYSE: Keine Frage, dass der junge Vandale wahrscheinlich eher einfach gestrickt ist. Aber gerade deswegen kommt hier plakativ heraus, dass man die eigene Schuld vollständig wegblenden kann und dass die konsekutive Fremdbeschuldigung – »Angriff ist die beste Verteidigung« – für Außenstehende ungewollt komisch wirkt.

Schuldbewältigung in der Straßenbahn

Fehler machen gehört – wie bereits erwähnt – zum menschlichen Alltag. Man wird an uns schuldig – und wir werden an anderen schuldig. Pausenlos. Das gesellschaftliche Zusammenleben hat im Laufe der Zeit eine Intervention entwickelt, die diesen allzu menschlichen Defekt entschärft und so den halbwegs friedlichen Umgang untereinander sicherstellt: das Entschuldigen. Dabei geht es nicht nur um gewollte Bosheiten, die entschärft werden müssen, sondern zunächst einmal um entstandenen Schaden. Der Selbstanspruch auf Fehlerlosigkeit verkompliziert das menschliche Zusammenleben, weil auf diese einfache Intervention nicht mehr zurückgegriffen werden kann. Machen wir eine gedankliche Turnübung: Stellen Sie sich bitte vor, Sie treten Ihrem Nachbarn in der überfüllten Straßenbahn auf die Füße. Das kann ja passieren. In allen Kulturen, die Straßenbahnen hervorgebracht haben, hat es sich eingebürgert, dass man sich nach einem solchen Vorfall kurz entschuldigt. Damit ist im Regelfall die Dissonanz zwischen Ihnen und Ihrem Opfer schon wieder geglättet. Wenn Sie sich aber nicht entschuldigen – weil Ihnen das peinlich ist oder weil Sie gerade ins Gespräch mit einer attraktiven Blondine vertieft sind oder weil Ihnen das SMS-Schreiben wichtiger ist oder weil Ihnen nie ein Fehltritt passiert, da Sie zur Gattung der fehlerlosen Perfekten gehören – dann bleibt doch etwas Unangenehmes zwischen Ihnen und dem Getretenen in der Luft.

Entweder Sie tun weiter so, als sei nichts gewesen – das wäre letztlich eine Lüge, die jeder durchschaut, denn die von Ihrem Schuhwerk malträtierten Zehen schmerzen ganz real. Oder Sie gehen gar in die Offensive und herrschen das Opfer an: »Machen Sie doch Platz, Sie sind nicht der Einzige in der Straßenbahn!« Damit kaschieren Sie Ihren Fehltritt. Angriff ist bekanntlich die beste Verteidigung. Dann könnte – je nach Temperament Ihres Opfers – ein wilder Streit entbrennen (Choleriker), Sie könnten Zusatzstunden beim Psychotherapeuten verursachen (Melancholiker), es könnte gar nichts passieren (Phlegmatiker) oder ein schlagfertiges Witzchen zurückkommen, bei dem die ganze Straßenbahn über Sie lacht (Sanguiniker). Mit dem kleinen Wörtchen »Verzeihung!« können Sie das alles vermeiden.

Es gibt nun einerseits ein Zuviel an Schuldgefühlen: Wenn Sie in der Straßenbahn einen Empathieanfall erleiden und dem Herrn ungebremst versichern würden, wie gut Sie sich jetzt in ihn hineinversetzen könnten, dass Sie zutiefst bereuen, seine Privatsphäre verletzt zu haben, dass er jetzt unbedingt jemanden brauche, mit dem er diese traumatisierende Schmerzerfahrung aufarbeiten könne, ob er da eh jemanden habe … Das wäre auch kein erfolgversprechendes Ausstiegsszenario, Sie würden Ihrem Opfer irgendwann kräftig auf die Nerven gehen.

Das andere Extrem wäre nun andererseits ein Zuviel an Selbstempathie: Sie erkennen blitzschnell »Ich konnte ja gar nicht anders«. Diese Feststellung untermauern Sie innerlich mit dem Hinweis auf die wirklich sehr enge Straßenbahn, die wirklich vielen Leute, die richtig großen Füße des anderen und dass der Herr auch wirklich blöd und provokant herumgestanden sei. Die Straßenbahn habe auch wirklich sehr wild geruckelt, eigentlich sollte die sich entschuldigen, und so weh tue das dann auch wieder nicht – da hätten Sie persönlich schon ganz anderes erlebt! Diese Wiener Linien, die in der Stoßzeit so wenige Züge auf die Gleise stellen würden! Derweil hätten Sie so viel für die Jahreskarte bezahlt! Und der Fahrer müsse auch nicht so abrupt abbremsen – habe den Führerschein wohl in der Lotterie gewonnen. Und der Verkehr: dass die Stadtverwaltung bis heute keine Lösung für so ein banales Problem habe? Es geht jetzt in erster Linie darum, wie es Ihnen geht, dass Sie Ihre Schuldgefühle in den Griff bekommen. Denn die stören nur, die gehören da nicht her. Wenn Sie dann statt einer Entschuldigung das Gespräch mit dem Opfer suchen und ihm einmal mitteilen würden (im Sinne eines »Sharings«)«, wie es Ihnen eigentlich so damit gehe, sich jetzt sogar als Täter fühlen zu sollen, dass Ihnen da jetzt von den gesellschaftlichen Konventionen ein schlechtes Gewissen gemacht werde wegen einer Lappalie, und ihm dann die acht erarbeiteten Erkenntnisse möglichst authentisch vermittelten – ich garantiere Ihnen, auch das käme nicht gut an! Da haben Sie reflexartig mindestens fünf Täter gefunden: den Mann mit den großen Füßen, die Straßenbahn, die Wiener Linien, den Fahrer, die Stadtverwaltung.

Machen wir noch eine zweite, ganz ähnliche Turnübung: Steigen wir in dieselbe Straßenbahn. Zufällig steht da wieder so ein Herr. Diesmal ist das aber der Typ, der Ihnen vor einem Monat die Freundin ausgespannt hat. Und der hat Sie noch dazu erst gestern ganz gemein angegrinst! Sie wittern die Chance zur Revanche, pirschen sich an, bleiben unentdeckt, warten den nächsten Stoß der ruckelnden Straßenbahn ab und »hoppla« – passiert es leider. Erschrocken drehen Sie sich um und sagen: »Oh, Entschuldigung, das tut mir jetzt aber sehr leid.« Jetzt haben wir die Dimension der Bosheit bei der äußerlich gleichen Tat. Der Mann versteht sofort und flüstert mit schmerzverzerrtem Gesicht ein Wort, das in diesem Buch nicht wiedergegeben werden kann.

Sie haben sich »entschuldigt«, aber das gilt natürlich nicht. Im ersten Moment sind Sie richtig befriedigt und mächtig stolz. Sie erzählen das gleich Ihrem Freund, der auch Ihre Schmach mitbekommen hat, und fühlen sich einfach gut. Aber irgendwann beginnen dann Gewissensbisse. Je nachdem, wie gewissenhaft Sie sind, früher oder später. Lästig. Und lächerlich! Das hat der Typ ja wirklich verdient! Die Gewissensbisse lassen sich nicht abschütteln, nach einer kurzen Beruhigung werden sie sogar stärker. Wieder reden Sie sich ein, Sie hätten wirklich nicht anders gekonnt. Damit geben Sie sich auch eine Zeitlang zufrieden. Sie sind ja schließlich das Opfer, denn wer, bitte schön, hat denn seine Freundin verloren? Und dass sich Opfer auch manchmal wehren, müsse doch wohl erlaubt sein, oder? Der vergnüge sich da mit Ihrer Freundin, die in Wirklichkeit nur Sie liebe. Sie ereifern sich.

Jetzt müssen Sie sich entscheiden: Entweder Sie schmollen jetzt ein Leben lang und reden sich trotzig ein, dass das Notwehr war – oder Sie müssen sich wirklich entschuldigen. Das geht aber anders. Die Entschuldigung, die angenommen werden kann, ist eine Enthüllung der Schandtat. Also: »Mein Herr, es tut mir jetzt wirklich aufrichtig leid, Ihnen auf die Zehen gestiegen zu sein«, das wird nicht genügen. Sie müssten das formulieren – eventuell nonverbal –, was er wahrgenommen hat: Ihre Bosheit. Das ist schwer. Aber dann ist das Kapitel beendet. Vielleicht schaffen Sie das erst, wenn auch der von Ihrer Ex-Freundin verlassen wird, denn das schmälert Ihren Leidensdruck, da Sie ja dann Schicksalsgenossen sind.

Schuld und Schuldgefühl

In weiten Teilen der Psychotherapie sind Schuldgefühle lange mit Pathologie gleichgesetzt worden. Ihren Höhepunkt hat diese Entwicklung in Wien mit Sigmund Freud erreicht, der aufgrund seiner Weltsicht mit Schuld wenig anfangen konnte. Es ist beeindruckend, dass im über tausendseitigen Gesamtregister (Band XVIII) von Freuds 19-bändiger Gesamtausgabe zwar drei Seiten lang die verwendeten Begriffe »Schuldgefühl« und »Schuldbewusstsein« aufgelistet sind, der Begriff »Schuld« hingegen in den Gesammelten Werken Freuds nur in einer Zeile vorkommt: in Bezug auf den Vatermord. Auch im »Ellenberger«, dem Standardwerk für die Geschichte der Psychotherapieforschung, findet man im Stichwortverzeichnis keinen Hinweis auf Schuld, wohl aber jede Menge Hinweise auf Schuldgefühle. Die Schuld selbst wird in der Psychotherapie noch heute oft tabuisiert oder auf ein subjektives Gefühl relativiert. Bis in unsere Tage bieten mehr oder weniger schlaue Ratgeber an, »wie Sie Schuldgefühle überwinden und sich selbst verzeihen können«.

FALL 3: Frau Lisa F., ledig und 39 Jahre alt, kommt in die psychiatrische Praxis, um herauszufinden, wo ihre vielen Schuldgefühle herkommen. Als Beispiel gibt sie an, dass die Ehe ihres (einzigen) 50-jährigen Bruders kürzlich zerbrochen sei und sie sich da Vorwürfe mache: »Warum habe ich nicht erkannt, dass es ihm schlechtgeht? Warum habe ich ihn nicht angesprochen? Ich habe geglaubt, ich bin mitverantwortlich. Vielleicht liegt es an meinem großen Harmoniebedürfnis?« Als Vorgeschichte findet der Psychiater heraus, dass diese Ehe

schon einmal kurz vor dem Scheitern gestanden war und sich beide Eheleute damals an sie gewandt hatten. Diesmal sei das aber nicht der Fall gewesen, und der Bruder lebe auch schon mit einer anderen Frau zusammen. Ihm sei der Schritt nicht leichtgefallen, das habe er nicht leichtfertig gemacht.
Der Psychiater fragt, ob Frau F. denn der Meinung sei, dass ihre Intervention etwas an der Situation geändert hätte: »Nein, sicher nicht.« Wo sie dann ihre Schuld sehe? Die Patientin ist erstaunt. In den Folgestunden kann herausgearbeitet werden, dass sie sicher geholfen hätte, wäre sie wie vor einigen Jahren um Hilfe ersucht worden, und dass der Bruder zudem ein eindeutiges Gesprächsangebot vor ein paar Monaten abgelehnt habe. Da sie aber nicht die »Erziehungsberechtigte« der beiden sei, würde sich ihre Verantwortung auch in entsprechenden Grenzen bewegen. Die Patientin entdeckt an sich eine gewisse Überbesorgtheit bis Übergriffigkeit ihrem Bruder und auch ihren Eltern gegenüber, die sie mit ihrer eigenen Partnerlosigkeit und Sehnsucht nach einer heilen Familie in Verbindung bringt. Des Weiteren sieht sie auch eine Tendenz zur Selbstüberschätzung und lernt schließlich, ihre Zuständigkeit und Begrenztheit besser wahrzunehmen.

ANALYSE: In der Therapie war es hilfreich, das (Schuld-) Gefühl rational zu hinterfragen. Erst die Vernunft konnte das Gefühl richtig deuten und damit auflösen.

Selbstverständlich sieht jeder Psychiater in seiner Praxis auch krankhafte Phänomene, im Rahmen deren sich Patienten dann zu Unrecht schuldig fühlen. Klassische Beispiele, die jeder Nervenarzt kennt, sind etwa Schuldgefühle im Rahmen einer Depression, bei der alles schwarzgesehen und das eigene Handeln in der negativsten Art interpretiert wird. Krankhafte Schuldgefühle kommen auch beim Versündigungswahn vor, bei dem der Patient der Ansicht ist, dass seine – objektiv meist harmlosen – Handlungen unverzeihlich seien und die Höllenstrafe zur Folge haben würden. Neurosen können ebenfalls massive Skrupel erwecken – meist in Form von Zwangsgedanken, die einer psychotherapeutischen und psychopharmakologischen Intervention bedürfen. Auch bei einer selbstunsicheren Persönlichkeitsstörung können pathologische Schuldgefühle auftreten, wenn die Schuld in einem Konflikt prinzipiell bei sich selbst und niemals beim anderen gesucht wird.

Auf die Gesamtbevölkerung hochgerechnet, sind das verschwindend kleine Minderheiten, krankhafte Ausnahmen, die die Regel bestätigen. Denn die Regel ist, so überraschend das in einem Psychobuch vielleicht klingen mag: Normalerweise hat man Schuldgefühle, weil man schuldig geworden ist. Man hat sich für das Schlechte entschieden, obwohl man das Gute hätte tun können. Dieses Phänomen – die retrospektive moralische Selbstbeurteilung – ist ein Akt des Gewissens, das jedem Menschen eigen ist. Dieser Mechanismus ist überdies kulturübergreifend zu beobachten. Er sollte vom Psychiater weder generiert noch abgeschafft werden. Denn das Schuldgefühl ist an sich weder Therapie noch Krankheit.

FALL 4: Der Psychiater wird zu einem Mann mit »akuten Depressionen« auf die Unfallchirurgie gerufen. Der Mann ist lange Zeit wortlos, dann erzählt er, dass er am Vortag bei einem von ihm verursachten Verkehrsunfall seinen 7-jährigen Sohn verloren habe. Er sei während der Fahrt wütend auf ihn gewesen, weil der Sohn ihn habe warten lassen. Deshalb sei er voller Wut mit überhöhter Geschwindigkeit bei regennasser Fahrbahn in die Kurve gefahren, habe die Kontrolle verloren, und das Auto habe sich ohne Fremdeinwirkung überschlagen. Die Polizei habe ihn lange verhört. Er habe seine ganze Schuld zugegeben. Sie sollen ihn ruhig bestrafen! Als Therapeut kann man da nur schweigend zuhören und mit ihm trauern. Diese authentische Selbstanklage darf man nicht mit billigen Psycho-Sprüchen relativieren.

ANALYSE: Der Patient hat Schuldgefühle, weil er – nach seiner eigenen Einschätzung – fahrlässig gehandelt hat. Jede Relativierung der Selbstanklage wäre zu diesem Zeitpunkt kontraproduktiv, ebenso aber auch ein Verstärken des vorhandenen Schuldbewusstseins. Das gemeinsame Trauern über die sich selbst eingestandene Schuld ist die Form des Respekts vor der Würde des Patienten.

Das Erleben persönlicher Schuld ist kein bloßes Gefühl – es hat aber häufig ein Gefühl zur Folge, wenn das Gewissen noch intakt ist. Die Einsicht in die eigenen Fehler und schuldvollen Handlungen ist ein Erkenntnisakt mit emotionaler Begleitmusik. Diese Musik nennt man Schuldgefühle. Es ist völlig normal und alltäglich, schuldig zu werden. Da der Mensch ein Gemeinschaftswesen ist, ist sein Leben gekennzeichnet von Unrecht erleiden und Unrecht tun. Im Regelfall hält sich das bei den meisten Menschen die Waage. Das erlittene Unrecht wird heute aber, so scheint es, sensibler als je zuvor wahrgenommen und dramatisch aufgeblasen, das begangene Unrecht hingegen tendenziell verdrängt. Dadurch entwickelt sich ein Ungleichgewicht, das psychologisch ungesund ist und letztlich unfrei macht.

Die Einsicht in eigene Schuldhaftigkeit setzt eine Grundbereitschaft zur Selbsterkenntnis voraus, die man Realismus, Bescheidenheit oder auch Demut nennen könnte. Demut bedeutet in diesem Zusammenhang, sich selbst zu sehen, wie es der Wirklichkeit entspricht. Die Korrektur des Selbstbildes befreit aus vielerlei Ängsten. Dem Psychotherapeuten steht, wie bereits klargestellt, das Urteil über Gut und Böse nicht zu, weil er keine richterliche, sondern eine therapeutische Funktion hat. Das bedeutet aber nicht, dass im menschlichen Leben keine moralische Dimension existiert. Analog dazu ist der Therapeut nicht zuständig dafür, ob etwas der Wahrheit entspricht oder nicht – trotzdem tut die Wahrheit dem Patienten auf lange Sicht erwiesenermaßen besser als der Selbstbetrug.

FALL 5: Die 39-jährige, ledige Lehrerin Herta F. kommt in Therapie, weil sie sich ihre Vergangenheit »anschauen« möchte. Dabei falle ihr vor allem auf, dass sie beim Thema Sexualität immer Schuldgefühle habe, da wisse sie eigentlich nicht, warum. Sie verabscheue Männer und insbesondere ihren Schwager, denn der wolle von ihrer Schwester »nur das eine«. Wenn sie sich nur vorstelle, was der von ihrer Schwester alles verlange! Das könne sie zwar nicht belegen, aber als Frau merke sie das schon, das könne ihr der Psychiater ruhig glauben. Welche Erfahrungen sie selbst mit Sexualität gemacht habe? Nur schlechte. Sie habe einen gleichaltrigen Freund gehabt (Andreas), als sie 20 Jahre alt gewesen sei, und der habe sie zum Geschlechtsverkehr gezwungen. Zwei Jahre lang seien sie zusammen gewesen, und eineinhalb Jahre habe das Martyrium gewährt. Danach habe sie nie mehr einen Mann angeschaut. Warum sie sich damals nicht verweigert habe? Das sei nicht gegangen. Ob es nicht ab und zu auch schön gewesen sei? Die Patientin wird unruhig. Natürlich habe so etwas auch angenehme Seiten ... Die Patientin schweigt lange ... Aber sie habe immer einen anderen Mann geliebt! Jetzt sprudelt es aus ihr heraus. Sie sei seit zwei Jahren in Martin verliebt gewesen, habe sich aber nicht getraut, sich ihm zu nähern. Dann sei Andreas gekommen, der sei auch ganz nett gewesen, aber halt nur ein schwacher Abklatsch, ein erreichbarer Ersatz. Aber den unerreichbaren Martin habe sie nie vergessen können, wo sie ihn noch dazu regelmäßig auf der Uni gesehen habe. Und so habe sie während des Geschlechtsverkehrs mit Andreas immer den geliebten Martin phantasiert – mit immensen Schuldgefühlen gegenüber Andreas danach.

ANALYSE: Schuldgefühle entstehen, wenn die eigenen Handlungen nicht mit den eigenen Prinzipien kongruent sind.

Vom Sinn des Schmerzes

Gesund und krank: Die beiden Spielarten von Schuldgefühlen könnten in medizinischer Terminologie als »physiologisch« und »pathologisch« beschrieben werden. Der Ausdruck »physiologisch« wird in der Medizin oft im Sinne von normal, beim gesunden Menschen auftretend, nicht krankhaft verwendet. Physiologisch ist also etwa der gesunde Verdauungsvorgang, das intakte Gangbild, die funktionierende Sehfunktion vom Lichteinfall in die Pupille bis zur Sehrinde im Gehirn. »Pathologisch«

hingegen heißt »unzweckmäßig, dysfunktional, unphysiologisch, krankhaft«. Das sind etwa eine Verdauung, die nicht funktioniert, und ein Bein, das nicht belastbar ist.

Der Schmerz ist normalerweise ein physiologischer Mechanismus und hat den Sinn, auf etwas aufmerksam zu machen, was dem Körper schadet. Dieses Warnsignal ermöglicht es, die Aufmerksamkeit auf den Schadensfall zu lenken und bewusste Heilungsprozesse einzuleiten, Schadensquellen – zum Beispiel Stechmücken – auszuschalten und dem verletzten Körperteil Schonung zukommen zu lassen. Das gesunde Schuldgefühl ist analog dazu ein Schmerzempfinden der Seele, das Schaden anzeigt: eigenen und / oder fremden Schaden. Denn Schuld ist tatsächlich ein Schadensfall im menschlichen Leben – und zwar in allen drei Dimensionen, die Robert Cloninger in seiner Charakterlehre entwickelt hat: Schaden im Betroffenen selbst – Schaden in der Beziehung zu anderen – Schaden im transzendenten Sinn (siehe Kapitel 5).

Der Schmerz ermöglicht ein Hinschauen auf die betroffene Stelle und damit die Einleitung eines Heilungsprozesses. Die Entschuldigung gegenüber dem anderen ermöglicht die Heilung der Beziehungswunde, die durch das Unrecht entstanden ist. Je klarer dabei die Verletzung als solche formuliert wird, umso eher kann die Entschuldigung gelingen. Wie viele wirkliche Opfer sehnen sich nur nach diesem Wort! Die ehrliche Bitte um Verzeihung ermöglicht aber auch die Heilung des innerpsychischen Schadens, der durch eine Bosheit in einem selbst entsteht.

Selten, aber manchmal doch geht im Bereich des körperlichen Schmerzes die Alarmanlage los, ohne dass jemand eingebrochen hat: das wäre ein pathologischer Schmerz. Sie kennen das vielleicht: Sie liegen auf der Wiese, irgendetwas krabbelt auf Ihrem Bein. Eine Ameise! Sie schütteln sie ab. (Aber lassen Sie sie bitte leben, das sind nützliche Tierchen!) Nach drei Minuten kribbelt es wieder. Sie schauen hin, aber nichts krabbelt! Gar nichts! Eine vollkommen insektenfreie Körperoberfläche, auf der es unverschämt kribbelt. Im Beobachten der sensiblen Stelle verschwindet dann langsam das Kribbeln. So als ob unser Nervensystem missmutig eingestehen würde: »Ja, gut, jeder kann sich mal irren ...«.

Das Zuviel an Schmerz – der pathologische Schmerz – ist sinnlos, sozusagen ein »Fehlalarm« des Körpers: unpraktisch, lästig. Phantomschmerzen nach einer Amputation etwa sind höllische Schmerzen in den bereits abgenommenen Gliedmaßen, die von blind endenden Nervenzellen und nunmehr funktionslosen Hirnarealen herrühren. Es gibt Hypochonder, die fürchterlich unter Krankheiten leiden, die sie gar nicht haben. Das entspricht den krankhaften Schuldgefühlen: Gefühlen des Schuldigseins ohne entsprechende Schuld. Das Bild aus der Medizin veranschaulicht, dass pathologische Schuldgefühle wie eine Krankheit unpraktisch sind, die Lebensqualität einschränken und das Zusammenleben so weit verkomplizieren, dass man sie – psychotherapeutisch und meist auch psychopharmakologisch – behandeln sollte.

Blenden wir noch einmal zurück zu unserer Ameise, die gar nicht da war, die wir phantasiert haben. Schlimm, nicht wahr? Aber viel schlimmer ist es, das werden Sie zugeben, wenn Sie in einem Ameisenhaufen sitzen und gar nichts spüren! Sie genießen den blauen Himmel, während die Ameisen Sie von allen Seiten anknabbern und in alle erdenklichen Schlitze krabbeln. Stellen wir angesichts dieser Alternative unsere Alarmanlage nicht lieber auf zu sensibel ein?

Es gibt tatsächlich Krankheiten, etwa der diabetische

Fuß, die deswegen besonders gefährlich werden, weil der Schmerzimpuls nicht mehr funktioniert und deshalb der Körper nicht auf die Störung aufmerksam gemacht wird. Kleine Verletzungen, die immer wieder vorkommen, werden vom Körper nicht wahrgenommen. Durch mangende Schonung und Pflege kann sich dann eine Infektion einstellen, die letztlich lebensgefährlich wird. Das ist das Zuwenig an Warnsignal. Da ist die Alarmanlage kaputt. Die Beispiele aus der Medizin zeigen, dass die prinzipielle Unfähigkeit, Schmerz zu empfinden, ein lebensgefährliches Defizit ist.

Ebenso machen generell fehlende Schuldgefühle den Menschen zum Ungeheuer, wie die Geschichte eindrucksvoll bewiesen hat. Große Verbrechen gegen die Menschlichkeit wurden von den Tätern euphemistisch umgedeutet: Die von Hanna Arendt meisterhaft beschriebene Banalität des Bösen, mit der Adolf Eichmann seine Ungeheuerlichkeiten verharmloste, ist heute jedermann durch die ins Internet gestellten Prozessfilme zugänglich. Psychotherapie hat nicht die Aufgabe, die Schmerzleitungen dermaßen außer Kraft zu setzen, dass das rettende Warnsignal nicht mehr durchkommt. Denn dann kann die Schmerzursache nicht beseitigt werden und wirkt weiter fort.

Das gesunde Schuldbewusstsein

Die französische Psychoanalytikerin Maire-France Hirigoyen hat mit ihrem Bestseller »Die Masken der Niedertracht« 1998 eine heftige und anhaltende öffentliche Diskussion ausgelöst. Sie beschreibt darin die *»Versuchung«* (komisch – ein Begriff aus der Religion!), narzisstische Mechanismen für den eigenen Vorteil zu benutzen. *»Es ist uns allen schon passiert, dass wir einen anderen manipuliert haben, um einen Vorteil zu erlangen, und wir haben alle flüchtig zerstörerischen Hass empfunden.«* Im nächsten Gedankenschritt unterscheidet sie dann gesund von krank: *»Von den perversen Individuen unterscheidet uns, dass diese Verhaltensweise oder Empfindung nur vorübergehend war, gefolgt von Gewissensbissen oder Reue.«* Perversität hingegen folge seinen egoistischen Interessen *»ohne irgendwelche Schuldgefühle«*.

Schuldbewusstsein, Schuldgefühle, Gewissensbisse und ein »schlechtes Gewissen« sind an und für sich Zeichen für psychische Gesundheit. Das klingt für den Laien provokant, leuchtet Ihnen aber sofort ein, wenn Sie einmal therapeutisch mit Missbrauchstätern gearbeitet haben. Am Anfang der Psychotherapie wird der traurige Tatbestand in der Regel geleugnet, verharmlost und uminterpretiert. Als Therapieerfolg werten muss man ja schon einen zarten Schimmer von Unrechtsverständnis – und eben ein wachsendes Schuldbewusstsein. Es geht nicht darum, dem Missbrauchstäter Schuldgefühle einzupflanzen, es geht darum, die verdrängte Schuld ins Bewusstsein zurückzuholen. Denn nur dieses Bewusstsein von Schuld macht Reue und damit eine Verhaltensänderung möglich. Natürlich sind wir nicht alle Missbrauchstäter – aber mir scheint, dass wir in puncto Selbstbetrug oft nicht so weit davon entfernt sind, wie wir oft selbstgefällig annehmen.

In einem psychologischen Online-Wörterbuch – solche Webpages haben keinen wissenschaftlichen Anspruch, zeigen aber häufig den Trend der Wirtshauspsychologie an – findet sich folgende Definition von »Schuldbewusstsein«: *»Form von sozialer Angst; aus* *psychoanalytischer Sicht ursprünglich die Angst vor der Strafe der Eltern bzw. vor deren Liebesverlust.«* Ob dieser Definition kann man nur staunen: Keine Rede davon, dass Schuldbewusstsein etwas mit der persönlichen Erkenntnis eigenen Schuldigseins zu tun haben könnte. Übertragen wir diese Definition auf den eingangs geschilderten Fall von Heinrich Faust: Der Patient Faust kommt nach vier von ihm verschuldeten Todesopfern (Gretchen, Mutter, Bruder, Kind) voll Schuldbewusstsein zum Analytiker, der weiß, dass Fausts Schuldbewusstsein nicht mehr als eine »Form von sozialer Angst« ist ... Den Rest überlasse ich Ihrer Phantasie. Durch die neuere Entwicklung der Psychotherapieforschung lässt sich hier erfreulicherweise langsam ein Umdenken erahnen, aber eine signifikante Minderheit innerhalb der Psychotherapeuten hat diese kopernikanische Wende noch nicht vollzogen.

Dass Schuldbewusstsein normal ist und dessen Fehlen abnorm, lehrt uns auch die Geschichte. So hat zum Beispiel Teresa von Ávila – eine Ausgeburt an Lebensfreude mit gesundem Selbstvertrauen und psychischer Normalität im 16. Jahrhundert – immer betont, wie sehr sie doch Sünderin sei und der göttlichen Vergebung bedürfe. In der ausführlichen Abhandlung der Theologin Jutta Burggraf findet sich ein Kapitel »Sündenbewusstsein«. Dort lesen wir: *»Trotz ihrer außergewöhnlichen Begabung ist Teresa nicht hochmütig in ihrem Auftreten, auch nicht in ihrem geheimen Denken und Fühlen. Sie ist zutiefst davon überzeugt, dass sie von sich aus nichts Gutes zustande bringt. Oft weist sie darauf hin, wie ›böse‹ ihr früheres Leben war, bei jeder Gelegenheit nennt sie sich eine ›verdorbene Frau‹. ... In einem ihrer Briefe gibt sie den Schlüssel zur richtigen Interpretation ihrer Sündenbekenntnisse: Sie möchte nicht einem ge-*

wissen ›Schein der Heiligkeit‹ ausgesetzt sein, sie möchte nicht beständig fürchten müssen, ›dass eines Tages dieses Luftschloss über mir zusammenstürzt‹.« Zweifelsfrei hat sich die Heilige die Latte sehr hoch gelegt, und wahrscheinlich kann man diese kritische Selbsteinschätzung nur aus ihrer innigen Liebesbeziehung mit Gott verstehen. Solche Texte sind aber von Adolf Hitler, Josef Stalin, Nero, Ivan IV. (dem Schrecklichen), Maximilien de Robespierre oder Nicolae Ceauşescu nicht erhalten – die hatten ja wahrscheinlich weniger Fehler als die spanische Nonne … Teresa war sich ihrer Schuld bewusst, auch wenn diese vermutlich im Vergleich zu uns Durchschnittsmenschen eher klein ausgefallen wäre. Die im Anschluss aufgezählten Politiker waren sich ihrer Schuld nicht bewusst. Dadurch konnte diese ungebremst anwachsen.

Schuldbewusstsein ist ein kreatives Potenzial: Es für denkbar und möglich zu halten, etwas falsch gemacht zu haben, öffnet neue Handlungshorizonte. Fehlendes Schuldbewusstsein bedeutet nicht etwa das Fehlen von Schuld, sondern die Verdrängung der Schuld aus dem Bewusstsein, die jetzt im Unterbewussten ein Eigenleben führt. Verdrängte Schuld engt den Menschen ein und nimmt ihm Handlungsspielraum. Eine meiner Patientinnen hat einen neuerlichen Ehebruch ihres Mannes daran erkannt, dass er ihr gegenüber wieder einmal besonders aggressiv war. Das wäre die Abwehraggression, um seine eigene Schändlichkeit zu überspielen.

Ein »schlechtes Gewissen« ist die Erinnerung an eine eigene Handlung, die im Nachhinein als unrichtig, schädlich, schlecht, ja böse beurteilt wird. Auch das ist keine schwere Krankheit – und man kann es oft durch eine Entschuldigung aus der Welt schaffen. Ein Killerargument im menschlichen Zusammenleben lautet: »Du machst mir jetzt ein schlechtes Gewissen.« Das ist e Paradoxon: Als ob ein schlechtes Gewissen schon ein klarer Hinweis auf Unschuld wäre – und auf einen aggressiven Übergriff des Partners. Wir laufen damit nur Gefahr, durch halbgebildete Küchenpsychologie und Stammtischpädagogik uns gegenseitig das Leben zu erschweren: Durch eine zunehmende Psychologisierung des Alltags werden unter anderem psychoanalytische Hypothesen in banalisierter Form in Umlauf gesetzt. Tatsächlich macht ein gesundes Schuldbewusstsein überhaupt erst beziehungsfähig. Denn die Freiheit zum Verzeihen ist denen leichter zugänglich, die auch an sich selbst Fehler sehen. Die Perfekten und Fehlerlosen tun sich außerordentlich schwer mit dem Verzeihungsprozess, weil sie gar nicht nachvollziehen können, dass jemand Fehler haben kann, wo sie doch selbst auch keine haben.

Das Aushängeschild der Sozialpsychologen, Philip Zimbardo von der Stanford University, ist durch das Stanford Prison Experiment und durch seine Untersuchungen der Misshandlungen in Abu Ghraib bekannt geworden. In seinem Buch »Der Luzifer-Effekt« aus dem Jahr 2007 zeigt er, *»wie wir alle für die Versuchung der finsteren Seite anfällig sind«*. (Schon wieder das Wort »Versuchung«!) Er beschreibt darin, wie anständige Männer und Frauen durch situative Kräfte und gruppendynamische Prozesse *»zu Ungeheuern«* werden. Das historische Stanford Prison Experiment, ein Meilenstein der psychologischen Forschung, bestand darin, dass im August 1971 eine Gruppe von freiwilligen Studenten randomisiert (d.h. zufällig) in »Gefängniswärter« und »Häftlinge« aufgeteilt wurde. Sie mussten dann in einem simulierten Gefängnis arbeiten und leben. Binnen einer Woche musste das Experiment abge-

den, da normale Studenten sich in brutale, ärter oder emotional gebrochene Gefange- elt hatten. Im Abu-Ghraib-Gefängnis im en US-Soldaten in der Realität unfassbare ten gegenüber den Gefangenen.

Der Forscher analysiert in seinem wissenschaftlichen Werk Strukturen des Bösen, also Strukturen, die auch einen anscheinend anständigen Menschen in Versuchung führen können. Als Quintessenz seiner Forschungen formuliert Zimbardo nun einige psychische Voraussetzungen, um sich erfolgreich einer malignen Dynamik zu entziehen: *Wir wollen damit anfangen, das Eingeständnis von Fehlern zu ermutigen, zuerst uns selbst und dann anderen gegenüber.«* Und später noch deutlicher: *»Sagen Sie die Zauberworte: ›Es tut mir leid‹, ›Ich entschuldige mich‹, ›Verzeih mir‹. Nehmen Sie sich vor, aus Ihren Fehlern zu lernen, ein besserer Mensch zu werden.«* Hoffnungsfigur des Forschers ist der »Held«, der sich dem Zeitgeist und der Gruppendynamik entzieht. Unter anderem listet er als Helden in einer selbstentwickelten Typologie von zwölf Gruppen auf: Buddha, Franz von Assisi, Albert Schweitzer, Mutter Teresa, Gandhi, Jeanne d'Arc, Sokrates, Jesus, Madame Curie, Albert Einstein, Hans und Sophie Scholl. Sie alle sind auf ihre Weise über sich hinausgewachsen. Eine weitere Schlussfolgerung Zimbardos lautet: *»Ich bin verantwortlich: Mit der Verantwortung für seine Entscheidungen und Taten übernimmt der Handelnde das Steuer, im Guten wie im Schlechten.«* Anhand der Entwicklung der Publikationen von Zimbardo in den vergangenen 40 Jahren zeigt sich ein erfreulicher Trend in der psychologischen Forschung, Wörter wie »Fehler«, »Schuld«, »Verantwortung« und »Versuchung« wieder ernsthaft in den Mund nehmen zu können, ohne sofort ausspucken zu müssen.

Verstärkung der Verdrängung durch Exkulpieren

Keine Frage: Damit wir uns richtig wohl fühlen können, müssen Sündenböcke her: Schuld muss aufgelöst, versteckt, wegerklärt, verdrängt werden, Ausreden müssen produziert werden – das wird in der Psychologie »Exkulpieren« genannt.

Heiko Ernst beschreibt in seinem unterhaltsamen Buch »Wie uns der Teufel reitet« unter der denkwürdigen Kapitelüberschrift »Ego me absolvo (Ich spreche mich los)« eine Litanei von sechs zeitgemäßen Ausreden. Nach seiner Beobachtung haben wir uns längst an die exkulpierenden Argumentationsfiguren gewöhnt und sie in unsere Denk- und Erklärungsschemata verinnerlicht. Etwa die große Ausrede des kulturell bedingten Werterelativismus *(»Es gibt in einer modernen Gesellschaft keine für alle verbindliche Ethik. Jeder hat ein Recht darauf, dass seine Werte respektiert werden«)*, die genetisch-biologische Ausrede *(»Ich kann nicht anders, ich habe halt ein Wut-Gen«)*, die Ausrede der nicht vorhandenen oder beschränkten Willensfreiheit *(»Das Gehirn hat seine Programmierungen und tut im Grunde nur, was es will, wir sehen das post facto als unseren Willen an«)*. *»Dann ist da noch die gute alte nietzscheanische Gott-ist-tot-These (›Religion ist eine Erfindung zur Gängelung der Starken, ich brauche keine Moral!‹) und schließlich die soziologischen Theorien der Anomie oder der Entfremdung (›Wir sind alle Opfer der Verhältnisse‹) oder der situationistische Ansatz der Sozialpsychologie (›Aus Normalbürgern werden unter bestimmten Bedingungen in kürzester Zeit Folterknechte‹).«*

»Ego me absolvo«: In der Tat, das Exkulpieren ist zum modernen Abwehrmechanismus schlechthin geworden.

Nehmen wir die Erlebnisse des Heinrich Faust wieder auf, und spinnen wir sie weiter. Er ist nach all diesen Erlebnissen im ersten Teil wirklich traumatisiert, das können Sie sich ja vorstellen. Er ist verzweifelt: er hatte Gretchen liebgewonnen. Wie soll er mit diesem Verlust fertigwerden? Vielleicht entwickelt er sogar eine posttraumatische Belastungsstörung? Wie könnte jetzt eine Psychotherapie aussehen? Was genau sollte der Therapeut hinterfragen, wo ansetzen? Ist Heinrich Faust ein Opfer des hinterfotzigen Herrn Mephistopheles? Oder ein Opfer seiner spießigen Erziehung? Seiner Triebe, für die er ja nichts kann? Des Schicksals? Seines skrupulösen Über-Ichs? Hat vielleicht gar umgekehrt Gretchen mit ihrem unschuldigen Getue ihn verführt? Hat sie denn nicht schon sehr kokett mit ihm geflirtet? Ist ihm der Bruder blöderweise »ins Messer gerannt«? War es ein dummer Zufall, dass die Mutter vom Schlafpulver leider ein wenig zu viel abbekommen hat? Das Pulver war immerhin von Mephisto! Also ist doch der schuld. Oder ist Faust einfach zu wenig abgegrenzt von Gretchens Problemen? Es war immerhin ihre Entscheidung, mit ihm zu schlafen, ihre Entscheidung, das Kind zu töten, ihre Entscheidung, sein Fluchtangebot nicht anzunehmen! Was Faust jetzt wirklich nicht weiterhilft, sind lästige Schuldgefühle. Die fühlen sich einfach nicht gut an …

Es ist hochproblematisch, wenn die Psychotherapie »physiologische« Schuldgefühle wegerklärt und damit pathologisiert – und so den Weg zu einer Besserung verstellt. Denn Besserung erfordert eine Kehrtwendung des ursprünglich eingeschlagenen Lebenswandels. Man könnte auch von psychodynamischer »Umkehr« sprechen. Das Wort »Umkehr« bedeutet ein Innehalten auf dem Weg, ein Besinnen, das Erkennen, dass man falsch unterwegs war und sich neu orientieren, die Richtung wechseln oder aktiv zurückgehen sollte. Denken wir etwa an einen aggressiven, rücksichtslosen Ehemann, der durch irgendeine Einsicht oder ein einschneidendes Erlebnis plötzlich beginnt, seine Frau wieder zu achten und zu ehren. Eine solche Änderung, die ihm und seiner Frau guttäte, setzt die Erkenntnis und Einsicht in die begangene Tat voraus und die Selbstbeurteilung als Schuld.

Wie wir bei Faust und seinem Gretchen sehen, ist es tatsächlich schmerzhaft, Mist zu bauen. Schmerzhaft für sich, und schmerzhaft für andere. Die Psychotherapie ist dazu da, jeden psychischen Schmerz zu lindern – prinzipiell auch den Schmerz der Schuld. Aber manchmal schüttet sie das Kind mit dem Bade aus, indem sie schmerzlindernd das Böse gut nennt und den Mist, den wir gebaut haben, in ihrer Hilflosigkeit zu Gold umdeutet. Mit dieser Zementierung der Vermeidenshaltung steigert sie aber noch die Angst vor der Fehlerhaftigkeit. Das ist zu billig – weil dem Menschen nicht gemäß. Damit bleibt die verdrängte Schuld im Unbewussten und beginnt ein Eigenleben.

So manche Psychotherapie hat aufgrund ihres Weltbilds gar keinen Platz für so etwas wie reale Schuld. So kann der Therapeut zum Täter werden. Die oben beschriebene Umkehr wird nämlich durch ein Erklärungsmodell, das keine Schuld kennt, vielfach verunmöglicht. Gríma Schlangenzunge, der engste Ratgeber von König Théoden von Rohan, lullt in »Der Herr der Ringe« von J. R. R. Tolkien seinen König mit psychotherapeutischen Weisheiten ein. Er paktiert – wie wir wissen, aber nicht der König – im Geheimen mit dem gemeinen Zauberer Saruman und paralysiert mit seinen Interventionen ein ganzes Königreich. Dem König redet er zunehmend

Krankheiten ein, die sich angeblich nur dadurch heilen lassen, dass Théoden sich nicht mehr von seinem Thron wegbewegt, Licht und frische Luft vermeidet und die anstrengenden Staatsgeschäfte seinem treuen Diener Gríma überlässt. Das führt so weit, dass Théoden mit seinen Marschällen nicht mehr selbst spricht, sondern seinen Willen nur noch durch Gríma kundtun lässt. Psychotherapeuten können in der Tat ihre Klienten in ungesunder Weise an sich binden, wenn sie sie in der Fremdbeschuldigung bestärken und in der Opferrolle fixieren. Therapiestunde für Therapiestunde wird dann über Monate und Jahre wiedergekäut, wie gemein die anderen sind. Und wie arm man selbst. Zunehmend verarmen dadurch die Beziehungen, Ehen gehen in die Brüche, und nichts ändert sich am Leidenszustand.

In der Psychotherapie geht es natürlich nicht darum, dass der Therapeut als eine Art moralischer Schiedsrichter zwischen Gut und Böse unterscheiden soll. Das wäre eher die Aufgabe eines Seelsorgers, der hilft, die moralischen Normen auf die konkrete Situation anzuwenden. Aber die Realität der Schuld, unter der der Mensch auch psychisch leidet, darf in der Therapie nicht ausgeklammert werden. Es ist nicht die Aufgabe des Psychotherapeuten, jemandem Schuld zuzuweisen. Aber genauso wenig ist es seine Aufgabe, jemanden von seiner Schuld freizusprechen, zu exkulpieren.

Es ist bekanntlich ein unzulässiger Übergriff, wenn der Therapeut seine eigenen Werte dem Patienten aufdrängt. Aber genauso schlimm ist es, wenn er die ethischen Werte des Klienten durch Pathologisierung relativiert und damit den Hilfesuchenden selbst ent-wertet. So nach dem Motto: »Wenn Sie beim Ehebruch ein schlechtes Gewissen haben, ist das das Problem Ihres unflexiblen Moralverständnisses.« In »Asterix und der

Kupferkessel« – um zur literarischen Hochkultur zurückzukehren – ist Moralelastix die Figur eines gallischen Stammeshäuptlings an der Steilküste, der meisterhaft seine verschlagenen Winkelzüge vor sich und den Seinen rechtfertigen kann und dessen moralische Flexibilität namensgebend wurde. Es wäre gefährlich, würde dieser Protagonist zum psychotherapeutischen Ideal stilisiert werden.

Aufgabe der Psychiatrie und der Psychotherapie muss es sein, Schuldgefühle wahr- und ernst zu nehmen, also nicht vorschnell zu bagatellisieren, umzudeuten und wegzupsychologisieren. Viele Schuldgefühle werden allzu schnell verdrängt. Wenn sich Schuldgefühle zeigen, sollte der Therapeut primär einmal eine Ameise annehmen, mit der er behutsam umgehen muss. Legen wir die ideologische Brille ab, die in Schuldgefühlen eine therapiepflichtige Illusion sieht, weil sie Ameisen für denkunmöglich hält. Die wenigen Fälle von pathologischen Schuldgefühlen müssen vom Arzt ausgesondert und therapiert werden. Bei physiologischen Schuldgefühlen hingegen kann die Therapie durch mutiges »Der Schuld ins Auge sehen« zu einer höheren Stufe der Selbsterkenntnis verhelfen. Das Bewusstsein »Auch dazu bin ich fähig« führt zu jenem psychodynamischen Idealzustand, der Selbsterkenntnis und Selbstannahme erst möglich macht.

FALL 6: Eine 34-jährige Frau, Dorothea G., meldet sich und ihren um zehn Jahre älteren Mann, Ronald G., zur Paartherapie an. Zunächst allerdings drängt sie auf ein Vier-Augen-Gespräch mit dem Psychiater, um ihm ihren Fall darzulegen. Eine Stunde lang warnt sie ihn wortreich und blumig vor ihrem manipulativen Mann, der ihr

Glück zerstört habe und alle Leute einkochen könne. Sie seien seit einem halben Jahr verheiratet, er sei steinreich und seit der Hochzeit fürchterlich knausrig. Außerdem sei er sehr charmant, der Psychiater solle sich hüten, auf ihn hereinzufallen. Er dürfe ihrem Mann natürlich nicht sagen, dass sie bereits bei ihm gewesen sei und dass der Therapeut seine dunklen Seiten schon kenne. Ihr Ziel sei der Erhalt der Ehe, denn sie sei eine strenggläubige Katholikin, und Scheidung komme nicht in Frage. Außerdem wolle sie, dass er sich von Grund auf ändere, denn wie er sich benehme, das sei inakzeptabel. Er sei gefühlskalt, zu wenig großzügig und gehe seit der Hochzeit nicht mehr auf sie ein.
Sie fühle sich jedenfalls sehr mit den katholischen Prinzipien verbunden, besonders was die Ehe betrifft. Die sei unauflöslich. Auf Nachfragen kann der Psychiater herausfinden, dass sie sich für die Sonntagsmesse keine Zeit nimmt und auch sonstige Gebetsübungen aus Mangel an Gelegenheit nicht in den Tagesplan passten: »Ich bin ja keine Nonne!«
In der Woche darauf bringt sie den Übeltäter in die psychiatrische Praxis. Aus Gründen der Symmetrie spricht der Therapeut zuerst mit dem Ehemann alleine. Zu seiner Überraschung ist der Gatte recht vernünftig. Der Mann habe sich in ihr geirrt, man sei eben zusammen nur auf Partys in halb Europa gewesen, habe gemeinsam ein oberflächliches Leben mit Alkohol und Drogen geführt, und jetzt funktioniere der Alltag einfach nicht. Das tue ihm sehr leid, besonders für sie. Aber sie habe sehr auf die Ehe gedrängt, habe ihm auch eine Schwangerschaft vorgespielt, weswegen er sie dann standesamtlich geheiratet habe.
Auf erstaunte Nachfrage gibt er an, dass sie kirchlich nicht hätten heiraten können, weil Dorothea ja schon

zuvor kirchlich verheiratet gewesen sei. Sie sei gar nicht religiös, komme zwar aus einem religiösen Haus und kenne das Vokabular, gebe das aber nur vor, wenn es ihr nutze.

Er gibt zu, dass seine Liebe zu ihr abgekühlt sei, da sie massiv kontrollierend geworden sei und hauptsächlich Zugang zu allen Bankkonten haben wolle. Er sehe keine Chance mehr für die Ehe. Sein Auftrag an den Therapeuten wäre eine friedliche Scheidung.

In der Sitzung zu dritt klärte der Psychiater kurz die Fakten: Tatsächlich war sie schon kirchlich verheiratet, aber die zweite, standesamtliche Ehe hält sie vor Gott für unauflöslich. Schließlich habe ein Pfarrer die Ehe auch gesegnet. Und das mit der Schwangerschaft habe sie damals wirklich geglaubt, zumindest anfangs, und dann ... (undeutliches Gemurmel).

Der Psychiater wechselt das Thema und bittet, jeweils positive Dinge über den Partner aufzuzählen. Der Mann beginnt und gibt sich ernsthaft Mühe, ihre Stärken herauszuarbeiten. Er kommt auf sieben Eigenschaften. Als sie an der Reihe ist, sagt sie nur, dass er vor der Hochzeit großzügig gewesen sei, jetzt aber knausrig. »Positiv!«, mahnt der Psychiater freundlich ein. Gut, also vor der Hochzeit sei er zärtlich gewesen, jetzt aber gleichgültig.

Nach drei weiteren Versuchen gibt der Psychiater auf: Versuchen wir es mit einer selbstkritischen Analyse der eigenen Rolle? Ronald G. gibt seine Gefühlskälte zu, ebenso dass er sich geirrt habe und dass er sich jetzt auch dafür entschuldigen wolle. Als Frau G. an die Reihe kommt, antwortet sie: »Ich habe keine Fehler gemacht.« Der Psychiater versteht nicht. Jeder mache doch Fehler, wir seien ja Menschen. Nein, sie habe keine Fehler gemacht.

Das Gespräch wandelt sich zu einer Scheidungsmoderation. Sie stellt hohe finanzielle Forderungen – er willigt sofort ein. Beim Hinausgehen flüstert sie dem Psychiater zu: »Er hat Sie eingekocht!«

ANALYSE: Dorothea G. hat Defizite in der Selbsterkenntnis: Sie kann oder will ihre Handlungsmotive und Defekte bei sich selbst nicht wahrnehmen. Dadurch wirft sie dem Ehemann das vor, was sie selbst am meisten auszeichnet: manipulatives Verhalten.

ZUSAMMENFASSUNG: Relativ selten kommt es vor, dass jemand sich für etwas schuldig fühlt, woran er gar nicht schuldig ist. Das ist dann ein psychiatrischer Fall. Normalerweise hat man aber Schuldgefühle, weil man schuldig ist. Es ist völlig normal, schuldig zu werden. Das menschliche Leben besteht darin, Unrecht zu erleiden und Unrecht zu tun. Schuldbewusstsein, Schuldgefühle, Gewissensbisse und ein schlechtes Gewissen sind an und für sich Zeichen für psychische Gesundheit. Wer sich seiner Schuld stellt, gewinnt an Handlungsspielraum.

2. Kapitel

Zwölf Ursachen der Makellosigkeit

Ebenezer Scrooge auf der Couch

In einer psychiatrischen Praxis begegnet man vielen Menschen, die davon überzeugt sind, dass sie nie etwas falsch gemacht haben. Ihr ganzes Leben lang. Es gibt eine Reihe von psychopathologischen Mechanismen, die dem normalen, fehlerhaften Menschen die Schuld nehmen und ihn in ein Unschuldslamm verwandeln: Perfektionismus, Ichhaftigkeit, Selbstwertüberhöhung, Narzissmus, Selbstempathie, Wehleidigkeit, Sentimentalität, Selbstmitleid, Abgrenzung, Lebenslügen, Selbstbetrug und innere Widersprüchlichkeit. Diese Aufzählung erhebt keinen Anspruch auf Vollständigkeit, denn uns Psycho-Experten fällt ja ständig etwas Neues ein. Alle diese Faktoren sind verwandt miteinander, bedingen einander und überschneiden sich auch teilweise. Sie nehmen die Verantwortung und blockieren den Menschen in der Makellosigkeit. Alle diese Ingredienzien sind jedenfalls zur artgerechten Aufzucht eines makellosen Unschuldslamms hilfreich. Das Unschuldslamm wiederum schreit psychodynamisch nach einem Schuldigen. Denn einer muss ja schuld sein, wenn auch niemals – niemals! – man selber es ist.

Der hochsensible Ebenezer Scrooge

Ebenezer Scrooge war hochsensibel. Das konnte Charles Dickens vor 150 Jahren freilich noch nicht wissen, weil die Forschung damals noch nicht so weit war. Deshalb zeichnet er seinen Helden in seiner »Weihnachtsgeschichte« etwas verzerrt. Aber uns Fachleuten fällt es natürlich nicht schwer, die wahren psychologischen Umstände aus den bestehenden authentischen Dialogen herauszuholen. Scrooge selbst wusste lange Zeit nicht, dass er hochsensibel war. Bis er von einem Freund zu einem Treffen der HSP-Selbsthilfegruppe mitgenommen wurde. HSP steht für High Sensitive Persons – hochsensible Menschen, denen der geringste Lärm, eine harmlose Bitte oder auch ein bettelnder Landstreicher zu nahe gehen. Dort lernte er, dass auch Jesus hochsensibel gewesen sei, wie auch alle anderen Religionsstifter und auch die Druiden. Anders lasse sich deren Schaffen und Charisma ja gar nicht erklären. Das war überzeugend. Mit dem uneingeschränkten Mitfühlen und Mitleiden müsse man aber richtig umgehen lernen: abgrenzen, abgrenzen, abgrenzen! Das lerne man am besten in einer Psychotherapie.

Scrooge fühlte sich verstanden: Das war tatsächlich sein Problem! Hochsensible Menschen wie er neigen dazu, unter der Last der anderen zusammenzubrechen. Sie fühlen so sehr mit, dass es ihnen am Ende noch schlechter geht als demjenigen, der ihnen sein Leid geklagt hat. Es fiel ihm wie Schuppen von den Augen. Die vielen armen Leute, die ihm in London immer wieder über den Weg liefen: das belastete ihn einfach zu sehr! Und es machte ihm richtiggehend Schuldgefühle. Der Therapeut erkannte sofort die Schwere des Falles und empfahl ein Buch: »Mut zum Nein sagen: Grenzen setzen ohne Schuldgefühle«. Im Klappentext las er: »*Haben Sie häufig den Drang, auch mal Nein zu sagen und Ihren Mitmenschen einmal ganz konsequent zu zeigen, wo Ihre Grenzen liegen? Dieses Buch möchte Ihnen dabei helfen, sich vor Überforderung zu schützen und Ihre persönlichen Grenzen auf sachliche und verständliche Art klar zu machen.*« Scrooge fühlte sich endlich verstanden und lieh sich das Buch vom Therapeuten in der Hoffnung, darin Antworten auf seine Probleme zu finden.

Der hochsensible Patient las in der folgenden Nacht das Buch in einem Zug durch. Es war wie eine Offenbarung! Er erkannte sich in jedem Fallbeispiel wieder und beschloss, sein Leben neu aufzustellen. Er musste lernen, nein zu sagen, Grenzen zu setzen. Spät, aber jetzt doch. Nun galt es, endlich an sich selbst zu denken. Vom Buch animiert, nahm er sich für die nächsten Wochen vor, sich über drei Fragen klarzuwerden: Was sind meine persönlichen Grenzen, und wie entstehen sie? Wie finde ich heraus, wo meine eigenen Grenzen sind? Und wie kann ich meine Grenzen anderen gegenüber durchsetzen?

Eine erste gute Gelegenheit, die neuen Erkenntnisse anzuwenden, ergab sich im Gespräch mit seiner Verlobten. Diese machte schon länger Druck auf ihn und drängte auf eine Veränderung, die er selber nicht wollte. Bis jetzt war er einfach zu gutmütig gewesen, um ihr das klipp und klar zu sagen. Dickens, der definitiv nicht das psychologische Wissen unserer Zeit hatte, hat das Gespräch zwar authentisch wiedergegeben, bringt aber eine moralische Wertung hinein und interpretiert die Situation dadurch völlig falsch. Deshalb ist im folgenden Dialog nur die direkte Rede wörtlich zitiert, das emotionale Erleben des Ebenezer Scrooge wurde nach den neuesten psychologischen Erkenntnissen rekonstruiert.

Die Verlobte agiert vorwurfsvoll und passiv-aggressiv gegen ihn, sie fühle sich vernachlässigt und wirft ihm vor, sich nur noch für sein Geld zu interessieren: *»Ein anderes Götzenbild hat mich verdrängt; und wenn es Sie in späterer Zeit trösten und aufrechterhalten kann, wie ich es versucht hätte, so habe ich keine Ursache zu klagen.«* Klare Sache, hier appelliert sie an sein hochsensibles Mitgefühl und rechnet damit, ihn so manipulieren zu können. Doch Ebenezer Scrooge hat in der Selbsthilfegruppe und in seinen Einzeltherapiestunden gelernt: Du musst dich abgrenzen! Also zuerst einmal Zeit gewinnen, so tun, als hätte man sie nicht verstanden: *»Welches Götzenbild hätte Sie verdrängt?«*, erwidert er souverän. *»Ein goldenes.«* Uff, jetzt will sie ihm ein schlechtes Gewissen machen. Ist mit einer gewissen Schulung aber durchschaubar. Am besten nicht weiter darauf eingehen, sondern Gegenangriff: *»Dies ist die Gerechtigkeit der Welt! Gegen nichts ist sie so hart als gegen die Armut; und nichts tadelt sie unnachsichtiger als das Streben nach Reichtum.«* Das hat gesessen! Scrooge ist mit sich zufrieden. Nicht manipulieren lassen ist der Schlüssel zum Sieg! *»Sie fürchten das Urteil der Welt zu sehr. Alle Ihre andern Hoffnungen sind in der einen aufgegangen, vor diesem engherzigen Vorwurf gesichert zu sein. Ich habe Ihre edleren Bestrebungen eine nach der andern verschwinden sehen, bis Sie ganz die eine Leidenschaft, die Gier nach Gold, erfüllte. Ist es nicht so?«*, antwortet sie scheinheilig. Wie untergriffig! Wie kann eine so hübsche Frau nur so vorwürfig sein? Aber Scrooge konzentriert sich: Was würde der Therapeut jetzt sagen? Abprallen lassen, souverän abprallen lassen! *»Und wenn es so wäre? Wenn ich so viel klüger geworden wäre, was dann? Gegen Sie bin ich nie anders geworden«*, antwortet er locker. Sie schüttelt demonstrativ den Kopf. Unser

Patient wird jetzt leider ein wenig unsicher: *»Bin ich anders?«* Sie merkt sofort, dass sie ihn so fangen kann, und setzt nach: *»Unser Bund ist alt. Er wurde geschlossen, als wir beide arm und zufrieden waren, unser Los durch ausdauernden Fleiß verbessern zu können. Sie haben sich aber verändert! Damals, als er geschlossen wurde, waren Sie ein anderer Mensch.«* Der Patient wankt. Jetzt kommt sie auf die romantische. Herzzerreißend. Ist das schon für einen unsensiblen Menschen kaum zu ertragen, wie erst für einen hochsensiblen? Jetzt schnell weg mit den Gefühlen! Abgrenzen! Man muss die Sache mit der Verlobung relativieren: *»Ich war ein Knabe«*, sagt er mit einer Bestimmtheit, zu der er sich zwingen muss. Sie antwortet schnell und zielsicher: *»Ihr eigenes Gefühl sagt Ihnen, dass Sie nicht so waren, wie Sie jetzt sind. Ich bin noch dieselbe. Das, was uns Glück versprach, als wir noch ein Herz und eine Seele waren, muss uns Unglück bringen, da wir im Geiste nicht mehr eins sind. Wie oft ich und wie bitter dies gefühlt habe, will ich nicht sagen; es ist genug, dass ich es gefühlt habe und dass ich Ihnen Ihr Wort zurückgeben kann.«* Sie treibt ihn in die Ecke! Was wird der Therapeut sagen? Scrooge muss in vielen Therapiestunden aufarbeiten, was er hier einstecken muss.

Jetzt heißt es durchhalten! Er kann sich von dieser Gefühlsduselei zunehmend distanzieren. Das Buch des Therapeuten hatte recht: Aller Anfang ist schwer. Aber dann geht es immer leichter. Sie »fühlt«, dass Scrooge die Verlobung lösen will, versucht die emotionale Erpressung. Aber als hochsensibler Patient durchschaut er ihr Manöver und antwortet: *»Habe ich dies jemals verlangt?«* Sie bleibt bei ihrer dramatischen Vorstellung, will ihm ein schlechtes Gewissen machen: *»In Worten? Nein. Niemals.«* Er: *»Wie dann?«* Sie: *»Durch ein ver-*

ändertes Wesen, durch einen andern Sinn, durch andere Bestrebungen im Leben und durch andere Hoffnungen – in allem, was meiner Liebe in Ihren Augen Wert gab. Wenn alles Frühere nicht zwischen uns geschehen wäre, würden Sie mich jetzt aufsuchen und um mich werben? Gewiss nicht!« Zeit gewinnen, die Frau ist raffiniert, emotional überlegen. Hat sich sicherlich gut vorbereitet. Wir müssen hier raus, die Luft wird dünn. »*Sie glauben nicht?*« Sie, in hoher Dramatik, auch noch Tränen fließen lassend, um ihn unter Druck zu setzen: »*Gern glaubte ich es, wenn ich könnte. Gott weiß es. Wenn ich eine Wahrheit wie diese erkannt habe, weiß ich, wie unwiderstehlich sie sein muss. Aber soll ich glauben, dass Sie ein armes Mädchen wählen würden, wenn Sie heute oder morgen oder gestern frei wären, Sie, der selbst in den vertrautesten Stunden alles nach dem Gewinn misst? Oder soll ich mir verhehlen, dass Sie gewiss einst sich getäuscht und bittere Reue fühlen würden, weil Sie für einen Augenblick Ihrem einzigen leitenden Grundsatz untreu werden? Nein, und deswegen gebe ich Ihnen Ihr Wort zurück: willig und um der Liebe dessentwillen, der Sie einst waren. Vielleicht – der Gedanke an die Vergangenheit lässt es mich fast hoffen – wird es Sie schmerzen. Eine kurze, sehr kurze Zeit, und Sie werden dann die Erinnerung daran fallenlassen, wie die Gedanken an einen nichtigen Traum, aus dem zu erwachen ein Glück für Sie war. Möge Sie alles Glück auf dem gewählten Lebensweg begleiten!*« Jetzt nichts anmerken lassen. Nur nicht über das nachdenken, was sie gesagt hat. Sie geht und erwartet, dass er ihr nachläuft. Ein unterschwelliger Appell, er möge sie zurückholen, vor ihr auf die Knie fallen und ihr nachgeben! Gut, soll sie gehen! Abgrenzen und an den Ratgeber »Mut zum Nein sagen: Grenzen setzen ohne Schuldgefühle« denken.

Ebenezer Scrooge schaffte es tatsächlich, seine Schuldgefühle zu unterdrücken und die Frau ziehen zu lassen. Es war das erste Mal, dass es ihm möglich war, auch einmal nein zu sagen und jemandem konsequent zu zeigen, wo seine Grenzen liegen. Endlich ging es um seine Bedürfnisse und nicht immer um die der anderen. Es war ihm gelungen, sich vor Überforderung zu schützen und seine persönlichen Grenzen auf sachliche und verständliche Art klarzumachen. Sein Therapeut war stolz auf ihn. Die Episode änderte das Leben des Ebenezer Scrooge. Ab diesem Zeitpunkt konnte er seine persönlichen Grenzen gut wahrnehmen und sie anderen gegenüber leicht durchsetzen. Sein restliches Leben konnte sich Scrooge erfolgreich und ohne weitere Hindernisse selbst verwirklichen.

Perfektionismus und Fehlerlosigkeit

Die Haupteigenschaft des Unschuldslamms ist es, fehler- und makellos zu sein: also perfekt. Was genau Perfektionismus ist, weiß allerdings keiner so genau, denn darüber gibt es bis heute keinen Konsens in der deutschsprachigen Forschung. In diesem Buch soll der Begriff in dem Sinn Verwendung finden, dass ein Mensch ein hohes Ideal – die Perfektion – mit einer unfreien, ja ängstlichen Verbissenheit in dem Maß anstrebt, dass er dadurch schwachsichtig wird für seine eigenen Unvollkommenheiten. Seine Schwachsichtigkeit rührt daher, dass »nicht sein kann, was nicht sein darf«. Keiner soll ihm einen Fehler nachsagen können! Damit ist schon gesagt, dass nicht das Bemühen um eine gutgemachte Arbeit oder das Hochhalten eines Ideals dem zugrunde gelegt ist, sondern die ängstliche Sorge, hinter dem Ideal zurückzubleiben. Perfektionisten halten die natürliche Spannung zwischen dem »Soll« (dem Ideal) und dem »Ist« (der fehlerhaften Realität) nicht aus. Manche von ihnen schrauben zudem auch die Latte unerträglich hoch. Im Wesentlichen ist aber jeder Hinweis auf einen (menschlichen) Fehler für den Perfektionisten unerträglich und fast existenziell bedrohlich. Er kann sich nicht mit der simplen Tatsache versöhnen, dass Fehlerhaftigkeit dem Menschen immer anlastet – und dass das eigentlich ganz in Ordnung ist.

Wir leben zunehmend in einer perfektionistischen Gesellschaft – mit Nulltoleranz gegen Fehler. Das macht einerseits das Leben wirklich fad, und andererseits ist dadurch Bluffen an der Tagesordnung. Zur Marscherleichterung wurden manche Laster zur Tugend uminterpretiert und damit vordergründig moralischer Druck abgelassen. Aber neue Regeln folgen, und der neue Moralkodex verlangt penibelste Befolgung. Einerseits wird das »Ist« innerlich geleugnet und verdrängt, andererseits das »Soll« nach dem »Ist« umgeschrieben.

Perfektionisten zeichnen sich durch Pflichtbewusstsein, Verlässlichkeit, Pedanterie und Rigidität aus – und können sehr ungemütlich werden, wenn ihre Fehlerlosigkeit auch nur andeutungsweise in Frage gestellt wird. Ein perfektionistischer Mitarbeiter etwa – und davon gibt es viele – muss immer klarstellen, dass sein Auftrag ganz genau dieser war, wenn die Chefin etwa eine Änderung in einem Briefentwurf moniert. Auch dann, wenn die Chefin nicht den Funken eines Vorwurfes macht. Perfektionismus ist im Grunde ein neurotisches Phänomen, präziser formuliert ein zwangsneurotisches – und eine Form von unglücklicher, humorloser Unfreiheit. Der Neurotiker hält das idealisierte Ich für das Ideal – also sich selbst (verzerrt ins Fehlerlose) für das Maß aller Dinge. Hier befindet er sich schon an der Grenze zum Narzissmus, aber im Gegensatz zum Narzissten ist der perfektionistische Neurotiker voll Ängstlichkeit. Für ihn ist jede Schuld eine persönliche Bedrohung und nur der leiseste Verdacht muss heftig abgewehrt werden. Weil er nämlich nicht weiß, wie er sie wieder loswerden kann. Und man darf sich schon gar nicht dabei ertappen lassen: Was könnten die anderen denken?

Interessanterweise spricht auch der Publizist Martin Lohmann von einer »regelrechten Angst vor der ganz normalen Wirklichkeit«. Lohmann sagt: *»Weil wir den vermeintlichen Makel der persönlichen Schuldfähigkeit leugnen und uns in die Höhen selbstprojizierter Makellosigkeit schrauben, können wir die Realität nicht mehr ertragen. Und die heißt: Ich mache Fehler und werde schuldig. ... Dabei beginnt eigentlich jede Freiheit erst mit dem Ja zu sich selbst und zur eigenen Schuld ...«*

Sigmund Freud hat anschaulich herausgearbeitet, dass die narzisstische Kränkung dort Platz greift, wo das idealisierte Selbst sich zu sehr vom realen Ich entfernt. Anders formuliert: Je mehr sich jemand ein geschöntes Bild von sich selber zurechtlegt, umso eher ist er kränkbar, wenn er mit der Realität konfrontiert wird. Schuld ist aber, und das ist eine Weiterentwicklung des Freudschen Konzepts, auch eine Realität im menschlichen Leben. Durch das Annehmen seiner Schuld können die schmerzhaft verdrängten Anteile der eigenen Schuld wieder heilsam in das Bewusstsein integriert werden, wodurch auch die neurotischen Anteile einer Person reduziert werden, weil weniger Verdrängungsarbeit notwendig ist. Schuldverdrängung und Perfektionismus hängen auch noch anders zusammen: Wer keine

Möglichkeit sieht, mit Schuld so umzugehen, dass er sie bewältigen und irgendwie wieder loswerden kann, muss sie zwangsläufig verdrängen und »perfekt« sein, weil unbewältigte Schuld auf Dauer nicht auszuhalten ist.

FALL 7: Irmgard J., eine resolute 60-jährige Dame, schleppt ihren 65-jährigen Gatten Gunthard zum Psychiater, weil dieser in karitativer Gesinnung eine höhere Summe hergeschenkt hatte. Hier gehe es natürlich weniger um die Summe als um das Prinzip! »Wie kann er unser Geld einfach irgendwelchen Leuten in den Rachen werfen? Ohne mich zu fragen! Noch dazu Ausländern!« Frau J. ist schwer zu beruhigen, und es dauert eine halbe Stunde, bis der Psychiater mit einer Frage bis zum Täter vordringen kann. »Ich habe meine Frau nicht gefragt, weil sie unendlich geizig ist – sie hat seit 40 Jahren noch nie Almosen gespendet.« Aber sie zahle ihre Steuern pflichtbewusst, das seien auch Almosen, lautet ihre spitze Replik. Sie setzt nach: »Ich bin sparsam, im Gegensatz zu dir. Wo wären wir ohne meine Sparsamkeit?«
Der Psychiater versucht seine Rolle als Arzt nicht aus den Augen zu verlieren und fragt nach seiner Aufgabe in diesem Konflikt. Der Auftrag von Irmgard J. lautet, der Fachmann möge Gunthard J. untersuchen, ob er denn nicht wahnsinnig sei. Der Psychiater untersucht ihn. Er ist es nicht. Dann wolle sie eine Paartherapie, um ihn zu verpflichten, ihr gemeinsames Geld in Zukunft nicht mehr zu verschleudern. Man findet einen Modus. Der Mann sieht seinen Fehler ein und bittet um Verzeihung. Sie glaubt ihm die Ernsthaftigkeit der Entschuldigung aber nicht.
Später nimmt Frau J. noch Einzelstunden, um das Trauma zu verarbeiten und um ihrem Mann verzeihen zu

können. Ihr Selbstbild als sparsame, pflichtbewusste und vorbildliche Frau ist kurz ins Wanken geraten durch den kleinen Kommentar des Gatten, sie sei knausrig und engstirnig, und ohne Almosen sei ihre zur Schau gestellte Religiosität nicht viel wert. Letztlich geht es ihr aber um das Verzeihen einer Ungeheuerlichkeit, zu der sie niemals, und zwar unter keinen Umständen, fähig wäre. Wie solle sie ihm jemals verzeihen? Mehr und mehr kommt sie in der Therapie zur Erkenntnis, dass sie einfach einen sehr fehlerhaften Mann geheiratet habe und selber insgesamt viel weniger Fehler habe. Das erschwere jetzt natürlich das Verzeihen. Sie könne nur für ihn beten.
Da sich die therapeutische Beziehung in der Zwischenzeit als stabil erwiesen hat, erlaubt sich der Psychiater eine konfrontative Intervention. Er freue sich, sagt er mit freundlichem Lächeln, dass er die Ehre habe, vor der unbefleckten Empfängnis zu sitzen. Sie schaut den Therapeuten zuerst fassungslos an – und beginnt dann herzhaft zu lachen. Der Groll löst sich in der Folge auf, weil sie aus ihrer Rolle der vermeintlichen Fehlerlosigkeit erlöst ist.

ANALYSE: Die Dame erfüllt alle Kriterien für einen zwanghaften Perfektionismus. Humor schafft hier Selbstdistanz. Mit der dadurch gewonnenen Selbsterkenntnis ist dann das Verzeihen leichter möglich.

Da der Perfektionist meint, keine wirklich gravierenden Fehler zu haben, muss er sich folgerichtig auch nicht bessern. Warum auch? Jedes Bemühen wäre ja das Zugeständnis der eigenen Fehlerhaftigkeit. Ein Patient, der wegen Eheproblemen in Therapie war und in der Selbsterkenntnis große Fortschritte machte, sagte eines Tages: »Meine Frau darf aber nichts davon merken, dass ich an mir arbeite. Das wäre mir sehr peinlich.« Mit einem Perfektionisten verheiratet zu sein ist oft mühsam: Die haben nämlich immer recht. Und wenn sie zufällig einmal nicht recht hatten, dann hat das einen ganz genauen Grund, der dann recht umständlich erklärt wird. Ein kurzes »Du hattest recht, ich habe mich geirrt« ist ihnen unmöglich zu entlocken.

Der Perfektionist sucht meist die Bestätigung, dass er ohnehin alles richtig macht. Für den Therapeuten ist das in der Paartherapie oft eine große Herausforderung. Anfällig zu sein für Fehler, wie wir Menschen nun einmal sind, ist für den Perfektionisten bedrohlich. Damit ist für ihn aber jede Normgebung schon eine Infragestellung seiner selbst und wird letztlich als existenzielle Bedrohung erlebt. Aus diesem Grund reagiert der Neurotiker viel aggressiver auf externe Normgebung, als es die Umstände nahelegen.

Es wird niemand bezweifeln, dass es eine der Aufgaben der Religion ist, die moralische Latte hoch zu legen und ein »Soll« vorzugeben, an dem man sich ein Leben lang zu messen hat. Nebenbei bemerkt ist das nicht die Hauptaufgabe der Religion – Moral ist ein Nebenschauplatz. In allen Religionen gibt es wegen dieser anspruchsvollen Zielvorgaben Gläubige, die sich nicht an die Regeln ihrer eigenen Glaubensgemeinschaft halten wollen, denen also die Trauben zu hoch hängen. Das ist nicht überraschend, sehr menschlich, völlig normal und deshalb weit verbreitet. Die meisten integrieren die Spannung zwischen »Soll« und »Ist« auch gut in ihr Selbstbild und können die Diskrepanz vor sich selbst und den anderen freimütig als Defizit zugeben. Perfektionisten hingegen ertragen diese Spannung nicht und müssen in ihrer ängstlichen Zwanghaftigkeit stattdessen die Regeln geändert haben. Denn sie wollen sich zwar nicht ändern, können aber durch ihre unflexible psychische Struktur auch nicht als unvollkommen dastehen. Mit demonstrativer Entrüstung und vorgeschobenem »Reformwillen« (Angst macht aggressiv) streben sie danach, ihrer Glaubensgemeinschaft ihr eigenes Lebensmodell aufzuzwingen – das natürlich mit einer echten Reform nichts zu tun hat. Das ist im Grunde Instrumentalisierung der Religion für egozentrische Zwecke. In der jüdischen Thora wird das Phänomen des vorgeschobenen Reformwillens in der Erzählung vom Goldenen Kalb anschaulich geschildert. Durchsichtiger, billiger Selbstbetrug: Nicht das persönliche Leben wird nach dem religiösen Gebot ausgerichtet, sondern das Gebot nach dem persönlichen Leben umgeschrieben. Die Abschaffung des Schuldbegriffs, um die neurotische Selbstgerechtigkeit zu befriedigen, ist jedoch für den ängstlichen Perfektionisten mit einer anstrengenden Arbeit verbunden: mit der Verdrängung der eigenen Fehlerhaftigkeit, die sich in Aggressionsdurchbrüchen gegen jegliche moralische Normen Erleichterung verschafft.

Ichhaftigkeit und Hochsensibilität

Die neurotische Ichhaftigkeit gehört zu den Grundnahrungsmitteln unseres Unschuldslamms. Die gesamte innere Argumentation, die Ebenezer Scrooge von seiner Verlobten befreit und zu seiner Selbstverwirklichung führt, ist Ichhaftigkeit im klassischen Sinn. Er verliert vor lauter Ich das Du aus den Augen. In der Alltagssprache verwendet man häufig die verwandten Begriffe »Egoismus«, »Egozentrik« und »er ist sich selbst der Nächste«. In der Psychodynamik ist die Ichhaftigkeit im Gebiet der Neurose verortet, wie auch der Perfektionismus, mit dem sie sich teilweise überlappt.

Was genau neurotisch ist, kann übrigens keiner präzise sagen. Selbst die Begründer der drei Wiener Psychotherapieschulen sind hier unterschiedlicher Meinung: Sigmund Freud meinte, dass Neurosen entstünden, wenn Sexualität unterdrückt werde. Alfred Adler, Freuds geschasster Kronprinz, postulierte hingegen Neurosen als Minderwertigkeitsgefühle, als Machtdefizit, mit dem man nicht klarkomme. An anderen Stellen wiederum bezeichnet Adler die Neurose als Lebensirrtum und Flucht: Flucht vor einer Aufgabe, Flucht vor der Innerlichkeit, Flucht vor der Leiblichkeit, Flucht vor Konflikten oder Flucht vor der Gesellschaft. Viktor Frankl wiederum erklärte eine Neurose mit dem Leiden am sinnlosen Leben. Bis heute gibt es dazu keinen wissenschaftlichen Konsens. Deshalb hat die Weltgesundheitsorganisation (WHO) den Begriff größtenteils aus ihrer Klassifikation der psychischen Krankheiten entfernt. Jetzt gibt es eben keine Angstneurose mehr, sondern eine Angststörung, keine Zwangsneurose, sondern eine Zwangsstörung. Allerdings heißt das Kapitel 4 der »Internationalen statistischen Klassifikation der Krankheiten und verwandter Gesundheitsprobleme« bis heute »Neurotische, Belastungs- und somatoforme Störungen«. Also doch wieder Neurose? Wir Psychiater bleiben unklar.

Diese akademische Diskussion ist dem Neurotiker aber ziemlich egal. In der psychotherapeutischen Praxis brauchbar ist folgende Definition: Neurose ist ein angstvolles Kreisen um sich selbst, das den Menschen letztlich blockiert. Der Neurotiker stellt sich selbst ein Bein, hat enorm viel Angst um sich selbst, und diese Angst lähmt ihn und isoliert ihn von seinen Mitmenschen. Alle seine Angstszenarien sind – anders als beim Psychotiker – rational nachvollziehbar und sogar überprüfbar, aber er setzt überproportional viel Emotion an dieser Stelle ein. Dadurch kommt es letztlich zu einer Fehleinschätzung, die Angst zur logischen Folge hat. Ein Beispiel: Der Sozialphobiker (belastet mit einer Art der Neurose) hat die Panik, dass er etwas tut, worüber die Leute dann reden würden. Tatsächlich reden Leute immer über andere Leute. Er hat also Angst vor etwas, das nicht vermeidbar ist. Natürlich: Wenn man nicht präsent ist, dann reden sie freilich weniger, als wenn man »auf der Bühne« steht. Trotzdem ist das letztlich kein Grund, nicht mehr aus dem Haus zu gehen. Der Neurotiker sieht die Gefahr und überschätzt sie. Er schiebt innerlich die Kommastellen der Wahrscheinlichkeit eines bedrohlichen Ereignisses nach links, starrt wie die Maus vor der Schlange auf die (sehr unwahrscheinliche, aber immerhin mögliche) Gefahr und wird so im Extremfall lebensunfähig.

Der bedeutende Berliner Individualpsychologe Fritz Künkel war der wichtigste Schüler von Alfred Adler. Um die neurotische Entwicklung richtig zu beschreiben, hat er den Terminus der Ichhaftigkeit eingeführt und diese als Gegensatz zur Sachlichkeit definiert. Fritz Künkel erzählt in seiner »Einführung in die Charakterkunde« folgenden Fall, um seine Hypothese plakativ zu skizzieren: *»Man stelle sich vor, dass ein alter Mann auf der Straße hingefallen ist und dass ein jüngerer herbeieilt, um ihm zu helfen. Eine solche Hilfeleistung kann zwei verschiedenen Zwecken dienen. Entweder ist ihr Zweck, dass dem Verunglückten geholfen werde, oder* *aber, dass der Helfer sich durch seine gute Tat ein Verdienst erwerbe. Überwiegt der erste Zweck, so nennen wir die Funktion des Handelnden ›sachlich‹ oder ›wirhaft‹, überwiegt der zweite, so nennen wir sie ›ichhaft‹ oder unsachlich.«*

Tatsächlich gibt es in der klinischen Praxis jede Menge Patienten, die genau dieses Problem haben. Menschen, die in sich selbst gefangen sind und es nicht einmal merken. Selbst ihre scheinbare Selbstlosigkeit ist vor lauter Ich schwer zu ertragen. Ichhaftigkeit bezeichnet bei Künkel eine Egozentrik, die jede eigene Handlung und auch jedes andere Ereignis sogleich und intensiv in Beziehung zu sich selbst setzt: Ein solcher Mensch kann nie von sich selbst absehen. Dadurch erhält das Leben eine Schwere, mit der manche Hürden nicht mehr genommen werden können.

FALL 8: Herr Sigfried K. kommt in die Praxis und beginnt, kaum dass er auf der Couch sitzt, über seine Ehe zu klagen. Was seine Frau ihm alles antue! Ungeheuerlich! Er lässt sich auch vom Psychiater in seinem Redeschwall nicht unterbrechen. Sichtlich konnte der Herr sich lange Zeit nicht erleichtern. Ein Martyrium, das dieser arme Mann da erleiden muss! Er zeichnet das Psychogramm einer Schwerverbrecherin. Offenbar ist nichts Gutes an ihr zu finden. Die erste Therapieeinheit wird vollständig mit den seelischen Grausamkeiten der Gattin verbraucht. In der Mitte der zweiten Stunde wagt der Psychiater die Frage: »Können Sie mir bitte die positiven Eigenschaften Ihrer Frau nennen?« Erstmals Schweigen. Gequältes Nachdenken. Auf so komische Fragen können nur Psychotherapeuten kommen. Herr K. fühlt sich unverstanden. Es kommt keine Antwort. Der

Psychiater versucht zu helfen: »Sie haben diese Frau doch geheiratet – damals kann es doch noch nicht so schlimm gewesen sein.« Das hilft: »Nein, da war es noch nicht so schlimm. Aber im Grunde ...« – die oben beschriebene Leier geht weiter. »So ein Ungeheuer heiratet man doch nicht«, wirft der Therapeut ein. »Doch, denn das hat sie alles geschickt verborgen. Sie hat mich reingelegt.«

Okay, das ist eine Sackgasse. So kommt man nicht weiter. Der Psychiater tritt den Rückzug an und versucht behutsam einen anderen Weg: Er würde gerne mit Herrn K. erarbeiten, welchen Anteil er selbst an diesem ehelichen Konflikt habe. Da bricht die Entrüstung aus dem gequälten Ehemann heraus: »Ja glauben Sie vielleicht, ich bin da selber schuld?« Der Psychiater rudert zurück: »Nein, natürlich nicht, ich frage ja nur.« Aber jeder habe doch Fehler. Ob nicht auch er selbst den einen oder anderen kleinen Fehler habe? »Natürlich! Jeder Mensch macht Fehler.« Man kommt langsam voran. Licht am Ende des Tunnels! Ob man sich vielleicht einmal kurz diesen klitzekleinen Fehlern zuwenden könnte? Welche genau wären das denn in seinem speziellen Fall? »Weiß ich nicht.« Der Psychiater schweigt vielsagend. Der Patient auch. Angestrengtes Nachdenken. Dann seine zerknirschte Selbstoffenbarung: »Einen Fehler habe ich – ich war immer zu gutmütig!«

ANALYSE: Sigfried K. kann aufgrund seiner Ichhaftigkeit die Ehesituation nur als Schuld der Partnerin interpretieren. Die Fehlerlosigkeit des Herrn K. verhindert Selbstreflexion, Beziehungsfähigkeit, Vergebung und damit Handlungsspielraum.

Künkel bezeichnet das als Gefangenschaft im Ich: »*Das wichtigste Symptom der Ichhaftigkeit ist die innere Vereinsamung, der Mangel an Verbindung von Herz zu Herz. Alle anderen Nöte und Leiden wie etwa die Freudlosigkeit, die Verödung der Ziele und vor allem das häufigste und schwerste Symptom der Verirrung, nämlich die Angst, stellen sich bei genauerer Nachforschung als die direkten oder indirekten Abkömmlinge der inneren Vereinsamung dar.*« Tatsächlich ist die Selbstisolation des Neurotikers immer wieder bemerkenswert, insbesondere da er selbst am meisten darunter leidet. Mangel an Verbindung von Herz zu Herz, Freudlosigkeit, Verödung der Ziele und Angst sind alles Phänomene, denen man oft in der psychiatrischen Praxis begegnet. Wer das gesamte Leben des Ebenezer Scrooge kennt, wird wissen, wie er nach der eingangs geschilderten Episode vereinsamt. Ichhaftigkeit ist letztlich ein Mangel an Freiheit, reduziert den Handlungsspielraum. Sie zieht so starke Mauern, dass oft nur ein harter Schicksalsschlag den Patienten befreien kann.

Man kann in der Erziehung Ichhaftigkeit richtiggehend züchten – indem auch die Eltern immer um das Kind kreisen, dem Kleinen immer recht geben, Fremdbeschuldigung anerziehen. Der Kinderpsychiater und Analytiker Michael Winterhoff hat in seinen Büchern eine brauchbare Anleitung gegeben, wie man es vermeiden kann, dass sich Kinder zu kleinen Tyrannen entwickeln. Das Kind wird nach Winterhoffs Hypothese in der Wichtigkeit und oft auch in der Familienhierarchie überwertet und wie ein kleiner Erwachsener behandelt. Durch die Schuld der Eltern versäumt das Kind zu lernen, sich in eine menschliche Gemeinschaft (Familie) einzuordnen und sich Autoritäten (den Eltern) unterzuordnen. Dadurch kommt es irgendwann zu einer Machtumkehr, die das Kind zum Tyrannen macht und ihm so die Chance auf eine gesunde Entwicklung verbaut. Ursache dieser Überwertung ist oft eine ichhafte, ja narzisstische »Liebe« der Eltern zum Kind, in der das Kind mehr die Funktion der Icherhöhung der Eltern hat, als dass die Eltern ihre Erziehungspflichten wahrnehmen. Die Konstellation des Einzelkindes und des Scheidungskindes ist da besonders gefährdend, Zweiteres weil beide Eltern im Wettstreit um die Liebe des Kindes buhlen müssen.

Zu Künkels Modell passt die Theorie von Rudolf Allers, einem späten Adler-Schüler. Er sieht in der Neurose in erster Linie die Unechtheit, welche unvereinbar ist mit echter Hingabe. Zu seiner Stellung als Geschöpf könne der Neurotiker kein Ja sprechen, denn er sei grundsätzlich egozentrisch. Allerdings ist bei Allers fast jeder Mensch ein Stück weit neurotisch: *»... jenseits der Neurose steht nur der Heilige.«* Johannes B. Torello beschreibt die Neurose als *»Persönlichkeit in der Sackgasse«:* Es komme zur inneren Spaltung, zu Komplikationen, Egozentrismus und Unbeständigkeit der Gefühle.

FALL 9: Friedrich K., ein junger Musiker, sucht den Psychiater auf, weil er Schwierigkeiten habe, seine musikalische Leistung abzurufen. Er sei Geiger und anscheinend recht begabt. Schon in seinem Alter dürfe er in einem prominenten Wiener Orchester mitspielen. Doch sein Problem sei, dass er aufgrund einer chronischen Niedergeschlagenheit wenig Kraft zum Üben aufbringen könne und noch dazu im Orchester wesentlich schlechter spiele als zu Hause. Er wisse nicht, warum. K. hat ein bescheidenes Auftreten und höfliche Umgangsformen, weswegen er auch von einer alten Gräfin finanziell unterstützt wird. Erst nach längerer Zeit kann der

Psychiater die Blockade freilegen: Der Patient gesteht sich selbst in einer Schlüsselstunde ein, dass er »größenwahnsinnige Phantasien« habe: dass er der beste Geiger auf der Welt sei, das größte Talent seit Niccolò Paganini, das die Welt je gesehen hat, dass seine Lehrer ihm in keiner Weise das Wasser reichen könnten, dass im Orchester alle auf ihn schauen würden, dass Üben keinen Sinn habe, da er einerseits das größte Talent sei und es andererseits nicht aushalte, nur der zweitbeste Geiger der Welt zu sein (hier ist er ausgeprägt ambivalent). Im Orchester sei er stets innerlich aufgebracht, wenn die erste Geigerin ihm – dem Jüngsten – Anweisungen gebe, denn deren mickrige Spielkunst habe er schon im Alter von acht Jahren überflügelt. Er kämpfe sehr gegen diese Gedanken, sie seien ihm ausgesprochen peinlich, und er habe sie noch niemandem erzählt. In der Therapie kann der Patient langsam über seine Phantasien lachen. Der Psychiater erarbeitet mit ihm das Konzept der Ichhaftigkeit und der ichhaften Vereinsamung. K. kauft sich zwei Bücher von Fritz Künkel und verschlingt sie. »Das bin ich!«, berichtet er strahlend, als er nach einer Woche wiederkommt. Die Lösung für Friedrich K. ist schließlich, seine Musik als Dienst an den anderen zu sehen. »Dienen statt glänzen« wird sein Motto, mit dem er sich wieder ins Orchester einfügen kann. Nun kann er sich erstmals auf die Musik statt auf sich selbst konzentrieren. Später berichtet er dem Therapeuten, dass er jetzt erkannt habe, dass nur demütige Musik echte Kunst sei.

ANALYSE: Ichhaftigkeit ist durch Selbsterkenntnis, die auch über sich zu schmunzeln erlaubt, tiefgreifend veränderbar, weil Ichhaftigkeit vom tierischen Ernst lebt und Selbstironie eine gesunde Distanz zur eigenen Pathologie schafft.

Narzissmus und Abgrenzung

Auch der Narzissmus und seine hohe Kunst der Abgrenzung ist eine wichtige Zutat zur Aufzucht unseres Unschuldslamms. Die narzisstische Persönlichkeitsstörung zeigt sich (gemäß der amerikanischen Klassifikation DSM) in einem grandiosen Verständnis der eigenen Wichtigkeit. Ihre Verhaltensweise ist reflexhaft, eingeengt, unfrei. Der Betroffene übertreibt seine Leistungen und Talente, er erwartet ohne entsprechende Leistungen, als überlegen anerkannt zu werden. Betroffene Personen sind stark eingenommen von Phantasien ihres grenzenlosen Erfolgs, ihrer Macht, Brillanz, Schönheit oder idealer Liebe und glauben von sich, »besonders« und einzigartig zu sein und nur von anderen besonderen oder hochgestellten Menschen und Institutionen verstanden zu werden oder mit diesen verkehren zu müssen.

Der Narzisst benötigt exzessive Bewunderung wie die Luft zum Atmen und legt ein hohes Anspruchsdenken an den Tag. Er erwartet, dass er automatisch eine besonders günstige Behandlung erfährt und andere auf seine Erwartungen selbstverständlich eingehen müssen. Der Narzisst ist ein Meister der Abgrenzung und zeigt einen Mangel an Empathie: Er ist nicht bereit, die Gefühle anderer wahrzunehmen oder deren Bedürfnisse anzuerkennen oder sich gar mit ihnen zu identifizieren. Was die hohe Schule der Abgrenzung vermag, hat uns Ebenezer Scrooge in Dickens »Weihnachtsgeschichte« eindrucksvoll vor Augen gestellt. Der Narzisst ist häufig neidisch auf andere oder glaubt, andere seien neidisch auf ihn. Er zeigt arrogante, hochmütige Verhaltensweisen und Ansichten. Er strotzt nur so von Selbstwertgefühl und ist deswegen äußerst leicht kränkbar, wenn jemand an der Fassade kratzt. Narzissten nutzen andere aus und haben keine echten Freunde. Zwar werden sie oft hoch gefeiert, da sie mit ihrem Charisma aus der Ferne glänzen. Sie sind aber nicht zur Selbstlosigkeit fähig, weshalb sich später viele von ihnen abwenden. Für Narzissten muss alles genau so laufen, wie sie sich das vorstellen. Geschieht das nicht, wird das als persönliche Beleidigung empfunden – und den anderen die Schuld gegeben. Sie bauen ein Bild von sich selbst auf, das nicht der Wirklichkeit entspricht. Der Narzisst erwartet von der Umwelt, dass sie das Bild akzeptiert, das er sich von sich selbst gemalt hat. Stellt man ihn in Frage, wird er aggressiv, weil er im Grunde unsicher ist. Heinz-Peter Röhr beschreibt den Narzissmus als ein inneres Gefängnis. Im Gegensatz zum Narzissten ist derjenige stabil, der in sich ruht, der sich selbst richtig einschätzt, der keine Icherhöhung nötig hat. Narzissmus nimmt neueren Untersuchungen zufolge zu, wobei Männer häufiger betroffen sind als Frauen.

Die meisten Menschen tragen narzisstische Anteile in sich. Diese schaden, besonders wenn sie handlungsentscheidend werden, den Beziehungen und sogar der eigenen Gesundheit. Das Stressniveau ist bei narzisstischen Männern signifikant höher. Das ist logisch: Narzissten leben unsicher, da sie stets Angst haben müssen, dass jemand ihr idealisiertes Selbstbild in Frage stellt. Doch auch unabhängig von dieser Angst sind Disharmonie mit der Umgebung und innere Unruhe vorprogrammiert. Der dauernde Gedanke, dass man von allen anderen um seine Position beneidet werde, kostet viel Energie – ebenso wie umgekehrt der eigene Neid gegenüber dem Umfeld.

Nach neuesten Forschungsergebnissen dürfte ein dem Narzissmus genau entgegengesetztes Verhalten die

Gesundheit fördern: die Demut. US-Forscher haben jüngst die Vorteile von Demut bei Führungskräften aufgezeigt. Bescheidenes Auftreten, das Zugeben von Fehlern und die Anerkennung der Stärken anderer lassen Chefs demnach effektiver arbeiten und verleihen ihnen Beliebtheit sowie innere Ausgeglichenheit. Manchmal sagt die jahrhundertealte Weisheit genau das, was die Wissenschaft heute »entdeckt«.

Selbstwertgefühl, Selbstannahme und Selbstempathie

Damit sich unser Unschuldslamm wirklich gut entwickelt, dürfen wir bei den Zutaten das hohe Selbstwertgefühl nicht vergessen. Sein Gegenteil, das »niedrige Selbstwertgefühl«, diente in den 80er Jahren des vorigen Jahrhunderts als Sündenbock für praktisch alle psychischen Probleme und Auffälligkeiten. Dieses wichtige Glücksgefühl wird nun seit rund 30 Jahren therapeutisch und pädagogisch erhöht. Ebenezer Scrooge konnte davon innerhalb weniger Therapieeinheiten kräftig profitieren. Noch heute liest man als Psychiater manchmal psychologische Gutachten, nach denen jeder, wirklich jeder Patient, eine »Selbstwertproblematik« habe.

Der Psychologe Paul Vitz von der New York University beschreibt in seinem köstlichen Buch »Der Kult ums eigene Ich« den Selbstwert-Hype der 80er Jahre als einen Tanz ums Goldene Kalb. Er zitiert eine Untersuchung, die die mathematischen Fähigkeiten von Schülern aus acht verschiedenen Ländern verglich. Die amerikanischen Schüler schnitten dabei am schlechtesten, die koreanischen Schüler am besten ab. Der Clou an der

Untersuchung ist allerdings: Die Schüler wurden dabei auch gebeten, ihre mathematischen Fähigkeiten selbst einzuschätzen. Bei dieser Selbstbeurteilung standen die Amerikaner an erster, die Koreaner an letzter Stelle. Die Selbsteinschätzung im mathematischen Bereich verhielt sich also genau umgekehrt zu den tatsächlichen Erfolgen in diesem Fach! Die amerikanischen Kids hatten das höchste Selbstwertgefühl, also überhaupt keine »Selbstwertproblematik«, die Koreaner hingegen angeblich schon.

Paul Vitz folgert: *»Hier haben wir offensichtlich ein Beispiel dafür, wie eine Psychologie, die auf ein »gutes Gefühl« aus ist, die Schüler davon abhält, die Realität korrekt einzuschätzen. Die Theorie des Selbstwertgefühls geht davon aus, dass nur der Gutes leisten kann, der eine gute Meinung von sich hat – weshalb vermeintlich alle Schüler ein positives Selbstwertgefühl benötigen. Doch unter Umständen führt das »gute Gefühl« nur zu übersteigertem Selbstvertrauen und Narzissmus, wodurch der Mensch unfähig wird zu anstrengender Arbeit.«* Hier liegt das Pathologische eindeutig auf der Seite der überhöhten Selbsteinschätzung, denn dadurch wird auch ein weiteres Lernen verhindert. Die Selbsteinschätzung der koreanischen Kinder dürfte durchaus realistisch gewesen sein. Paul Vitz macht mit diesem anschaulichen Beispiel letztlich klar, dass das Selbstwertgefühl manchmal auf Selbstbetrug hinausläuft und wenig mit der wirklichen Leistungsfähigkeit zu tun hat.

Immer wieder begegnet man Opfern von banalpsychologischen Behandlungen, bei denen über Jahre versucht wurde, das Selbstwertgefühl immer weiter aufzublasen, bis eine schon fast krankhafte Unausstehlichkeit und Unmenschlichkeit erreicht war. Mit großer Zufriedenheit lösten diese armen Menschen jahrzehntelang gewachsene stabile Verbindungen inklusive Ehen, um sie dem Selbstwertgefühl – und der Selbstverwirklichung – zu opfern. Am Ende standen sie mit ihrem immensen Selbstwertgefühl alleine da. Hier ist Narzissmus gewissermaßen therapeutisch induziert worden.

Der Glaube an die fehlenden Eigenliebe und Selbstannahme als Ursache von psychischen Störungen ist eine Mär. Paul Vitz betont, dass jeder sich selbst genug liebe – die meisten sogar mehr als genug. Das christliche Gebot der Nächstenliebe wird gerne als Gebot zur Selbstliebe und Selbstannahme umgedeutet. Aber »Liebe deinen Nächsten wie dich selbst« ist eine Erklärung, in welchem Maß man den anderen lieben sollte. Erst wenn die Nächstenliebe das Niveau der Eigenliebe erreicht hat, ist sachliches Denken möglich und Gerechtigkeit gewährleistet. Die selbstunsichere Persönlichkeitsstörung, der man gerne fehlende Selbstliebe und Selbstannahme nachsagt, leidet in Wirklichkeit meist an einer überzogenen Angst um sich selbst und die eigene Sicherheit. Solche Personen hängen mitunter stark an ihren ichhaften Bedürfnissen. Auch Selbstunsicherheit, Minderwertigkeitsgefühle oder Selbsthass sind Formen der Ichhaftigkeit. Viktor Frankl fasste das in ein schönes Bild: Nur das kranke Auge sieht sich selbst, das gesunde sieht seine Umgebung. Damit zog er gegen das Kultivieren der Eigenliebe und das Kreisen um den eigenen Nabel zu Felde. Es ist ein Denkfehler mancher psychologischer Strömungen und Entwicklungen, die Tugend der Selbstlosigkeit und des Altruismus zu pathologisieren. Heil wird der Mensch durch Übergang von der Ichhaftigkeit in die Sachlichkeit, nicht im immer tieferen Versinken im Ego-Sumpf. Nach Viktor Frankl findet der Mensch nur dann Sinn, wenn er sich auf etwas bezieht, das nicht wieder nur er selbst ist.

Ebenezer Scrooge hatte in der Therapie »gelernt«, in sich selbst hineinzuhorchen und seine Bedürfnisse wahrzunehmen. Das nennt man Selbstempathie. Darüber können Sie viele Bücher kaufen. Es gibt Menschen, die haben in langen Sitzungen gelernt, sich selbst zu verstehen. Sie können sehr genau erklären, warum sie in einem Streit so, genau so und nicht anders reagieren mussten. Sie haben kein Verständnis für die Position des Partners, auch kein Interesse daran, aber können sich wunderbar selbst verstehen. Der Einzige, mit dem sie wirklich Empathie haben, sind sie selbst. Der Begriff der Selbstempathie ist aber ein Paradoxon, denn diesen Menschen fehlt in Wirklichkeit jegliche Empathie mit ihren Nächsten. Einfühlen kann man sich nur in einen anderen – in sich selbst ist man ja ohnehin schon.

Selbstempathie ist verwandt mit Wehleidigkeit, Sentimentalität und Selbstmitleid. Alkoholiker zum Beispiel – lassen wir bezüglich Alkoholismus einmal die Diskussion um dessen Gene und Determiniertheit beiseite – wollen wirklich gerne aufhören: wenn es nicht weh tut. Sie haben – abgesehen von ihrer körperlichen Suchterkrankung – unendlich viel Geduld mit sich selbst und bringen auch viel Verständnis für sich auf. Erst wenn dieser Teufelskreis aus Selbstempathie, Wehleidigkeit, Sentimentalität und Selbstmitleid durchbrochen wird, ist Abstinenz möglich. Meist kommt noch therapieerschwerend Selbstbetrug dazu – etwa was die tatsächliche Alkoholmenge betrifft oder die Frage, ob sie da jemals alleine wieder herauskommen. Gerade die Therapie von Alkoholikern ist ein gutes Beispiel dafür, dass nur mit einem Eingeständnis »ja, ich bin Alkoholiker« eine zielführende Therapie möglich ist. Auch der Erfolg der Anonymen Alkoholiker, die als die effektivste Selbsthilfegruppe gelten, ist durch das immer wiederkehrende Eingeständnis »ich bin Alkoholiker« zu erklären – und das auch dann, wenn er schon über zehn Jahre trocken ist.

Der Vollständigkeit halber und um der wissenschaftlichen Redlichkeit willen soll hier auch erwähnt werden, dass in den moderneren Konzepten der Psychotherapie der Begriff »Selbst« vom »Ich« abgegrenzt wird. Mit »Selbst« meinen dann manche Autoren einen tiefen, transzendenzoffenen Kern, den sie als eigentlichen Keim der Person verstehen. Selbstverwirklichung ist aus diesem Verständnis dann nicht plumpe Ichhaftigkeit, sondern Ich-Transzendierung, was die Türe zur Religiosität öffnet. Auch der Begriff »Selbstempathie« hat dann nach dieser Lesart die Bedeutung der Einfühlung ins Selbst, als Brücke zur Transzendenz. Aber diese neuen Konzepte, die ein freieres Menschenbild ermöglichen, haben vorläufig noch nicht den psychotherapeutischen Mainstream und schon gar nicht den Mann auf der Straße erreicht.

Selbstbetrug und Lebenslügen

»Wir haben es nicht gerne, wenn uns jemand an die Verlogenheit unserer eigenen Welt erinnert. Unsere Welt ist die wahre Welt; verrückt, verlogen, illusorisch, verschoben sind die Welten der anderen.« Paul Watzlawick brachte es in seiner »Anleitung zum Unglücklichsein« auf den Punkt: Selbsterkenntnis und richtige Selbsteinschätzung sind selten gesät, Selbstbetrug und Lebenslügen dagegen an der Tagesordnung.

Prächtig gedeihen Unschuldslämmer erst mit einer gehörigen Portion Selbstbetrug. Die hohe Kunst des

Selbstbetrugs hat oft auch mit Narzissmus, Ichhaftigkeit und überhöhtem Selbstwertgefühl zu tun. Es ist wirklich erstaunlich, wie häufig Menschen sich selber falsch einschätzen, wie dramatisch oft die Fremd- und Eigenwahrnehmung auseinanderklaffen, wie Daniel Goleman in seinem Bestseller »Lebenslügen« so anschaulich beschrieben hat. Psychiater treffen immer wieder auf regelrechte Meister des Selbstbetrugs, die sich in ihrem Selbstbild schon meilenweit von der Realität entfernt haben. Das kann bis zur Hochstapelei und zum notorischen Lügen anwachsen – denn am glaubwürdigsten lügt natürlich derjenige, der sich die Geschichte selber glaubt.

Ein Musterbeispiel für Selbstbetrug bietet uns der Held in Fjodor Dostojewskis »Schuld und Sühne«, der Student Rodion Romanowitsch Raskolnikow. Die Dienstmagd Nastassja arbeitet ihn heraus: *»Du bist ein Schlauer, aber warum liegst du da wie 'n Sack und bringst nix zustand? Früher, sagste selbst, biste rausgegangen und hast Kindern was beigebracht, und warum tuste jetzt nichts mehr?« – »Ich tue etwas«, stieß Raskolnikow widerwillig und düster hervor. »Und was tuste?« – »Ich arbeite ...« – »Was arbeitest du?« – »Ich denke«, antwortete er ernsthaft, nachdem er eine Weile geschwiegen hat. Nastassja wollte sich ausschütteln vor Lachen. Sie war von Natur aus lustig, und einmal zum Lachen gebracht, lachte sie lautlos, so lange, bis ihr übel wurde, ihr ganzer Körper wogte und bebte. »Und haste dabei viel Geld zusammengedacht?«, brachte sie schließlich hervor.*

FALL 10: Eine junge Patientin erzählt von ihrem Vater, einem grün-alternativen Hardliner. Ständig liege er der Familie wegen des Ozonlochs und der geschlachteten Robbenbabys in den Ohren, wegen des Treibhauseffekts, der Erderwärmung, der Atomkraftwerke und natürlich der Umweltverschmutzung. Häufig nötige er sie fast, auf eine Demonstration mitzugehen. Er habe aber eine große Schwäche, unter der er selbst sehr leide: die Leidenschaft für schnelle Autos! Die passe nun leider nicht so gut in sein Weltbild. Jetzt habe er das Familienbudget maßlos überzogen und einen gebrauchten, schnellen Sportwagen gekauft. Mit unheimlichem Spritverbrauch! Zuerst habe er das vor Frau und Tochter geheim halten wollen. Von seiner Frau zur Rede gestellt, wie das mit seinen endlos gepredigten Prinzipien in Einklang zu bringen sei, habe er gemeint, er habe das in erster Linie getan, weil er damit weniger oft unterwegs sein würde als andere. Er schütze damit also auf seine Weise die Umwelt.

ANALYSE: Selbstbetrug ist nur für den Selbstbetrüger selbst schlüssig. Man sieht, was man eben sehen will. Man übersieht aber, dass man für seine Umgebung durchschaubar bleibt.

Freilich machen solche Menschen mit ihren nicht gerade glücklichen Charaktereigenschaften auch andere unglücklich. Etwa als Partner, der die Schuld immer nur beim anderen sucht. Häufig kommen Frauen in die Praxis und klagen, dass ihre Männer nicht den geringsten Fehler zugeben könnten, sich für perfekt hielten und Unzulänglichkeiten immer nur beim anderen sähen. Das ist eine partnerschaftliche Katastrophe.

Das Komische und durchaus Amüsante am Phänomen des Selbstbetrugs ist es, dass ihn jeder durchschaut – außer man selbst. Selbstbetrüger sind besonders gut darin, andere zu durchschauen. Hier kommt jetzt wieder Raskolnikow zu Wort, wie er über seine Mutter und seine Schwester herzieht: *»Nicht genug damit, wir legen uns eine spezielle Kasuistik zurecht, wir gehen bei den Jesuiten in die Schule, beschwichtigen vorübergehend uns selbst und reden uns ein, dass es so sein muss, dass es für den guten Zweck tatsächlich so sein muss. So sind wir eben, und alles ist sonnenklar.«*

Selbstbetrug ist, wenn Menschen das, was sie schlecht machen, »gut« nennen: Man macht aus einem Defekt eine Tugend. Sie sagen nicht »Ich bin egoistisch«, sondern: »Ich habe einen starken Willen und gehe meinen Weg.« Solange Menschen ihr Problemverhalten gut nennen, können sie sich nicht ändern.

Ein gewisses Maß an Selbstbetrug ist uns allen eigen. Und jeder kann seinen Selbstbetrug reduzieren, indem er Kritikern Gehör schenkt, oder den Selbstbetrug vertiefen, indem er kritische Stimmen zum Verstummen bringt. Der klassische Selbstbetrüger – perfektionistisch, narzisstisch oder ichhaft – wird zunehmend beratungsresistent und beziehungsunfähig. Deswegen ist er häufig einsam. Zum einen, weil ja alle anderen blöder seien als er selbst – nach der Selbsterhöhung kann man auf die anderen nur mehr herunterschauen. Vor allem aber, weil man sich irgendwann abwendet von Menschen, die nicht authentisch sind, immer nur bluffen, sich nicht schenken können und sich besser dünken als all die anderen. Selbstbetrüger erleben also häufig, dass sie irgendwann links liegengelassen werden, sich zunehmend isolieren und schließlich verbittern. Fritz Künkel beschreibt diese Vereinsamung, die der Betroffene oft als einziges Symptom wahrnimmt: »*Außerdem bildet die Vereinsamung insofern eine Ausnahme unter den Erscheinungen der Ichhaftigkeit, als sie unmittelbar und unverfälscht ins Bewusstsein tritt, während die anderen Symptome meist durch mancherlei Selbsttäuschung bis zur Unverständlichkeit entstellt werden. In der Vereinsamung aber liegt alles klar zutage.*«

FALL 11: Johanna S., eine 30-jährige Schauspielerin, kommt in die Praxis, weil sie sich so schwer konzentrieren könne. Und weil sie sich mit ihrem Freund, ihrer Mutter und ihren zwei Geschwister streite. Und außerdem mit ihren Arbeitgebern. Zwei Stunden vergehen mit den Detailschilderungen. Ihr Problem sei, dass sie im Konflikt immer sich selbst die Schuld gebe, weil sie so konfliktscheu sei. Ihre beiden Geschwister und ihre Mutter seien starke Persönlichkeiten, die sich mit Ellbogen durchs Leben kämpften. In der dritten Stunde kommt sie tränenüberströmt und sagt, sie habe von ihrem jüngeren Bruder eine E-Mail bekommen in einer Aggression und Untergriffigkeit, dass sie nie mehr wieder etwas mit dieser Person zu tun haben möchte. Der Psychiater bittet um die E-Mail, die sie bei sich hat, und liest:
»Hanni, du musst wirklich umdenken. Du tigerst dich durch deine Lügen immer mehr in für dich unlösbare Situationen rein, dadurch dass du so viele Leute mit reinziehst, oft Tatsachen verdrehst oder A ganz was anderes erzählst als B. Und wenn du dann in die Bredouille kommst, weil zum Beispiel A+B miteinander kommunizieren und schräge Geschichten dabei ans Tageslicht kommen, dann schlägst du nur mehr wild um dich. UND gibst darüber hinaus jedem anderen die Schuld dran! Das für mich so Komische dran ist, dass du dem Herrn F.

erzählst (und wohl auch der Meinung bist, dass das so ist), dass du dir immer an allem selber die Schuld gibst. Für Außenstehende macht das aber einen ganz anderen Eindruck: JEDER andere ist an allem schuld, nur du nicht. Du regst dich zum Beispiel im Urlaub als Einzige über das Geld-Thema auf, obwohl du die bist, die am wenigsten zahlen musste, und es allen anderen aber so gepasst hat! Und dann stellst DU uns alle als Parasiten hin. Und ich erinnere daran, dass das noch bei JEDEM Urlaub mit dir war, dass du dich betrogen fühltest! Und immer im Nachhinein! Du fühlst dich immer hintergangen, ausgenutzt!
Hanni, ich meine das echt nicht bös, aber du musst endlich mal bei dir selber anfangen, akut und wahrheitsgetreu nachzudenken! Jeder ist selber für sein Leben und seine Zufriedenheit verantwortlich. Und du wirst dich zeit deines Lebens schwertun, wenn du immer Schuldige dafür suchst, dass du unzufrieden bist. Ganz egal, ob das deine jeweiligen Freunde sind, deine Familie oder die Dorli. Ich glaube, dass dir vor allem das nicht guttut, dass du bei Mutti immer ein offenes Ohr dafür findest, weil, so glaubst du auch immer, dass das eh o.k. ist. Und auch Freundinnen wie die Evi tun dir diesbezüglich sicher nicht gut, weil sie dich noch mehr von der Realität wegholen. Ich fühle mich betrogen, wenn du mir vor 3 Monaten um den Hals fällst und wir uns versprechen, dass wir zusammenhalten und uns so was nicht antun, was uns die Mutti teilweise angetan hat – und sobald es bei dir und Mutti wieder passt, pfeifst du schon wieder komplett drauf und ziehst mich durch den Schlamm. Und bei den paar Sachen, die ich in Innsbruck mitgekriegt hab (wie du mich durch den Dreck ziehst oder Sachen verdrehst), kann ich annehmen, dass das viel öfters sogar Usus ist. Auch wenn's dir vielleicht gar

nicht so bewusst ist! Hanni, ich rede jetzt noch gar nicht über die Geschichten, die ich oft über Umwege erfahren hab, rund um dich herum. Es sind da so viele Unwahrheiten im Umlauf, aber auch komplett kranke Geschichten. Auch wenn ich da die Hälfte an Übertreibungen wegzähle, kommt mir vor, dass irgendetwas wirklich nicht rund läuft bei dir. Ich kann dir da nicht helfen, weil du auf mich überhaupt nicht hörst, und dich sogar angegriffen fühlst. Dann fühlst du dich missverstanden oder hintergangen.«

»Muss ich mich wirklich so behandeln lassen?«, fragt sie. Was sie daran besonders störe, fragt der Psychiater. Und worin sie die Aggression sehe? Er schlägt ihr vor, über die beleidigenden Sachen hinwegzusehen, aber die E-Mail als gute Gelegenheit zur Selbsterkenntnis zu nutzen. Das könne ihr zehn Therapiestunden sparen, oder mehr.

Das motiviert sie. Nachdem der Zugang geschaffen ist, erarbeiten die beiden in den nächsten zwei Stunden, dass im Grunde alles, was der Bruder da so niedergeschrieben hat, der Wahrheit entspricht. Johanna S. erkennt: »Ich bin eine notorische Lügnerin. Wenn ich den Mund aufmache, ist es falsch. Ich muss mich konzentrieren, um die Wahrheit zu sagen.« Ihr Leben sei immens mühsam, weil sie sich ja immer merken müsse, was sie jemandem erzähle, damit sie denen, die denjenigen kennen, eine dazu passsende Geschichte erzählen könne. Die Mail habe sie einfach deswegen gekränkt, weil er ihr schonungslos einen Spiegel vorgehalten habe. Ihre Aggression auf die E-Mail war ein Versuch der Abwehr der Wahrheit. In der Folge entscheidet sie sich zu einem einschneidenden Schritt: Sie teilt ihren vier besten Freundinnen ihre neue Erkenntnis mit. Das fällt ihr nicht leicht. Die Freundinnen reagieren alle gleich:

»Hanni, das wissen wir schon lange, dass du wie wild daherflunkerst. Schön, dass du es jetzt sagt!« Für Johanna S. hat buchstäblich ein neues Leben begonnen. Nach einem Monat berichtet sie, dass ihr Leben so einfach geworden sei, weil sie jetzt jedem immer dasselbe erzähle.

ANALYSE: Notorische Lügner belügen sich zuerst selbst und blenden Kritik als »Verletzungen und Beleidigungen« weg, damit sie sich nicht mit der Wirklichkeit beschäftigen müssen. Oft ist damit auch eine Abwertung des Kritikers verbunden.

Widerspruch zwischen innerer Hierarchie und vorgeschobenen »Prinzipien«

Die schon dargelegten Phänomene Perfektionismus, Ichhaftigkeit, Selbstwertüberhöhung, Narzissmus, Selbstempathie, Wehleidigkeit, Sentimentalität, Selbstmitleid, Abgrenzung, Lebenslügen und Selbstbetrug führen oft zu einer inneren Widersprüchlichkeit. Es entstehen Handlungen und Haltungen, die den eigenen Prinzipien zuwiderlaufen. Jeder Mensch lebt in einer – fast immer unbewussten – Hierarchie der Wichtigkeiten, die mehr oder weniger mit seinen eigentlichen, ihm bewussten »Prinzipien« zu tun haben. Manche Dinge sind ihm in der Realität wichtiger, andere fallen bei ihm eher unter »ferner liefen«. Je krasser der Widerspruch zwischen innerer Hierarchie und vorgegebener Werteordnung ist, umso mehr Selbstbetrug muss das System zusammenhalten. Bei Ebenezer Scrooge war das Geld unbewusst ganz oben auf der Liste, während seine Hochsensibilität vorgeschoben war. Geld bedeutete für ihn Glück – je mehr davon, umso glücklicher. Freilich war ihm seine Wertehierarchie nicht bewusst, sie war eine unbewusste Lebensrealität geworden. Und so hatte er letztlich das Geld sogar über die menschliche Liebe gestellt. Solange beide Werte vereinbar sind, laufen sie nebeneinanderher. Wenn sie aber in Konflikt geraten – wie es in dem Dialog mit der Verlobten passiert ist –, ist die Entscheidung vorprogrammiert. Das ist wie beim Kartenspielen: Ass schlägt König – Geld schlägt Verlobte.

Viele Patienten sagen etwa ihrem Psychiater: Die Familie ist mir das Wichtigste. Und das glauben sie für sich auch. Sie sind ja gute, anständige Menschen! Aber dann tun sie alles für die eigene Karriere und lassen die Familie links liegen. Spricht man sie darauf an, antworten sie: »Aber ich mache doch all die beruflichen Anstrengungen nur für die Familie! Ich mache Karriere nur, um ein Haus zu bauen, damit meine Familie darin glücklich leben kann.« Klarer Fall von Selbstbetrug! Die Folge davon ist mitunter, dass der Mann alleine in seinem großen Haus sitzt, weil die Frau seine Abwesenheit nicht mehr ausgehalten und ihn verlassen hat. Die Frau hat den Selbstbetrug durchschaut und die tatsächliche innere Hierarchie des Mannes richtig eingeschätzt, die er sich nicht eingesteht. So wie die Verlobte Scrooges treffsicher diagnostiziert: *»Ein goldenes Götzenbild hat mich verdrängt.«* Das Aufdecken seiner unbewussten Motivationskette schmerzt ihn. Und später entlarvt sie auch noch seine Scheinheiligkeit: *»Sie fürchten das Urteil der Welt zu sehr. Alle Ihre andern Hoffnungen sind in der einen aufgegangen, vor diesem engherzigen Vorwurf gesichert zu sein. Ich habe Ihre edleren Bestrebungen eine nach der andern verschwinden sehen, bis Sie ganz die eine Leidenschaft, die Gier nach Gold, erfüllte.«* Es gibt viele solche tragischen Fälle, in dem ein Teilziel (Karriere, Geld, Macht) zum Endziel wird, weil das ursprüngliche Ziel des Lebens (z.B. eine glückliche Familie aufzubauen) aus dem Blick gerät. Dieses Verabsolutieren von Teilzielen basiert auf Selbstbetrug.

In der inneren Hierarchie einer Familie kann die Mutter über der Ehefrau stehen oder der Sohn über dem Ehemann. Das ist eine Unordnung, die zu systemischen Katastrophen führt. Wenn ein Mann seine Mutter der eigenen Frau vorzieht und dies damit rechtfertigt, dass seine Mutter ihm das Leben geschenkt habe und er folglich alles für sie tun müsse, dann kann er sich nicht ändern. Erst wenn er erkennt, dass dieser Vorrang der Mutter auf einer tiefsitzenden Abhängigkeit beruht, kann es zu einem Aha-Erlebnis kommen. Rechtfertigung durch Umdeutung: Solange Laster Tugenden genannt werden, sind sie unheilbar.

Wer heiratet, will bei der Hochzeit üblicherweise treu bleiben. Zuerst spielen die Bauchgefühle und Triebe mit, und alles erscheint einfach. Mit der Zeit wird es schwieriger, denn der Trieb ist nicht unbedingt das Treueorgan schlechthin und wendet sich oft neuen Zielen zu, wenn der Wille sich nicht dagegenstellt. Die innere Hierarchie kippt schließlich, wenn der Selbstbetrug einsetzt, der etwa vorgibt: »Wahrscheinlich würde es meiner Ehe besser tun, wenn ich emotional stabiler wäre …« Oder es setzt der Mechanismus der Bagatellisierung ein: »Es ist gar nicht so schlimm, wir halten uns ja nur an der Hand …«, und eine eindeutig erotische Beziehung wird als »platonisch« verharmlost. Der Mechanismus der Rationalisierung lautet dann so: »Ich brauche das jetzt. Endlich kümmert sich jemand emotional um mich.« Oder man fühlt sich verantwortlich für die Person, mit der man die außereheliche Beziehung eingegangen ist – die Verantwortung gegenüber dem Ehepartner ist plötzlich nicht mehr auf dem inneren Bildschirm –, und daher »moralisch verpflichtet«, diese Beziehung aufrechtzuerhalten. Erst wenn der Ehepartner den Betroffenen zur Paartherapie schleppt, kommen solche unbewussten Mechanismen mit ihrer Pseudologik ans Tageslicht.

Im Vorfeld von Handlungen, die den eigenen Prinzipien zuwiderlaufen, baut sich oft langsam der Selbstbetrug auf. So beim bereits erwähnten traurigen Helden von »Schuld und Sühne«, Rodion Raskolnikow: Vor dem Raubmord, der das Buch bestimmt, entwickelt er seine Theorie von den »außergewöhnlichen« Menschen, die im Sinne des allgemein-menschlichen Fortschritts natürliche Vorrechte vor den anderen genießen. Er selbst, jung und talentiert, doch mit Armut geschlagen, sieht sich als solchermaßen Privilegierten. Daraus entwickelt sich schließlich die Idee eines »erlaubten Mordes«. Thema des Buches ist, dass der Selbstbetrug letztendlich keinen Bestand hat, dass das Gewissen stärker ist.

»Der Besuch der alten Dame« von Friedrich Dürrenmatt zeigt den Selbstbetrug in tragikomischer Version, wenn auch mit einem in Moralinsäure getunkten erhobenen Zeigefinger. Die Milliardärin Claire Zachanassian besucht ihren Geburtsort Güllen, um Rache für ein altes Unrecht zu nehmen. Sie macht ihrem Heimatdorf ein »unmoralisches Angebot« und bietet eine Milliarde für die Tötung Alfred Ills, der sie damals schwanger im Stich gelassen hat. »Gerechtigkeit für eine Milliarde.« Entrüstet lehnen die Dorfbewohner ab. Aber die Verführung bleibt präsent. Keiner will sie entschieden abweisen. Ein innerer Dialog mit der Versuchung beginnt. Alle Dorfbewohner glauben sich weiter mit Ill solidarisch und erklären ihn sogar zum beliebtesten Bürger der Stadt. Andererseits entwickelt sich in ihnen – für den Außenstehenden offensichtlich, für sie selbst ins Unbewusste verdrängt – die Gier nach dem Wohlstand, und sie liebäugeln immer offensichtlicher mit dem Bauernopfer. Schließlich ist Ill mürbe. Stolz lässt der Bürgermeister in der Presse verkünden, Frau Zachanassian habe durch Vermittlung ihres Jugendfreundes Ill der Stadt eine Milliardenstiftung geschenkt. Vor laufenden Kameras stimmen die Bürger über Annahme oder Ablehnung der Stiftung ab, also eigentlich über die Tötung. Die passiert dann anonym. »Herzschlag« und »Tod aus Freude« sind die Kommentare von Amtsarzt und Bürgermeister. Die Presse übernimmt diese Version.

ZUSAMMENFASSUNG: Je mehr man seine Schuld verdrängt, desto mehr verliert man das Du aus den Augen. Aber im Ich gefangen, wird der Mensch nicht glücklich. Das »Futter« des Unschuldslamms zeigt, welche psychologischen Mechanismen verhindern, dass jemand seinen eigenen Handlungsspielraum wahrnimmt, indem die Schuld abgewälzt, umgedeutet und verdrängt wird.

3. Kapitel

Einer muss ja schuld sein: Opferkult und Fremdbeschuldigung

Franz Moor auf der Couch

Als Psychiater gewinnt man manchmal den Eindruck, in einem Land von verhinderten Bundespräsidenten, Nobelpreis- und Oscar-Preisträgern zu leben. Das beeindruckt. Was für glanzvolle Karrieren sind da von bösen Mächten im buchstäblich letzten Moment verhindert worden! In jeder psychotherapeutischen Praxis tummeln sich die überdurchschnittlich Intelligenten und Hochbegabten, die von ihren Neidern böse bedrängt werden. All die überdurchschnittlichen Genies wurden natürlich durch irgendetwas oder irgendjemanden ausgebremst, denn sonst wären sie ja schon dort, wo sie hingehörten: ganz oben.

Watzlawick muss bei seinen Patienten ähnliche Erfahrungen gemacht haben: »*Was uns Gott, Welt, Schicksal, Natur, Chromosomen und Hormone, Gesellschaft, Eltern, Verwandte, Polizei, Lehrer, Ärzte, Chefs oder besonders Freunde antaten, wiegt so schwer, dass die bloße Insinuation, vielleicht etwas dagegen tun zu können, schon eine Beleidigung ist.*« Fremdbeschuldigung ist tatsächlich eine effektive Methode, um sich vom Täter zum Opfer umzudeuten und die eigene Schuld mindestens auf die Umstände (»Ich konnte nicht anders«), besser noch auf andere Personen abzuwälzen. Klassischerweise auf die Erziehungsfehler der Eltern, das hat sich bewährt.

Durch das Dogma der eigenen Fehlerlosigkeit, das beim Opfer auf keinen Fall in Frage gestellt werden darf, entwickelt sich fast automatisch eine Dynamik der reflexartigen Fremdbeschuldigung. Diesen unbewussten Komplex – »Ich kann nicht schuld sein, also muss es jemand anderer sein« – kann der intelligente Mensch nur mit mühsamer Anstrengung in kontinuierlichem Selbstbetrug durchhalten. Aber er schafft es! In der psychoanalytischen Terminologie nennt man diese Anstrengung »Verdrängung«.

Der fehlerlose Franz Moor

In der Literatur finden wir einen Patienten, der die im vorigen Kapitel formulierten Persönlichkeitsmerkmale auf glückliche Weise in sich vereint: Franz Moor, eine Hauptperson in Schillers Schauspiel »Die Räuber«. Als Psychodiagnostiker sehen wir schnell: Franz hat eine Selbstwertproblematik. Er ist grundverschieden von seinem oberflächlichen älteren Bruder Karl, dem die Welt unverständlicherweise zu Füßen liegt. Obwohl dieser Karl eigentlich einer ist, der von Jugend an *»den Mädels so nachschlenderte«*, sich *»auf Wiesen und Bergen herumhetzte«*, *»den Anblick der Kirche floh«* und *»die Abenteuer des Julius Cäsar und Alexander Magnus lieber las als die Geschichte des bußfertigen Tobias«*. Der Bruder führt dann als Student in Leipzig ein leichtsinniges und ungezügeltes Studentenleben und verstrickt sich in Schulden. Kurz, Karl frönt einer *»schändlichen«*

Lebensweise. Unser Patient Franz, dem unser Interesse und unsere therapeutische Empathie gelten, erlebt sich im Gegensatz zu seinem Bruder als jemand, der sich stets *»daheim mit frommen Gebeten und heiligen Predigtbüchern«* erbaute. Trotzdem ist er unbeliebt. Er hat von Jugend an einen tadellosen und fehlerfreien Lebenswandel vorzuweisen, optimale Voraussetzungen für die Psychotherapie also. Franz Moor ist das Opfer seines melancholischen Temperaments.

Wir Therapeuten können aber natürlich schnell erkennen, dass es hier nicht nur um den Gegensatz zwischen der Leichtigkeit eines sanguinischen, extravertierten Temperaments und der Schwere des melancholischen, introvertierten jüngeren Bruders geht. Nein, Franz wird trotz seiner Rechtschaffenheit ständig – allein durch die Existenz des charismatischen Bruders – gekränkt, gedemütigt und traumatisiert. Wahrscheinlich, weil unser Patient sich wegen seiner anerzogenen Gutmütigkeit nicht wehren kann. Ja, er schluckt immer nur, und immer nur schlucken ist bekanntlich extrem ungesund. Franz Moor ist das Opfer seiner Gutmütigkeit.

Sogar die Rechtsordnung ist gegen unseren Patienten: Als Zweitgeborener hat Franz keinerlei Ansprüche auf einen Erbteil und ist selbst als Erwachsener nicht allein rechtsfähig, sondern untersteht dem Vater! Franz Moor ist also zudem das Opfer der Geschwisterfolge.

Nach sorgfältiger Anamnese finden sich noch mehr seelische Misshandlungen im Leben unseres Patienten: Der Vater, Graf Maximilian von Moor, bevorzugt den älteren Bruder und Erben bei jeder Gelegenheit und verstärkt damit das negative Selbstbild des jüngeren Sohnes. Genau in dieser Verhaltensweise des Vaters sehen wir Experten natürlich die Ursache der Persönlichkeitsentwicklung des Franziskus Moor. Trotz all seiner frechen Verfehlungen repräsentiert der ältere Karl des Vaters *»goldene Träume«*, während Franz, trotz seiner unendlichen Bemühungen, dem Vater zu gefallen, von diesem abgewertet wird. Väterliche Missachtung hinterlässt lebenslange Narben. So ist von dem *»trocknen Alltagsmenschen«* sowie dem *»kalten, hölzernen Franz«* die Rede. Dieser väterliche Liebesentzug, die Abweisung, ja Verachtung fördert die subjektive Bedrohung des Jüngeren. Der frühe Tod der Mutter tut das Übrige. Franz erlebt sich selbst als in die Ecke gestellt, in die Enge getrieben, ausgeschlossen, seinen älteren Bruder hingegen als das *»Schoßkind«* des Vaters. Unser Patient ist aufgrund des emotionalen Missbrauchs durch den Vater ein zutiefst einsamer und verbitterter Mensch geworden. Franz Moor ist das Opfer seines abweisenden Vaters und seiner früh verstorbenen Mutter.

Aus dieser traumatisierenden Kindheit muss ja wohl eine hochgradige Selbstwertproblematik resultieren. Franz kann sich darum selbst nicht ausstehen. Er denkt viel über sich nach und sieht an sich ständig die *»Bürde der Hässlichkeit«:* seine *»Lappländernase«*, das *»Mohrenmaul«* und seine *»Hottentottenaugen«*. In seinen häufigen und langen Monologen beklagt er die von ihm empfundene Unzulänglichkeit wieder und wieder und versucht sie so aufzuarbeiten. Doch vergebens. Das tief eingepflanzte jämmerliche Selbstbild ist nicht von allein entstanden. Und so müssen wir therapeutisch vermuten, dass unser Patient ebendiese abwertenden Zuschreibungen oftmals aus anderem Munde erfahren hat müssen. Wer kann da schuld sein? Der Vater. Der Bruder. Die Mutter sicher auch, denn die ist zu früh gestorben. Franz Moor ist das Opfer seiner mangelnden Selbstliebe.

Franz distanziert sich im Laufe des Stücks immer stärker von seinem Vater und seinem Bruder. Er verweigert ihnen – aus Selbsterhaltungstrieb – die *»Blutliebe«*. In seinem Monolog am Ende der ersten Szene des ersten Aktes formuliert er, die Liebe zu Familienangehörigen sei nicht zwingend, da er nur das zufällige Resultat einer Zeugung sei. So rechtfertigt er selbst die väterliche Vernachlässigung und zeigt auf diesem Weg indirekt, wie sehr er doch unter den Zuständen gelitten haben muss. Als Kind hat er nach Liebe gesucht – die ist ihm verweigert worden. Franz wird mehr und mehr zum reinen Kopfmenschen, um den Schmerz der ständigen emotionalen Ausgrenzung durch Unterdrückung der hierbei aufkommenden Gefühle zu kompensieren. Franz Moor ist das Opfer eines chronischen Liebesentzugs.

Noch weitere Personen aus seiner unmittelbaren Umgebung sind ihm gegenüber feindlich gesinnt und bringen ihre Antipathie offen zum Ausdruck. Nehmen wir die im gemeinsamen Haushalt lebende junge und begehrenswerte Amalia, die Verlobte des älteren Bruders. Auch sie ignoriert ihn und verweigert ihm sogar das Anrecht auf die Bezeichnung »Sohn«. So bezeichnet sie Karl gegenüber dem Vater als *»seinen einzigen Sohn«*. Amalia spottet darüber, dass bei Verstoßung ihres Verlobten der Vater am Totenbett *»die eiskalte Hand seines Franzens fasst«*. Somit wird Franz sogar die Fähigkeit abgesprochen, den Bruder ersetzen zu können, in dieser Familie von Bedeutung zu sein und dem Vater beizustehen. Diese Frau erdreistet sich, einem Sohn das Gefühl der eigenen Notwendigkeit zu enthalten. Franz Moor ist also auch das Opfer seiner zurückweisenden Schwägerin.

Doch Franz entdeckt seine Gefühle! Er empfindet Liebe ausgerechnet für ebendiese Amalia. Doch er merkt, dass die Verlobte seines älteren Bruders erstaunlicherweise diese Gefühle nicht erwidern kann. Diese Ablehnung führt er verständlicherweise auf denselben imaginären Grund zurück, aus dem er von seinem Vater keine Geborgenheit erhalten hat: seine Hässlichkeit. Franz hadert: *»Aber ist es nicht ungerecht, einen Menschen um seiner siechen Außenseite willen zu verdammen? Auch im elendesten äsopischen Krüppel kann eine große, liebenswürdige Seele wie ein Rubin aus dem Schlamme glänzen. Auch auf blattrigen Lippen kann ja die Liebe blühn.«* Dies ist Franz' leidenschaftlicher Appell an Amalia. Sein Versuch, einen Grund für den Liebesentzug zu finden, ist psychologisch durchaus verständlich. Franz versucht seine Ähnlichkeit mit seinem älteren Bruder herauszustreichen, um die begehrte Frau zu gewinnen: *»Du bist, sag ich oft zu mir selber, ja, du bist der ganze Karl, sein Echo, sein Ebenbild«*. Doch hartherzig schüttelt die junge Frau den Kopf *»Nein, nein, bei jenem keuschen Lichte des Himmels! Kein Äderchen von ihm, kein Fünkchen von seinem Gefühle.«* Ob die Dame wusste, welchen irreversiblen Schaden sie in diesem Moment in der zarten Seele unseres Patienten anrichtet? Er offenbart seine Gefühle vielleicht zum ersten Mal in seinem Leben und wird kalt zurückgewiesen. Franz wagt es, ihr den Grad seiner Verletztheit rückzumelden: *»Du beleidigst mich«* und *»Du hassest mich«*. Auch diese Offenheit verletzt sie in unfassbarer Härte: *»Ich verachte dich, geh!«* Womit sie ihn mit der Aufforderung *»Geh!«* nicht nur körperlich, sondern auch emotional von sich stößt. Franz Moor ist auch noch das Opfer einer missglückten ersten sexuellen Erfahrung.

Bei Franz Moor können wir unschwer die ideale Mischung aus Ichhaftigkeit, Selbstwerterhöhung, Narzissmus, Selbstempathie, Wehleidigkeit, Sentimentalität, Selbstmitleid, Lebenslüge, Fehlerlosigkeit, Perfektionismus, Selbstbetrug und Fremdbeschuldigung feststellen.

Auf diesem Humus gedeiht das unschuldige Opfer bestens – und dieses entschuldigt im Vorhinein seine reflexhaften Taten als Abwehr allen Missbrauchs seit der frühesten Kindheit. Dank unserer in der Zwischenzeit gewonnenen therapeutischen Einsichten können wir deshalb gut verstehen, dass Franz das Entschuldigungsschreiben des Bruders an den Vater fälscht, so gegen den Bruder intrigiert, ihm die Existenz entzieht und in die Räuberbande stößt, sich die Erbschaft erschleicht, seine Schwägerin sexuell belästigt und den Vater schließlich verhungern lässt.

Das Fehlen der dritten Dimension

Die Franz-Moor-Karikatur, die oben mit wenigen Strichen gezeichnet wurde, findet man überraschend häufig in psychotherapeutischen Praxen wieder. Franz ist »Opfer« seines melancholischen Temperaments, seines sanguinischen Bruders, seiner eigenen Gutmütigkeit (die kann man ihm wohl kaum zum Vorwurf machen!), der Geschwisterfolge, seines abweisenden Vaters und seiner früh verstorbenen Mutter, seiner mangenden Selbstliebe (auch hier: Vorwurf unmöglich), eines chronischen Liebesentzugs, der zurückweisenden Schwägerin und einer missglückten ersten sexuellen Erfahrung. Zusammengefasst scheint es, dass sich alles und jedes schicksalhaft und feindselig gegen unseren Patienten verbündet hätte. Franz Moor bewegt sich zweidimensional im Koordinatensystem von Fremdbeschuldigung und Selbstmitleid. Die dritte Dimension – seine Freiheit, sein Beitrag an der Situation, seine eigene Schuld – entgeht ihm.

Die oben dargelegte zweidimensionale Interpretation

seiner Situation rechtfertigt jede noch so feindselige Handlung als tapfere Notwehr. In der Tat kann mit diesem Mechanismus jeder dunkle Fleck in der eigenen Biographie meisterhaft vor dem eigenen Gewissen kaschiert werden. Die großen Gemeinheiten, zu denen selbsternannte Opfer fähig sind, bringen sie allerdings nicht mit in die Therapie, die muss der Therapeut zwischen den Zeilen herauslesen. So mancher arme, gequälte Ehemann muss notwendigerweise von seiner Sekretärin getröstet werden, damit er das alles emotional übersteht. In der optimalen Konstellation vergeht die Konkubine sogar vor Mitleid mit dem hilflos leidenden Mann und tut alles in ihrer Macht Stehende, damit ihm wenigstens etwas Linderung widerfährt. Doppelter Selbstbetrug: er ist das Opfer, sie die Wohltäterin. Hier zeichnet sich schon die enge Verbindung zwischen dem kunstvollen Sprung in die Opferrolle und der Fremdbeschuldigung ab. Beide sind organisch miteinander verwoben, sollen aber zur gründlichen Analyse kurz getrennt betrachtet werden.

Der ultimative Selbstbetrug: »Ich bin ein Opfer«

Jugendliche sind manchmal sehr empfindlich für das, was die Erwachsenenwelt mit allzu viel Pathos und Moralinsäure überzieht und jegliche Kritik daran tabuisiert. Wahrscheinlich spüren sie das Unechte, Überzogene – den Selbstbetrug. Die Selbstdarstellung als Opfer ist so ein Beispiel. Sie hat in unseren Landen derart überhandgenommen, dass »Opfer« (oder neuhochdeutsch sogar manchmal »Opfa«) in der Jugendsprache bereits zum Schimpfwort degradiert ist. Damit wird untereinander

Wehleidigkeit verspottet. Opfer wird hier synonym für »Versager« verwendet. In meiner Schulzeit rief man: »Loser! (englisch: Versager)«, das war auch nicht viel besser. Man kann sich jetzt moralisch entrüsten, wie gemein die heutige Jugend ist. Man kann sich aber auch fragen, ob wir als Gesellschaft den Opferkult nicht dermaßen überzogen haben, dass sich die Jugend schon darüber lustig macht. Und tatsächlich kann man sich ja heute kaum noch eine Talkshow anschauen, ohne dass ein selbstdiagnostizierter Traumatisierter seine Leidensgeschichte erzählt. Bei Menschen mit gesundem Hausverstand poppt dann reflexartig die Frage auf: Gibt es da nicht noch eine andere Sicht zu der G'schicht? Die Psychodynamik des Opferkults besteht darin, dass dabei nicht gefragt werden darf, ob es da vielleicht auch noch eine zweite Seite gebe. Audiatur et altera pars (»Man höre auch die andere Seite«) – dieses alte Prinzip aus dem römischen Recht ist der medialen Sensationsgier und Lynchjustiz ein Greuel.

FALL 12: Herr Rupprecht D., Tischler, 27 Jahre alt, kommt zum Erstgespräch, weil er das Vertrauen in seine bisherige Therapeutin verloren habe. Warum? »Sie müssen sich vorstellen, die Therapeutin hat mit mir geredet, eine ganze Stunde lang – und zwei Wochen später habe ich einen Selbstmordversuch verübt!« Was er daraus schließe? »Natürlich, dass sie eine schlechte Therapeutin ist – sonst wäre das nicht passiert. Das hätte sie verhindern müssen. Ein Selbstmordversuch!« Er sei ein Opfer der Therapeutin, nur durch äußerstes Glück sei er noch am Leben. Es stellt sich heraus, dass der Patient mit der Therapeutin in einem Therapievertrag vereinbart hatte, im Fall einer Verschlechterung sofort eine psychiatrische Ambulanz aufzusuchen. Das zu tun habe er nicht für nötig erachtet. Der Psychiater fragt ihn, ob er als sein neuer Therapeut ab sofort verantwortlich sei, wenn der Patient den nächsten Suizidversuch verübe. Das macht den Patienten nachdenklich. Schließlich kann er auch ein wenig Eigenverantwortung annehmen.

ANALYSE: Für den Patienten gilt unverrückbar, dass er für sein Handeln keine Schuld trägt. Also muss die Therapeutin schuld sein. Oder sonst irgendwer.

Der Soziologe Manfred Prisching hat in seinem Buch »Die Bluffgesellschaft« eine amüsante Opfer-Litanei komponiert:

> *»Es kann vorteilhaft sein, sich als Opfer darzustellen. Deshalb ist auch der ›Opferbluff‹ attraktiv. Frauen als Geschlecht sind ohnehin Opfer, Benachteiligte, Diskriminierte. Ausländerinnen und Ausländer sind Opfer. Autofahrer sind Opfer, weil sie vom Staat finanziell ausgenommen werden. Fußgänger sind Opfer der Autofahrer und Radfahrer. Nichtraucher sind Opfer der Raucher, und Raucher sind Opfer der Nichtraucher, weil sie jetzt in der Kälte stehen müssen. Jugendliche sind Opfer der Getränkeindustrie, die ihren Fruchtsaft mit Alkohol verkauft. Bauern sind Opfer, weil ihnen die großen Förderungen der EU gestrichen werden. Alleinerziehende sind Opfer, da bedarf es keines Nachweises. Die Alten sind Opfer, weil sie scheel angesehen werden. Die Jungen sind Opfer, weil sie keine Pension mehr bekommen werden, und die Personen im mittleren Alter sind Opfer, weil sie Junge und Alte*

erhalten müssen. Eltern bringen das Opfer, zukünftige Zahler für die Sozialversicherung bereitzustellen. Singles sind Opfer, weil sie Singles sind. Studierende sind Opfer, wenn sie Studiengebühren zahlen müssen; aber sie sind auch Opfer, wenn sie keine zahlen müssen, weil sie dann zum sorglosen Umgang mit der Zeit verführt werden. Wer kein Opfer ist, der ist deswegen ein Opfer, weil er alle anderen Opfer bezahlen muss. Je mehr man Opfer ist, desto besser kann man sich dem Marktdruck entziehen. So lassen sich multiple Opfer-Identitäten aufbauen, die Opfer-Lage lässt sich maximieren. Wenn man weiß, dass die ganze Welt so gemein zu einem ist, dann kann man ganz komfortabel leben.«

Prisching spielt auf den hohen sozialen Status des Opfers in der heutigen Gesellschaft an. Auf jemand anderen mit dem Finger zu zeigen kann finanzielle oder andere Vorteile zur Folge haben – ein Mechanismus, der heute sozial belohnt wird.

Auf psychiatrischen Stationen erlebt man immer wieder, dass durch das Outing eines Patienten als Opfer die Aufmerksamkeit der ganzen Station reflexartig auf ihn gerichtet wird – bis sich sämtliche Zimmerkollegen dunkel erinnern, dass da in ihrer Vergangenheit auch etwas war. Junge Kollegen fühlen sich oft versucht, als Geburtshelfer zu fungieren und eine weitere Sensation an die Oberfläche zu befördern. In der Tat kann so etwas für einen Therapeuten verlockend sein, besonders wenn man dramatisch veranlagt ist. Es gibt das wissenschaftlich bereits analysierte Phänomen, sich an etwas zu erinnern, was so gar nicht stattgefunden hat. Bereits 1886 beschrieb dies der große Psychiater und Hirnforscher Emil Kraepelin als »Erinnerungsverfälschung«.

Die klassischen medizinischen Termini »Konfabulation« und »Suggestibilität« bezeichnen ähnliche Phänomene. In der Forschung lässt sich heute auch experimentalpsychologisch beweisen, dass Erinnerungen keine objektiven Wiedergaben der Wirklichkeit sind. Lassen Sie sich denselben Sachverhalt von drei Augenzeugen beschreiben, und Sie wissen, was ich meine.

Derzeit wird in der Wissenschaft der Begriff »False Memory« nicht gerade emotionsfrei diskutiert. Gemeint ist eine Schlussfolgerung in Form einer Suggestivfrage, die in der psychotherapeutischen Situation vom Therapeuten mit seiner Autorität als Experte angeboten wird. In der Folge muss der Klient, der in einem Abhängigkeitsverhältnis steht, in seiner Erinnerung kramen, um aus dem Unbewussten das herauszufischen, was der Therapeut vermutet. Besonders problematisch ist, wenn »Erinnern« belohnt, »Verdrängen« hingegen emotional bestraft wird. Ein klassisches Beispiel ist, dass der Therapeut meint, bei diesen Symptomen müsse (sic!) in der Kindheit ein Missbrauch vorgefallen sein. Der Klient möge nachdenken. Falls der sich an nichts erinnert, könnte der Therapeut – wenn er schon Gefallen an seinem Erklärungsmodell gefunden hat – enttäuscht antworten, dass der Klient also weiter zu verdrängen gedenke und wen er denn damit schützen wolle. Schließlich kann sich der Klient doch ganz dunkel an einen großen Penis erinnern, und die Geschichte nimmt ihren Lauf. Auffällig ist, dass manche Therapeuten bei den meisten ihrer Patienten einen Missbrauch im Hintergrund sehen – und oft vor ihren Patienten.

Gerichtspsychiater können ein Lied davon singen, was die menschliche Phantasie alles zustande bringt. Durch den Opfer-Hype mit Entschädigungsautomatik ist hier eine gefährliche Dynamik ins Rollen gekommen, die wir noch nicht ausreichend unter Kontrolle haben. Diese Entwicklung ist auch für die tatsächlichen Opfer von Verbrechen gefährlich, denn es lässt sich voraussehen, dass irgendwann die öffentliche Stimmung kippt und das Kind mit dem Bade ausgeschüttet wird.

FALL 13: Frau Nadean Cool, eine 33-jährige Pflegehelferin im US-Bundesstaat Wisconsin, entscheidet sich 1986, eine Psychotherapie zu machen, um mit einer Traumatisierung ihrer eigenen Tochter besser umgehen zu können.
Der Therapeut meint schnell einmal, eine so heftige Reaktion auf die Traumatisierung der Tochter lasse auf eine eigene Traumatisierung schließen. Er macht sich gezielt auf die Suche, setzt unter anderem Hypnose in Kombination mit Suggestivfragen ein, um verborgene und verdrängte, vom Bewusstsein abgespaltene Ereignisse wieder erinnerlich zu machen. Tatsächlich »erinnert« sich Frau Cool im Laufe der Therapie, ermutigt durch die Fragen und das Interesse des Therapeuten, an immer mehr Details von Horrorszenarien in ihrer Kindheit. Sie sei Opfer einer satanischen Sekte gewesen. Damals sei sie unter anderem im Blut von Menschenopfern diese Sekte gewatet, habe Säuglinge verspeist und den Mord an ihrer achtjährigen Freundin mit ansehen müssen. Sie sei oftmals vergewaltigt sowie gezwungen worden, mit Tieren zu kopulieren. Schließlich glaubt sie, mehr als 120 Persönlichkeiten in sich zu haben – von Menschen, Engeln und sogar von einer Ente. Diese Persönlichkeiten, so erklärt der Therapeut, hätten sich wegen all der Missbrauchshandlungen von ihrer Ursprungspersönlichkeit abgespalten. Als Nadean Cool schließlich zur Besinnung kommt und begreift, dass

diese Erinnerungen vom Therapeuten durch Suggestivfragen induziert worden sind, beendet sie die Therapie und zeigt ihn wegen Kurpfuscherei an. Im März 1997 wird das Verfahren durch einen außergerichtlichen Vergleich beendet, bei dem der Therapeut 2,4 Millionen Dollar Schadensersatz zahlen muss.

ANALYSE: Leider sind solche Fälle auch in unseren Breiten Realität: Der Therapeut induziert durch Suggestivfragen, die dessen eigenen Phantasien entsprechen, »Erinnerungen«, die der Patient, der ja in einem Abhängigkeitsverhältnis ist, unbewusst gefällig produziert. Das ist doppelt schädlich: weil Fremdbeschuldigung den Patienten zum hilflosen Opfer einer Phantasie macht, und weil ein Unschuldiger – der phantasierte Täter – einer kriminellen Tat beschuldigt wird. Familien können so auseinanderreißen, und es gibt auch Fälle, in denen am phantasierten Täter durch ein dilettantisches psychologisches Gutachten ein grober Justizirrtum passiert.

Die innere Notwendigkeit der Fremdbeschuldigung

Fritz Künkel beobachtet bei seinen ichhaften Unschuldslämmern: *»Nur eine einzige Täuschung erschwert hier den Weg der Selbsterziehung und verhindert, dass die Lawine der inneren Umwälzung ins Rollen gerät. Man misst nämlich die Schuld für seine eigene Vereinsamung nicht sich selber, sondern den Mitmenschen zu.«* Denn wenn man die Verantwortung an den »Täter« abgegeben hat, dann ist man nur mehr der Spielball des Schicksals und der Umstände. Dann ist man auf Gedeih und Verderb dem anderen ausgeliefert und hat keinen Handlungsspielraum mehr.

Es ist in der Tat ein interessantes Phänomen, dass die Psychodynamik der Makellosigkeit nicht damit endet, gekonnt in die Opferrolle zu schlüpfen, sich damit selbst zu exkulpieren und anschließend im Selbstmitleid zu suhlen: Nein, ein Täter muss her, ein Schuldiger, ein Sündenbock! Das entspricht einerseits dem menschlichen Kausalitätsbedürfnis, das vom Schatten auf Licht, vom eigenen Opferstatus auf einen fremden Täter rückschließt. Andererseits bleibt die verdrängte Schuld spürbar. Wir können sie nicht einfach wegmachen. Je lauter aber ein anderer bezichtigt wird, umso mehr wird das eigene Gewissen ausgedämpft und mundtot gemacht. Das ist eine direkte Folge dessen, dass Schuld als solche wahrgenommen wird – und je mehr Schuld da ist, desto lauter muss auch die Beschuldigung sein. Wenn man die Schuld nicht auf sich selber nehmen kann, dann ist die Fremdbeschuldigung ein fast notwendiges Ventil.

FALL 14: Susanne K, 42 Jahre alt und 140 kg schwer, analysiert den Grund ihrer Körperfülle folgendermaßen: »Vielleicht esse ich etwas zu viel. Aber die Krankheit ... Ich habe gelesen, seelische Probleme und Konflikte, die nicht aufgearbeitet sind, da isst man dann immer mehr. Das Seelische ist schuld, dass ich zugenommen habe. Wissen Sie, ich faste wirklich. Na ja, ich habe auch gesündigt: Schokolade, Zuckerl ... Ich esse aber wirklich nicht viel.« Im weiteren Gespräch meint die Patientin: »Ich gebe auch meiner Familie Schuld an der Krankheit.« Frau K. wartet weiter darauf, dass sich die Bikinifigur einstellt.

ANALYSE: Solange die Krankheit schuld ist, wird sich das Gewicht nicht ändern – außer die Krankheit entschließt sich zum Fasten.

In den neueren Entwicklungen der Psychoanalyse ist der Mechanismus der Fremdbeschuldigung bekannt. Die »Schuldzuweisung« gilt dort in der Zwischenzeit schon als häufigster Mechanismus der Abwehr von Schuldbewusstsein.

Der Analytiker Mathias Hirsch zitiert in seinem Standardwerk über die Psychoanalyse der Schuld aus dem Jahr 2012 sogar die Bibel: *»Schon die allererste Schuld wurde abzuschieben versucht. Adam: ›Das Weib, das du mir zugesellt hast, gab mir von dem Baum, und ich aß.‹ Und Eva: ›Die Schlange betrog mich also, dass ich aß.‹ Adam schiebt es auf Eva, diese auf die Schlange: schuld ist immer der andere, letztlich Gott, da er die Schlange geschaffen hat. Das entspricht dem Ausweichen vor der Schuld durch den Hinweis auf das Mensch-Sein. Alle Kinder weisen Schuld von sich: ›Ich war es aber nicht.‹ Es war das Geschwister. Die Deutschen nach dem Nazi-Regime: ›Ich bin's nicht, Adolf Hitler ist es gewesen.‹ Man könnte diesen gängigsten Schuldabwehrmechanismus projektive Verschiebung nennen, man schiebt die Schuld jemandem zu und projiziert einen Teil von sich auf ihn, zum Beispiel Angst, Aggression, Scham und Schuldbewusstsein.«* Es ist erfrischend zu lesen, dass der Psychoanalytiker Hirsch – Gründungsvater Freud zum Trotz – mit einer Selbstverständlichkeit Schuld nicht zum subjektiven Schuldgefühl degradiert, sondern als Realität des Menschen annehmen kann und zudem den Mechanismus von Verdrängung und Fremdbeschuldigung beschreibt.

FALL 15: Die Deutsche Elvira K., 35 Jahre alt, ist seit fünf Jahren mit einem Österreicher (Adam) verheiratet. Um ihn auf die erste Stunde vorzubereiten, schickt sie dem Psychiater vorab eine zehnseitige E-Mail. Man vereinbart, dass der Psychiater das Schreiben vorab analysiert, damit man dann schneller vorankommt. Denn sie will in ein bis zwei Stunden eine Lösung. Hier ein Auszug aus ihrer Erinnerung:
»Mit der Ehe haben dann wirklich gravierende Probleme angefangen, die bis jetzt unlösbar geblieben sind. Seine Eltern waren gegen diese Ehe, weil sie nicht wollten, dass ihr Sohn eine Deutsche heiratet. Sie wollten, dass Adam in der Nähe seiner Familie bleibt. Schon dieser Beginn stand unter einem schlechten Stern. Meine Schwiegereltern machten bei der Hochzeit die meiste Zeit ein versteinertes, beleidigtes Gesicht. Mein Mann ist dann nach ein paar Tagen nach Wien zurückgereist, weil er in Österreich eine Arbeit gefunden hatte, und ich bin dann nach ca. einem Monat nachgekommen. Adam konnte es nicht erwarten, dass ich komme, und hat richtig Druck gemacht, dass ich mich noch mehr beeile. Ich habe die Hochzeit alleine organisiert und musste auch in Bonn alles alleine zu Ende bringen und wusste teilweise nicht, wo mir der Kopf stand. Mein Mann hat nur Druck gemacht, dass ich mich mehr beeile, und hat kein Verständnis für meine Situation gezeigt und nur kritisiert, und so sollte es bis jetzt bleiben (Druck machen, kritisieren, kein Verständnis zeigen). In Wien angekommen, musste ich erst einmal einen gewissen Kulturschock verdauen. So anders hatte ich mir dieses Land nicht vorgestellt. Mein Mann hat mich gleich wieder unter Druck gesetzt. Ich musste sofort eine Arbeit finden, damit wir mehr Geld haben. Ich musste sofort Gegenesseneinladungen geben an eine Wienerin (eine Arbeits-

kollegin, die er gehasst hat), die uns auch eingeladen hat. Ich musste sofort Kontakte knüpfen, damit wir Gesellschaft haben. Er hat aber nicht nur Druck gemacht, es war von Anfang an eine rohe, lieblose Kritik da. Ich habe in dieser Zeit sehr viel geweint und mich gefragt, in welchen Alptraum ich da hineingeraten bin. Mein Mann war aggressiv (verbal), er hat sich in der riesigen Gratisluxuswohnung überhaupt nicht wohl gefühlt, war ruhelos, hat ständig nur über die Wiener geschimpft (Lieblingsbeschäftigung von Wien). Ich habe teilweise den Eindruck gehabt, mit einem Geistesgestörten verheiratet zu sein. Eine Arbeit habe ich relativ schnell gefunden – als Deutschlehrerin in einem muslimischen Kindergarten, wo ich für ein Taschengeld gearbeitet habe. Ich war aber froh, irgendetwas zu haben, um nicht mehr wegen Nichtarbeiten kritisiert zu werden. Kontakt zu anderen Menschen herzustellen war auch kein Problem. Auch die Einladung habe ich hingekriegt, aber das Herumnörgeln hat nicht aufgehört – bis heute.«

Der Psychiater färbt diesen Brief mit zwei Farben auf jeweils zwei Arten: Fremdbeschuldigend: rote Texthervorhebung. Selbstzufrieden: rote Schriftfarbe. Positive Aussagen über den Mann: grüne Texthervorhebung. Selbstkritisch: grüne Schriftfarbe. Wie Sie sich vorstellen können, ist der Brief tiefrot. Da findet sich nur eine kleine grüne Insel auf der ersten Seite, wo Frau K. schildert, wie sie ihren Mann kennenlernte. Im gesamten Brief findet sich nirgends ein Wort mit grüner Schriftfarbe. Kaum auch weiße Felder, also neutrale Sachinformationen. Der Psychiater schickt ihr die eingefärbte Analyse elektronisch und bittet sie, den Brief so umzuschreiben, dass sich Grün und Rot die Waage halten. Kritik kann, darf und muss man in der Ehe üben, aber wenn es so knüppeldick kommt, ist es nicht mehr zu ertragen. Auch in einer Ehe gilt: »Man fängt mehr Fliegen mit einem Tropfen Honig als mit einem Fass voll Essig.« Ihr zweiter Versuch hat eine deutlich ausgeglichenere Tönung: 70 % rot, 30 % grüne Texthervorhebung – aber noch immer keine grüne Schriftfarbe. So ging der E-Mail-Wechsel eine Zeitlang hin und her. Beim ersten Treffen erarbeitet Frau K. den Ansatz einer Selbstkritik. Der Psychiater versucht, Humor ins Spiel zu bringen – das ist gar nicht leicht. Was für eine Freiheit, wenn man über sich selber lachen kann! Durch ihre grünen Entwicklungen jedenfalls erstaunt sie ihren Mann zunehmend und ermöglicht eine (grüne) Verhaltensänderung auf seiner Seite – die wiederum sie beglückt. Die Eheleute beginnen sich wieder ohne Vorwürfe zu begegnen. Und nach zwei Sitzungen und einigen E-Mails ist das Schiff tatsächlich wieder in Fahrt und die Ehe neu begrünt.

ANALYSE: Selbstzufriedene Fremdbeschuldigung ist keine gute Basis für partnerschaftliche Kritik. Kritik muss in einer Ehe möglich sein, aber die ist leichter verdaubar in Kombination mit Selbstkritik und Wohlwollen. Aus der Position des Fehlerlosen wird Kritik leicht zur Vernichtung.

Fremdbeschuldigung funktioniert natürlich auch für Gruppen, Staaten und Völker: Kollektive Fremdbeschuldigung war die Ursache von Nationalismus und von vielen Kriegen. Vor dem Ersten Weltkrieg wurden Mythen der Erbfeindschaften erfunden und gezüchtet, so dass 1914 die Massen begeistert gegen den bösen Nachbarn in diesen sinnlosen Krieg zogen. Sind Menschen frustriert oder unglücklich, so richten sie ihre Aggression oft auch innerhalb von Staaten und Gesellschaften auf Gruppen, die unbeliebt, leicht identifizierbar und machtlos sind: auf »Sündenböcke«. Dies kann durch Machteliten und mittels einer medial verbreiteten Ideologie geschehen. Häufig wird dann die Anfälligkeit des Menschen für den jeweiligen selbstgerechten Zeitgeist verwendet (»Heute denkt man ...«), um die Massen zu manipulieren. Eine solche Projektion auf einen Sündenbock kann für die Bevölkerungsmehrheit identitätsstiftende Funktion bekommen. Die Nazis machten das mit den Juden, die plötzlich am ganzen Unglück der Deutschen schuld gewesen sein sollten. Für die Kommunisten waren das kollektiv »die Kapitalisten«. Heute ist man sich oft rasch einig, dass die »Ausländer« an vielem schuld seien.

Es gibt nicht nur Psychoanalytiker, die die Bibel zitieren (wie Mathias Hirsch), sondern auch Theologen, die über den Begriff der Verdrängung sprechen – Joseph Ratzinger: *»So ist das Thema Sünde zu einem verdrängten Thema geworden, aber allenthalben zeigt sich doch auf der anderen Seite, dass es eben nur verdrängt und dennoch wahr geblieben ist. Bezeichnend scheint mir die jederzeit sprungbereit gewordene Aggressivität, die wir in unserer Gesellschaft zusehends erleben – diese immer lauernde Bereitschaft, den anderen zu beschimpfen, ihn als Schuldigen am eigenen Unglück zu erkennen, die Gesellschaft zu brandmarken und durch Gewalttätigkeit die Welt ändern zu wollen. Mir scheint, dass dies alles nur zu begreifen ist als Ausdruck für die verdrängte Wahrheit der Schuld, die der Mensch nicht wahrhaben will.«*

Beschuldigung der Eltern

Die Eltern eignen sich immer gut als Sündenbock. Erstens haben alle Menschen immer Fehler, also auch Eltern, die irgendwann sicher etwas falsch gemacht haben. Zweitens kann man ihnen leicht ein schlechtes Gewissen machen, da sie meistens wirklich um ihre Kinder besorgt sind. Fast alle Eltern wollten eigentlich bessere Eltern gewesen sein, eben weil sie ihre Kinder lieben und nur das Beste für sie wollen. Deswegen ist es eine schwache Ausrede und ein billiger Reflex – der immer auch etwas Sadistisches und durchaus auch Masochistisches in sich hat – den Eltern die Schuld für die eigene Misere in die Schuhe zu schieben. Noch heute sieht man in der psychiatrischen Praxis immer wieder tiefverzweifelte Eltern, denen die gesamte Schuld an der Psychopathologie ihres Kindes gegeben wurde – und umgekehrt 50-Jährige, die tatsächlich der Überzeugung sind, dass Unterlassungssünden der Eltern vor 40 Jahren ihre Beziehungsunfähigkeit verursacht hätten. Leider sind wir Therapeuten nicht ganz unschuldig an dieser unseligen Entwicklung, weil eine Reihe von unheilvollen moralisierenden Psychotheorien vom grünen Tisch das Wesen des Menschen und des menschlichen Zusammenlebens völlig verkannt hat.

Die Analytikerin Frieda Fromm-Reichmann etwa erfand in den 50er Jahren die sogenannte schizophrenogene Mutter, die sie der »falschen« Mutterliebe bezichtigte und postwendend für die Hirnkrankheit Schizophrenie ihrer Kinder schuldig sprach. Warum nicht auch gleich für multiple Sklerose, könnte man zynisch fragen. Das wurde schnell aufgegriffen und verbreitet. Generationen von Psychotherapeuten waren in dieser Kunst der Elternbeschuldigung bewandert. Die angeblich Schizophrenie produzierende Mutter wurde als eine egozentrische Person beschrieben, die ihr Kind nach den eigenen verschrobenen Ansichten prägt, ihm keine Eigenständigkeit und keine Freiheit gewährt. Kennzeichnend sei für sie ein eklatanter Mangel an Herzlichkeit und Wärme sowie eine pedantische, überfürsorgliche, aber vordergründig äußerliche Betreuung.

Hier hört man sehr scharf ein Werturteil der Theoretikerin heraus. Aus der Erkrankung des Kindes wurde auf die »Sünde« der Mutter rückgeschlossen. Eine Katastrophe! Später hielt eine breite analytische Tradition eher den »Kommunikationsstil« der Eltern für schuldig. Damit meinte man die schizophrene Ambivalenz von Vater und Mutter, also dass ein Elternteil zum Kind eine zweideutige Sprache spricht, in der ja nicht ja und nein nicht nein bedeutet. Dadurch werde die Entwicklung zu einer eindeutigen und natürlichen Kommunikation verunmöglicht. Viele Eltern wurden durch diesen psychoanalytischen Schuldspruch in die Verzweiflung gestürzt. Nicht wenige Selbstmorde von Müttern wurden durch diese Fehleinschätzung verursacht. Tatsächlich jedoch wissen wir heute zweifelsfrei, dass Schizophrenie eine Störung des Hirnstoffwechsels und des mikroanatomischen Aufbaus des Gehirns ist, die durch Erziehung oder eigene Willensanstrengung nicht verhinderbar ist.

Aber auch der Bereich der Angst ist eine Gelegenheit zur Fremdbeschuldigung der Eltern. Wer eine Neurose hat, wurde nach dieser Denkweise einfach zu ängstlich erzogen – oder die Eltern hatten zu wenig Angst um das Kind, weswegen das Kind dann zu wenig Sicherheit gespürt hat. Wie man es dreht und wendet: zu viel oder zu wenig – ein hundertprozentig funktionierendes Erklärungsmodell: Die Eltern sind immer schuld – an der

Depression, am fehlenden Uni-Erfolg, am vermasselten Führerschein, an allen gescheiterten Beziehungen und am Drogenkonsum. Mit diesen Theorien verbaut man aber dem Angstpatienten nur einen lösungsorientierten Zugang zum Problem – denn seine Erziehung kann er im Nachhinein definitiv nicht mehr ändern.

Gift in der Partnerschaft

In der Paartherapie stellen Psychotherapeuten oft fest, dass beide Teile jeweils zu viel Empathie mit sich selbst haben. Da bleibt dann notgedrungen zu wenig für den Partner übrig. Was in den Paarkonflikten oft zu kurz kommt, ist das Kehren vor der eigenen Türe – nicht das Verständnis für sich selbst. Beide sehen messerscharf den Schuldanteil des anderen. Dabei haben sie vielleicht gar nicht so unrecht, sehen aber nur eine Hälfte, und noch dazu die falsche. Das blockiert aber die Lösung. Jeder macht den anderen zum »Sündenbock«. Wenn sich beide Seiten stattdessen eingestehen würden, inwiefern sie selber schuld sind – weil zum Beispiel aus dem Wald des Partners zurückkommt, wie man in ihn hineinruft –, dann wäre der Weg frei für Empathie und die Bitte um Entschuldigung. Erleichternd ist es, vom Partner präzise formuliert zu bekommen, mit welchen Worten oder Handlungen er uns getroffen hat. Ebenso ist es erleichternd, dem Partner sagen zu können, womit wir ihn getroffen haben, dass es uns leidtut und dass er uns vergeben möge.

Mit liebenswertem Augenzwinkern gibt Paul Watzlawick in der »Anleitung zum Unglücklichsein« drei Handlungsanweisungen, wie Fremdbeschuldigung und mangelnde Selbstkritik eine Beziehung, idealerweise die Partnerschaft, vergiften können:

1. *Ersuchen Sie jemanden, Ihnen einen bestimmten Gefallen zu tun. Sobald er darangeht, bitten Sie ihn rasch um eine andere Verrichtung. Da er Ihnen die beiden Gefallen nur hintereinander und nicht gleichzeitig erweisen kann, haben Sie bereits gewonnen: Will er die erste, schon begonnene Verrichtung abschließen, können Sie sich beschweren, dass er Ihre zweite Bitte ignoriert, und umgekehrt. Wird er darob ärgerlich, können Sie gekränkt darauf verweisen, wie launenhaft er in letzter Zeit ist.*
2. *Sagen Sie oder tun Sie etwas, was man sowohl ernsthaft wie scherzhaft auffassen kann. Beschuldigen Sie dann Ihren Partner, je nach seiner Reaktion, eine ernsthafte Sache ins Lächerliche ziehen zu wollen oder keinen Sinn für Humor zu haben.*
3. *Ersuchen Sie Ihren Partner, diese Seite zu lesen, und zwar mit der Behauptung, dass diese Zeilen genau seine Haltung Ihnen gegenüber beschreiben würden. Im etwas unwahrscheinlichen Falle, dass er Ihnen recht gibt, hat er ein für alle Mal seine Manipulationen in der Beziehung zu Ihnen eingestanden. Falls er aber – was wesentlich wahrscheinlicher ist – Ihre Behauptung verwirft, haben Sie ebenfalls gewonnen. Sie können ihm nun nämlich beweisen, dass er ›es‹ (mit seiner Ablehnung) gerade wieder tue, indem Sie etwa sagen: »Wenn ich deine Manipulationen schweigend hinnehme, manipulierst du mich noch mehr; wenn ich dich – wie eben – darauf aufmerksam mache, manipulierst du mich, indem du behauptest, mich nicht zu manipulieren.«*

Hier ein Beispiel aus der Praxis, bei der Frau E. die Anleitung von Paul Watzlawick getreulich befolgt und alles richtig macht:

FALL 16: Doris E., 37 Jahre alt, schreibt an ihren um zwei Jahre jüngeren Ehemann Ruppert über die Wahrnehmung ihrer Hochzeit, die bereits der Beginn des ehelichen Zerwürfnisses war: »Die Tage zuvor waren wirklich sehr hektisch und stressig für mich gewesen, doch die Trauung und das Fest waren dann eigentlich recht schön. Leider sind auch viele Dinge nicht so gelaufen, wie ich sie gerne gehabt hätte. Ich wollte z. B., dass die Musik den ganzen Abend spielt, aber leider wolltest Du das nicht, schade. Eine Hochzeit soll doch stimmungsvoll und fröhlich sein! Pater Rudolf wollte mit uns ein Foto machen, leider warst Du zu diesem Zeitpunkt verschwunden. Er wollte sich von uns beiden verabschieden, denn er konnte leider nicht bei der Tafel dabei sein. Ich habe nach Dir gerufen, und meine Verwandten haben Dich gesucht, aber leider war mein Mann nicht zu finden. Es wäre schön gewesen, hättest Du mir nur kurz gesagt, wohin Du gehst. Die gleiche Situation war dann nach dem Essen, als ich bei der Hochzeitstafel mit Deinen und mit meinen Eltern alleine dagesessen bin und Du, ohne ein Wort zu sagen, zu Deinen Freunden und Verwandten gegangen bist. Schade, dass Du mich nicht einfach mitgenommen hast, um mich ihnen kurz vorzustellen. Ich hab mich ziemlich alleine gefühlt. Dann in der Nacht wurden wir in unser Hotel gebracht. Ich habe mir dann meine vielen Klammern und Spangen aus dem Haar gemacht, und wir haben uns über die Feier unterhalten, und ich habe Dir auch gleich gesagt, dass ich mich total alleine gefühlt habe. Danach warst Du beleidigt. Willst Du die Wahrheit nicht hören? Was für eine traurige Hochzeitsnacht hast Du mir dann bereitet!«

ANALYSE: Doris E. zeigt einen hohen Grad an Ichhaftigkeit – ihre Sicht der Dinge ist absolut. Sie weist deutliche Züge von zwanghaftem Kontrollverhalten auf: alles muss so laufen, wie sie es will, sonst ist es nicht gut genug. Jetzt sind Sie dran: Falls Sie die Farbgebung aus Fall 14 noch in Erinnerung haben, welche Farbe würde hier wohl dominieren?

Die »Mobbing«-Tarnkappe

Mobbing als psychodynamische Treibjagd auf Andersartige kennt die Menschheit in allen möglichen traurigen und schuldhaften Schattierungen. Dieses Phänomen ist im vorliegenden Abschnitt nicht gemeint. Im Gegensatz dazu gibt es nämlich Fälle, in denen »Mobbing« als Totschlagargument vorgeschoben wird. Als eine Form der Fremdbeschuldigung, die ganz rasch viel Mitgefühl und Mitleid hervorruft, die auch von vornherein keinen hohen Grad an Beweisbarkeit hat – und sich daher auch für falsche Fremdbeschuldigung prima eignet. Natürlich gibt es Fälle von echtem Mobbing, aber eben auch ein breites Feld, wo die Dinge nicht so klar liegen. Da sind wir Psychos oft ziemlich machtlos, weil hier Fremd- und Selbstbild weit auseinanderklaffen und die Verifizierbarkeit schwer ist.

Es stimmt schon nachdenklich, wenn einer überall, wo er in den zurückliegenden 20 Jahren gearbeitet und gelebt hat, gemobbt wurde. Einmal vom Chef, dann von der Sekretärin, die eigentlich etwas von ihm wollte, dann von den eifersüchtigen Arbeitskollegen, von Nachbarn und Partnern. Diese Patienten kommen in die Therapie und sagen: »Ich werde gemobbt.« Dann folgt Schweigen. Jetzt erwarten sie von einem wirklich empathischen Therapeuten, dass er gemeinsam mit ihnen über die Kollegen oder die Ehefrau herfällt. Mobbing ist aber letztlich keine Diagnose, sondern ein subjektives Erleben – das schon rein formal aus Fremdbeschuldigung besteht.

Der österreichische Zoologe und Verhaltensforscher Konrad Lorenz prägte den Begriff »Mobbing« als Verhalten unter Tieren. Er beschrieb damit Gruppenangriffe von seinen süßen Graugänsen auf einen überlegenen Gegner, etwa auf den Fuchs. Das ist Wasser auf meine Mühlen! Der Fuchs wird da also von den Gänsen gemobbt. Wenn der sich jetzt beim Gleichbehandlungsausschuss beschwert, kriegen die Gänse ein Problem. Würden sie den Fuchs aber nicht mobben, würde er zumindest eine von ihnen verspeisen und mit der Zeit die illustre Gänseschar ganz schön reduzieren. Mobben kann also sogar die kollektive Gesundheit erhalten! Die objektive Beschreibung des Mobbings ist demnach – entgegen der heutigen Verwendung – nicht ein Zeichen von Unschuld des Opfers, sondern nur die Beschreibung eines Konflikts, dessen Ursache wir nicht kennen. Mobbing ist heute aber ein entrüstetes moralisches Urteil, in dem man mit dem Zeigefinger auf eine Gruppe von bösen Menschen weist.

Kennen Sie das aus manchen beruflichen Biotopen? Da kommt eine neue Graugans und spielt sich auf, weiß alles besser, teilt alle anderen Graugänse ein und arbeitet dafür umso weniger. Wenn sich die anderen Graugänse das auf Dauer nicht gefallen lassen und sie schließlich das Feld räumen muss, erzählt sie ihrem Therapeuten, wie gemein sie doch von diesen Ungeheuern gemobbt worden sei. Der Therapeut ist betroffen und beginnt eine Traumatherapie. Lerneffekt null. Wenn sie sich nicht ändert, wird sie auch für den nächsten Gänseschwarm eine Bedrohung darstellen. Warum hinterfragen wir nicht: Und wieso genau werden Sie gemobbt? Wenn das vermeintliche Mobbing-Opfer nicht versteht, könnten wir präzisieren: Na, sind Sie ein Fuchs oder eine besserwisserische Graugans?

ZUSAMMENFASSUNG: Schuld existiert. Sie wird zunächst auch als solche richtigerweise wahrgenommen, aber dann nicht immer richtig zugeteilt. Es ist psychodynamisch eine kurzfristige Entlastung, die Schuld einem anderen in die Schuhe schieben zu können. Aber Fremdbeschuldigung ist eine Sackgasse, weil man sich nur selbst ändern kann. Im Gegensatz dazu bewirkt das Eingestehen der eigenen Schuld Freiheitszuwachs und eröffnet neuen Handlungsspielraum.

Teil II

Wie der Mensch gestrickt ist

4. Kapitel

Wofür wir nichts können

Gregorius auf der Couch

Hand aufs Herz: In unserem Leben haben wir sehr vieles nicht in der eigenen Hand. Unsere Gene können wir uns nicht aussuchen. Unsere Eltern auch nicht. Wir wählen weder Ort, Zeit und Umstände unserer Geburt noch unsere Muttersprache oder das religiöse beziehungsweise ideologische Konzept, nach dem wir aufgezogen werden. Unser Geschlecht haben wir nicht zur Disposition (obwohl das manche originellerweise glauben), unseren Körperbau, Haar- und Augenfarbe, unsere Erziehung, unsere Herkunft: alles scheint fremdbestimmt. Ja, nicht einmal die Klassenkameraden und die Lehrer können wir bestimmen. Wer sucht sich schon seine Triebe aus oder seine Neigung zur Sucht? Ganz zu schweigen von Neigungen zu psychischen Störungen (sogenannte endogene Krankheiten), das Temperament oder psychische Traumata, die uns in der Kindheit und Adoleszenz widerfahren und uns prägen können. Was kann der Sechsjährige dafür, dass er von seinen Peers gemobbt wird, weil er vielleicht ein Ausländer ist?

Dazu kommt: Es gibt Augenblicke in unserem Leben, da wollen wir wollen, können aber nicht. Es ist manchmal zum Aus-der-Haut-Fahren, wie schwach der menschliche Wille ist. Jeder schlechte Schüler kann ein Lied davon singen, dass »es« irgendwie einfach nicht geht, obwohl die Vernunft »es« augenscheinlich empfiehlt. Daher müssen wir uns – angesichts dieses existenziellen Ausgeliefertseins – wohl der Frage stellen, ob der Mensch überhaupt so frei ist, dass er schuldig werden kann. Ob er tatsächlich für das, was er so den ganzen Tag tut, verantwortlich ist – und damit »selber schuld«. Thomas Mann schildert in seinem mittelalterlichen Roman »Der Erwählte« das erschütternde Schicksal des Gregorius, das uns da einen Schritt weiterhilft.

Die Schuld des Gregorius

Die Zwillinge Sibylla und Wiligis werden vom Vater Herzog Grimald alleine aufgezogen, weil die Mutter bei der Geburt der lange erwarteten Kinder stirbt. Besonders an seiner schönen Tochter hängt der Vater außerordentlich und kann sich nicht lösen. So lehnt er alle Heiratsanträge für seine Tochter kategorisch ab, auch äußerst attraktive. Nach dem Tod des Vaters schließen sich die Zwillinge noch enger aneinander. In einer narzisstischen Selbstverliebtheit haben sie kein Auge und kein Interesse für irgendjemanden außerhalb. Schließlich springt die enge Zuneigung mangels Alternativen in erotische Anziehung um: Wie aus dem Nichts fährt die sexuelle Begierde in die beiden, und Sibylla wird von ihrem Bruder schwanger.

Wiligis und Sibylla werden sich langsam bewusst, was sie getan haben. Verzweifelt und voller Entsetzen vor dem von ihnen begangenen Inzest fragen sie Ritter Eisengrein, einen alten Berater ihres Vaters, um Rat. Der schickt Wiligis zur Sühne seiner Sünden auf den Kreuzzug und nimmt Sibylla wegen der bevorstehenden Geburt auf seine Burg. Wiligis stirbt auf der Fahrt. Sibylla bringt einen Sohn zur Welt, der von Eisengrein in ein Fass gesperrt und im Meer ausgesetzt wird. Sibylla legt dem Kind eine Tafel bei, auf der sie dessen schuldbeladene Geburtsumstände beschreibt.

Das Kind wird von Fischern gefunden, die auf einer Insel wohnen. Der dortige Abt des Klosters »Not Gottes« tauft das Kind auf den Namen Gregorius, kümmert sich um den Knaben und vermittelt ihm ein breites Wissen. Nach einem Streit mit deren Sohn wird ihm von einer eingeweihten Fischersfrau seine Identität als Findelkind enthüllt. Gregorius beginnt zu fragen und erhält vom Abt die Tafel. Nun ist er über seine Herkunft erschüttert und verlässt die Insel. Am Festland kommt er zur Belagerung der Stadt Brügge durch Herzog Roger von Hochburgund-Arelat, der die Herzogin der Stadt Brügge gewaltsam freien möchte. Gregorius schreitet ein, besiegt den Aggressor im Zweikampf und ehelicht die Herzogin. Das ist aber gerade Sibylla, seine Mutter! Beide ahnen nichts von der Verstrickung. Der Inzest wiederholt sich. Zwei Töchter werden gezeugt, deren Vater ihr Bruder ist und deren Mutter die Großmutter. Nach wenigen Jahren glücklicher Ehe findet Sibylla, von einer neugierigen und geschwätzigen Magd darauf hingewiesen, die von ihr verfasste Tafel bei den persönlichen Dingen des Gemahls.

Beide sind zu Tode erschrocken und beschließen, sich sofort zu trennen und zu büßen. Sibylla dankt ab und will bis zu ihrem Tod den Armen und Kranken dienen. Gregorius will sich als Eremit einem Leben in Sühne hingeben, erschüttert über die »Schuld«, die er ohne sein Wissen auf sich geladen hat. Auf einem Stein inmitten eines Sees verbringt er büßend sein Leben: *»Auf dem engen Geviert der Kegelplatte dieses wilden Steines im See verbrachte Gregorius, des Wiligis und der Sibylla Sohn* *und Gatte der Letzteren, mutterseelenallein und bar aller Gnade so viele Jahre, wie er gezählt hatte, als er tadelnswerterweise sein Eiland fern im Meer und das Kloster ›Not Gottes‹ verlassen hatte – volle siebzehn Jahre verbrachte er dort ohne eine andere Bequemlichkeit als das Himmelsdach über sich, ohne Schutz weder vor Reif noch vor Schnee, weder vor Regen noch Wind, noch vor Sonnenbrand, bekleidet nur – aber wie lange hielt das denn vor! – mit seinem härenen Hemd, bei nackten Armen und Beinen.«* Als eine römische Abordnung ihn nach fast zwei Jahrzehnten aufsucht, empfängt er sie mit den Worten: *»Hinweg von dem Ort, der mir angewiesen, damit ich durch äußerste Buße dennoch vielleicht zu Gott gelange!«*

Das Ödipusthema wird hier neu aufgerollt: die schuldlose »Schuld«. Natürlich fühlt es sich nicht gut an, ein Inzestkind zu sein und irrtümlich die Mutter geehelicht zu haben. Die Beschämung, die Scham, die Schande ist dem Schuldgefühl ähnlich, aber eben doch nicht ident. Beide Helden, Ödipus und Gregorius, werden nach ihrer Geburt ausgesetzt und gerettet. Der eine wächst als Hirte unter Hirten, der andere als Fischerskind unter Fischerskindern auf. Gregorius wird mit sechs Jahren allerdings ins Kloster genommen. Ödipus erschlägt unwissentlich den eigenen Vater, womit sich der Orakelspruch erfüllt, befreit Theben von der Sphinx und heiratet die Königin. Gregorius' Vater stirbt, wenn auch nicht durch die Hand seines Sohnes. Gregorius erschlägt aber einen anderen, befreit die Stadt der Herzogin Sibylla und heiratet sie daraufhin. Beide Paare zeugen Kinder. Ödipus entdeckt dann selbst die komplizierten Umstände, seine Frau und Mutter Iokaste erhängt sich, Ödipus sticht sich die Augen aus, wird aus dem Land vertrieben und stirbt als armer Bettler. Er zerbricht an seiner Schande. Als Gregorius hingegen seine Frau als seine Mutter erkennt, kommt es in der Verzweiflung nicht zur Selbstverletzung, sondern beide sind sofort zur harten Buße bereit, zu der es sie subjektiv drängt. Nach seiner Sühne wird das Inzestkind, das zugleich »Inzestsünder« ist, aber sogar zum Oberhaupt der Christenheit erwählt. Der Fall soll klarmachen, dass es tragische und als schuldhaft empfundene Lebensumstände gibt, für die man absolut nichts kann, an denen man also nicht »selber schuld« ist.

Zur neurowissenschaftlichen Diskussion um die menschliche Freiheit

Jeder Mensch weiß im Grunde, dass er nicht alle seine Handlungen vollständig in der Hand hat. Vieles, was wir tun, »passiert« uns einfach. So zieht sich die Frage durch die Geschichte der Menschheit, ob denn der Mensch überhaupt ein Mitspracherecht bei seinen eigenen Reaktionsmustern hat – und falls ja, wie viel. Wie frei beziehungsweise determiniert sind wir in unserem Handeln und Unterlassen? Was bewirken die Gene? Was macht die Erziehung?

Über die menschliche Freiheit gibt es heute in der Welt der Neurowissenschaft wieder einmal eine heftige Debatte, die manchmal den Anschein erweckt, als verlören die Teilnehmer dieser geschlossenen Gesellschaft immer mehr den Boden der Realität unter den Füßen. Als würden die Damen und Herren – mehr Herren übrigens – am grünen Tisch über die Existenz des Mondes streiten, während der Mann von der Straße ebenselbiges Diskussionsobjekt allabendlich bei einem Glas Wein genüsslich bewundert. Er würde angesichts dieser hochwissenschaftlichen Diskussion wahrscheinlich verständnislos den Kopf schütteln und vielleicht wohlmeinend annehmen, die Gelehrten sprächen von so komplizierten Sachverhalten, dass er diese eben gar nicht richtig erfassen könne.

1964 wurde von den deutschen Neurologen Hans Helmut Kornhuber und Lüder Deecke das sogenannte Bereitschaftspotenzial im Gehirn entdeckt. Dieses neuronale Potenzial ist ein kleiner Stromimpuls, den man im Hirn messen kann, bevor die willentliche Entscheidung des Menschen messbar wird, eine gewisse Bewegung durchzuführen. Im Falle von Kornhuber und Deecke waren das Fingerbewegungen. Mit dem Bereitschaftspotenzial trat die Diskussion um die Willensfreiheit in eine neue Dimension. Diese Entdeckung beweist zwar zunächst nur, wie komplex das motorische System aufgebaut ist. Sie wurde aber oft in dem Sinn überinterpretiert, dass unbewusste Neuronenentladungen die bewusste Willensentscheidung vorwegnähmen und damit der menschliche Wille eine Illusion sei. Der Heidelberger Philosoph und Psychiater Thomas Fuchs, Autor des empfehlenswerten Buches »Das Gehirn als Beziehungsorgan«, kommentiert diese Beweisführung augenzwinkernd: *»Es mutet abenteuerlich an, dass die Willensfreiheit ausgerechnet mit einem Experiment widerlegt werden soll, das doch auf der freiwilligen Teilnahme von Versuchspersonen beruht, die ohne ihre Zustimmung ihren Finger nie bewegt hätten.«*

Es gibt aber trotzdem bis heute namhafte Proponenten der Neurowissenschaft, etwa den Physiologen Wolf Singer *(»Wir sollen aufhören, von Freiheit zu sprechen«)* und den Biologen Gerhard Roth *(»Wir sind determiniert«)*, die die Freiheit des Menschen tatsächlich vollständig leugnen. Ihre These ist, dass alles, was in der Menschheitsgeschichte passiert, durch zufällige Funkenbildung im Gehirn bestimmt sei. Hätten sie recht, dann wäre dieses Buch sinn-, zweck- und nutzlos, denn wo keine menschliche Freiheit existiert, da sind Schuld und Verantwortung reine Hirngespinste. Die Rede von Schuld setzt Verantwortung denknotwendig voraus, die Rede von Verantwortung aber zumindest ein Minimum an Freiheit. Auch Liebe wäre nach diesem Menschenbild bloß ein Kurzschluss im Hirn. Sie sehen jedenfalls, wie weitreichend die Frage nach der Freiheit des Menschen – ein philosophischer Dauerbrenner seit der Antike – für unser Selbstverständnis als Mensch ist. Deshalb an dieser Stelle ein paar Klarstellungen aus neurologischer und psychiatrischer Sicht.

FALL 17: Der 26-jährige Student Friedrich N. kommt Ende September in die psychiatrische Praxis, weil er sich selbst finden will. Er habe auch eine Depression, wolle auch gleich seine Kindheit aufarbeiten und überhaupt sei es toll, mal mit einem Psychologen zu reden. Die beiden vereinbaren wöchentliche Sitzungen und vertiefen sich, gemäß dem Auftrag, in die Kindheitsgeschichten des Patienten. Ende November fällt dann ein Nebensatz, der den Psychiater stutzig macht: Der Patient hätte bis Ende Oktober seine Seminararbeit abgeben müssen, und da er das nicht schaffte, habe er jetzt ein Jahr verloren. Erstaunt fragt der Psychiater nach, warum Herr N. das Thema nicht früher eingebracht habe. Der Patient wehrt ab: Das sei für die Therapie nicht so relevant, das wolle er nicht eigens thematisieren, denn wenn erst einmal seine Kindheit aufgearbeitet und seine Depression beseitigt sei, dann würden sich

sämtliche Seminararbeiten praktisch von alleine schreiben. Er sei für das tiefgründige Reparieren und nicht für oberflächliches Kaschieren! Ein schnelles Hinhudeln seiner Arbeit hätte ihn ja doch nicht wirklich weitergebracht, meint der Student.
Dabei übersieht er, dass seine Depression durch die Einnahme eines Antidepressivums bereits seit längerem verschwunden ist. Der Psychiater wird neugierig. Herr N. hat tatsächlich auch in anderen Bereichen – gelinde gesagt – außergewöhnliche Selbsteinschätzungen. Es stellt sich heraus, dass nach sechs Jahren Studium bloß ein Jahr wirklich absolviert ist, dass Herr N. täglich bis zum Mittag schläft und damit wichtige Vorlesungen versäumt, dass seine Eltern das zu ahnen beginnen, bereits verzweifelt sind und mit der Beendigung der finanziellen Unterstützung drohen. Seine Verlobte Dorli weiß von alldem nichts und ist nach wie vor der Meinung, dass sie demnächst von einem Diplomingenieur zum Traualtar geführt wird.
Seine Situation ist, österreichisch gesprochen, hoffnungslos, aber nicht ernst. Und so schätzt Herr N. sie auch ein. Man einigt sich nach dieser Erkenntnis auf eine Modifizierung des therapeutischen Auftrags. Nun hat der Psychiater die Aufgabe, im »seelischen Sauhaufen« (Originalton Friedrich N.) Ordnung zu schaffen. Beim Wort »Selbstdisziplin« verfinstert sich die Mimik des Lebenskünstlers. Er sei ja bereit, aber es solle nicht weh tun oder Anstrengung kosten. »Das muss von selber gehen, wenn wir die Blockaden weganalysiert haben!« Als erstes Ziel nimmt er sich vor, statt um 13 Uhr bereits um 10 Uhr aufzustehen. Das Ziel stellt sich nach zwei Monaten als zu hoch gegriffen heraus. Seine Selbsterkenntnis: »Das funktioniert bei mir einfach nicht, wenn ich nicht dringend auf die Uni muss.« Man muss

also kleinere Brötchen backen. Der Psychiater versucht es mit der Seminararbeit. Die wäre nach Einschätzung des Patienten in etwa zehn Arbeitsstunden zu erledigen gewesen. Der Patient nimmt sich eine Seite pro Woche vor – vergeblich. Eine notwendige E-Mail an den Studiendekan wird in der Therapiestunde gemeinsam verfasst, weil der Antrieb des Patienten zu Hause nicht ausreicht.
Schließlich greift der Psychiater in seiner Verzweiflung ganz tief in die Trickkiste eines Therapeuten und arbeitet mit Konfrontation: Wenn er offensichtlich nicht für Seminararbeiten gebaut sei, dann sei er vielleicht gar nicht zum Diplomingenieur geschaffen? Doch! Und wie! Aber die Seminararbeit schreibe sich trotzdem nicht von selbst. Der Begleitgeschmack der Überwindung vermiest lange Zeit den Studienerfolg des Herrn Friedrich N. Eine langsame Verhaltensänderung kommt erst zustande, als der Patient zu einem neuen Selbstbild findet: »Im Grund bin ich nur stinkfaul!«

ANALYSE: Sehr häufig warten Patienten darauf, dass die gewünschte Verhaltensänderung einfach so passiert, dass sie ohne persönliches Zutun von alleine kommt. Erst das Wahrnehmen des eigenen Handlungsspielraums, oft durch Aufgeben des Selbstbetrugs, macht das erwünschte Verhalten möglich. Verhaltensänderungen sind aber immer schmerzhaft und mühsam.

Für unser Gehirn können wir nichts

Es ist beeindruckend, wie unser Erleben und Verhalten von dem relativ kleinen Organ abhängen, das sich direkt unter unserer Schädeldecke ausbreitet. Dieses Organ Gehirn bestimmt auch so manche psychische Störung – und bestimmt sogar unser Temperament. Es kann auch durch Abbauprozesse wie Demenzerkrankungen funktionsgestört sein, dann verliert der Betreffende langsam die Kontrolle über sein Leben. Für all das können wir nichts, wir haben uns unser Hirn ja nicht selber ausgesucht. Traditionell werden die Ursachen für psychische Störungen, wie bereits in der Einleitung erwähnt, in drei Gruppen gegliedert: Störungen des Hirnstoffwechsels, Traumata und die neurotische Entwicklung. Die beiden Letztgenannten werden als exogene (von außen kommende) Störungen bezeichnet. Die Störungen im Hirnstoffwechsel sind hingegen endogen (von innen kommend): Änderungen in der sogenannten interneuronalen Transmitterkonzentration im synaptischen Spalt können zu weitgreifenden Veränderungen unseres Verhaltens führen. Das heißt übersetzt, dass die Konzentration der Botenstoffe im Gehirn, die die Kommunikation der Gehirnzellen gewährleisten, tatsächlich unsere Persönlichkeit zu verändern vermag. Für viele ist das an und für sich schon eine beängstigende Feststellung; vielleicht weil sie glauben, dass sie damit keine beseelten Wesen mehr seien. Das ist ein Irrtum: Die Seele bedient sich des Gehirns wie der Fahrer des Autos.

Wir müssen unsere körperlichen Grenzen zur Kenntnis nehmen. Dass wir nicht fliegen können, sehen die meisten ein. Aber dass auch unser Geist, unsere Intelligenz und unsere Psyche körperliche Grenzen haben, weil das Gehirn (nur) ein Organ ist – das anzunehmen fällt manchen schwerer. Natürlich nutzt jeder sein Gehirn nur teilweise, so dass man seine Leistung trainieren kann wie einen Muskel. Klar macht man das meist zu wenig und immer zu einseitig. Aber die Grenze ist da. Und die schmerzt. Bei sich selbst und bei den anderen. Insbesondere ist der geistige Abbau eines Angehörigen manchmal schwer zu ertragen.

FALL 18: Eine Patientin erzählt von ihren Großeltern: Die Großmutter sei 67 Jahre alt und noch recht rüstig, der Großvater 90 Jahre mit deutlichen Zeichen einer Alzheimer-Demenz. Die Ehe sei 46 Jahre lang höchst harmonisch und glücklich verlaufen. »Eine Bilderbuchehe«, schwärmt die Enkelin, bei der die Ehefrau stets seine Kompetenz und Eloquenz bewundert und er sie auf Händen getragen habe. Sie seien immer ein Herz und eine Seele gewesen, er sanguinischer Arzt und sie cholerische Hausfrau und Mutter von acht Kindern. Doch jetzt schränkten sich seine geistigen Fähigkeiten durch die Erkrankung immer mehr ein, und das könne seine Frau gar nicht annehmen. Zunehmend würde sie negativ, ihm gegenüber aggressiv und mache ihm Vorwürfe, wenn seine krankhafte Vergesslichkeit an den Tag komme. Wenn sie einkaufen gehe, könne es passieren, dass er sich in der Tageszeit irre und einfach zu Bett gehe. Darauf reagiere sie heftig: »Wie kannst du so grausam sein, dich hinzulegen, wenn ich nur kurz einkaufen gehe?« Sie könne sich plötzlich überhaupt nicht in ihn hineinversetzen. Kaum versuche die Enkelin, die Großmutter zu mehr Verständnis für ihren Mann zu bewegen, reagiere sie beleidigt: »Nichts mache ich recht. Besser, ich wäre nicht mehr ...«

ANALYSE: Es ist offensichtlich, wie sehr wir von unseren Organen abhängen, und in vielen Fällen ist es auch subjektiv tragisch. Gerade Funktionseinschränkungen des Gehirnorgans werden von Angehörigen oft so bedrohlich erlebt, dass diese Fakten lieber verdrängt werden.

Intelligenz und Begabungen jedes Menschen sind körperlich beschränkt. Aus der Genetik und durch Erziehung lässt sich zwar einiges machen, aber ein Intellektueller mit zwei linken Händen wird selten ein guter Installateur werden, ein Unmusikalischer wird auch mit noch so viel Üben nicht Wiener Philharmoniker und ein Sonderschulabsolvent kein Nobelpreisträger. Hier des Schicksals Wink mit dem Zaunpfahl nicht hören zu wollen, kann ein Leben in die Sackgasse manövrieren. Diese Feststellung soll natürlich nicht zur billigen Ausrede dienen: »Ich habe eben zwei linke Hände, also muss ich den Wasserhahn nicht reparieren.« Manche Talente schlummern unerkannt, weil sie weder von den Eltern oder Lehrern gefördert noch selbst entdeckt wurden.

FALL 19: Eine 55-jährige Dame begrüßt den Psychiater in seinem Wartezimmer mit den Worten: »Grüß Gott, Herr Kollege!« Das ist in der Psychotherapie unüblich und fällt auf. Frau Dr. T. kommt schnell zur Sache und erzählt dem Psychiater mit Empörung ihre Geschichte. Sie hatte von Kindertagen an den Traum, Ärztin zu werden. »Eine Berufung, wissen Sie, Herr Kollege?« Da das Medizinstudium in ihrer Heimat Ägypten für sie ein schwieriges Unterfangen war, sei sie nach Österreich gezogen. Ihre Eltern, beide Akademiker, und die gesamte Familie hätten ihr abgeraten, da sie nicht sehr sprachbegabt sei und auch sonst nicht die nötigen Voraussetzungen für ein solches Studium mitbringe. Eine Jugendliebe, die sie unbedingt hätte heiraten wollen, verließ sie kurzerhand. Das wäre, so meint sie heute, eine »gute Partie« gewesen.

In Österreich habe sie drei Jahre benötigt, um die Sprache so weit zu lernen, dass sie mit dem Studium beginnen konnte. Schleppend sei es durch das Medizinstudium gegangen, das damals noch keinen Eignungstest kannte. Viele Prüfungen habe sie erst im vierten oder fünften Anlauf geschafft. Langsam sei der Kontakt zu ihrer Familie abgerissen. Sie habe keine Zeit gehabt, Briefe zu schreiben, und obendrein wenig zu berichten. Auch in der Glaubenspraxis habe sie nachgelassen, das habe ihre Mutter gekränkt, die eine gläubige Muslimin gewesen sei. Viele Briefe der Eltern habe sie unbeantwortet liegen gelassen. Mit 33 Jahren habe sie sich in einen zehn Jahre älteren Rechtsanwalt verliebt, der sie vom Fleck weg heiraten wollte. Sie habe aufrichtig geliebt und ihn gebeten, bis zum Ende ihres Studiums zu warten. Da sie aber erst am Ende des ersten Abschnitts gewesen sei und alle klinischen Fächer noch zu absolvieren hatte, habe er schüchtern Zweifel an der Sinnhaftigkeit ihres Unterfangens angemeldet: Sie hätten, so habe er gemeint, ja gemeinsam genug Geld, und außerdem bliebe für die Familiengründung nicht mehr so viel Zeit.

Entrüstet habe sie daraufhin die Verlobung gelöst »Wenn ich mich zwischen meinem Studium und dir entscheiden muss, dann ist die Sache klar. Entweder du liebst mich, wie ich bin, oder wir lassen es. Ich lasse mich doch nicht erpressen!« Noch lange habe der Mann um sie gekämpft, aber sie sei unerbittlich geblieben.

Ungefähr zur selben Zeit habe die Herkunftsfamilie nach 15 Jahren die finanzielle Unterstützung beendet, da Frau T. seit Jahren keinen Brief mehr nach Hause geschrieben habe. Nun habe sie zusätzlich Geld verdienen müssen, um ihren Lebensunterhalt zu finanzieren. Mit 50 Jahren schließlich habe sie es geschafft, zur Doktorin der gesamten Heilkunde zu promovieren. Ihr Vater sei in der Zwischenzeit gestorben, ihre Mutter hochbetagt und dement gewesen, und von ihren Geschwistern habe sie sich vollständig entfremdet. Zu ihrem großen Triumph, der feierlichen Promotion im Festsaal der Universität Wien, sei kein einziger Angehöriger gekommen.
Leider habe auch danach nicht das erhoffte Traumleben begonnen. Sie sei für den »Turnus« (Arzt im Praktikum) in eine Liste eingeschrieben gewesen und vertröstet worden, drei bis fünf Jahre auf den ersten Arbeitsplatz zu warten. Mit Gelegenheitsjobs habe sie sich während dieser Zeit über Wasser gehalten, ihren Doktortitel wie eine Monstranz vor sich her tragend. Schließlich sei es so weit gewesen: Frau Dr. T. durfte als Turnusärztin ihren Dienst beginnen. Doch erschrocken habe sie festgestellt, dass die Kollegen weit mehr konnten und wussten als sie. Einer hatte fünf Jahre als Sanitäter gearbeitet, eine andere als Pflegehelferin – sie wussten sich in einem Krankenhaus viel besser zu bewegen. »Wieso hat mir das niemand gesagt?« Frau Dr. T. habe den Oberarzt nach jedem Patienten gebeten, ihr die Krankengeschichte genau zu erklären. Der habe nach anfänglicher Hilfsbereitschaft zunehmend unwirsch reagiert. Am Abend und in der Nacht habe sie versucht, alle Fälle in ihren Büchern nachzulesen. Trotzdem sei sie nach der Probezeit beurlaubt und in ein anderes Spital versetzt worden. Sie führte es auf den launischen Oberarzt zurück. Am neuen Arbeitsplatz habe sich dasselbe wiederholt.

Sie habe gegen den Krankenhauserhalter prozessiert – und verloren. In der Standesvertretung habe man ihr schließlich gesagt, dass sie leider nicht zur Ärztin geeignet sei und dass sie sich einen anderen Beruf suchen solle. Das war am Tag vor ihrem ersten Besuch beim Psychiater.

ANALYSE: Frau Dr. T. lebt dafür, Ärztin zu sein und als solche Anerkennung zu erfahren. Ihr tragischer Fall zeigt, dass Wollen noch nicht Können bedeutet. Und dass es manchmal sinnvoll sein kann, auf den Ratschlag anderer zu hören. Und dass ein ganzes Leben aus dem Gleichgewicht gerät, wenn man seine körperliche Determiniertheit (dazu gehören die Hirnfunktionen) falsch einschätzt, sich dadurch auf das falsche Ziel festlegt und diesem alles andere opfert. Der Fall zeigt auch, dass es sehr gefährlich ist, wenn der Mensch sein gesamtes Selbstverständnis aus seiner Berufszugehörigkeit schöpft. Frau Dr. T. ist einer Lebenslüge zum Opfer gefallen.

Für unser Temperament können wir nichts

»Temperament« nennt man die Neigung zu bestimmten, charakteristischen Reaktionsweisen, die durch neuronale Synapsenbildung und Netzwerke vorprogrammiert, also in gewisser Weise determiniert sind. Das Temperament sucht man sich nicht aus, das bekommt man in die Wiege gelegt. Das hat die Wissenschaftler von Anfang an fasziniert, weswegen die abenteuerlichsten Typologien entwickelt wurden. Der griechische Naturphilosoph Empedokles etwa ordnete bereits im fünften vorchristlichen Jahrhundert das Wesen der Menschen den Naturelementen Erde, Wasser, Luft und Feuer zu. Je nach Element waren für ihn auch die Reaktionsweisen typisch: Dem Feuer ordnete er Zielstrebigkeit, Ehrgeiz und Engagement zu. Wasser sei das sanfte Element, nachgiebig und weich. Das Luftelement sah er als quirlig, flexibel und veränderungsorientiert. Die Erde steht schließlich für das Festgefügte, Starre und Beständige. Schon diese erste Typologie hat durchaus etwas Lebendiges, Reales. Das mit den Elementen ist natürlich heute nicht mehr so brauchbar, aber erstmals wurde hier anhand von geduldiger Beobachtung festgestellt, dass Verhaltensmuster etwas mit der biologischen Konstitution zu tun haben.

Eine Generation später postulierte Hippokrates seine berühmten vier Körpersäfte: Blut (Sanguis), gelbe Galle (Chole), schwarze Galle (Melanos) und Schleim (Phlegma). Diese vier Säfte seien bei jedem Menschen etwas anders verteilt, weswegen sich die Menschen unterschiedlich verhalten würden. Aristoteles erklärte drei Generationen danach die Unterschiede in den Reaktionsmustern mit Bluttypen: Es gebe leichtes, kaltes, heißes und schweres Blut. Dieses Bild hat sich in der Umgangssprache – »heißblütig« – bis heute erhalten. Auch der scharfsichtige Menschenkenner Fjodor Dostojewski schrieb von schwerblütigen Persönlichkeiten.

Der griechische Arzt und Naturforscher Galen leitete schließlich im zweiten Jahrhundert nach Christus aus den vier Körpersäften des Hippokrates die klassischen vier Temperamente ab: Sanguiniker, Choleriker, Melancholiker und Phlegmatiker. Im Mittelalter war diese Lehre bestimmend, bis Paracelsus im 16. Jahrhundert die Viersäftelehre heftig kritisierte und sie durch die drei Grundsubstanzen Schwefel, Quecksilber und Salz ersetzte. Ziemlich unbrauchbar, übrigens. Seitdem verlor jedenfalls die Lehre von den Temperamenten an Bedeutung, bis sie 200 Jahre später von Immanuel Kant wiederentdeckt wurde. Er fasste zwei Gruppen zusammen: *»Temperamente des Gefühls sind Sanguiniker und Melancholiker, Temperamente der Tätigkeit sind Choleriker und Phlegmatiker.«*

Der deutsch-britische Psychologe Hans Jürgen Eysenck, einer der Begründer der Verhaltenstherapie und starker Kritiker Freuds, verfeinerte im 20. Jahrhundert Galens Archetypen mit einem zweiachsigen Koordinatensystem, das mit einem Fragebogen erfasst wurde. Sein System fand auch den Weg in die Alltagssprache: durch »extravertiert – introvertiert« auf der einen Achse und »stabil – instabil« auf der anderen Achse ließen sich die Persönlichkeitsmerkmale geometrisch darstellen. Der klassische Choleriker zeigt Instabilität und Extraversion, der Melancholiker ist introvertiert und instabil, der Phlegmatiker introvertiert und stabil, der Sanguiniker extravertiert und stabil.

Danach kam noch eine Weiterentwicklung dieses Schemas in fünf Faktoren, die »Big Five« genannt werden: Neben Extraversion werden hier noch Neurotizismus (ängstlich, reizbar, impulsiv), Offenheit für Erfahrungen (wissbegierig, intellektuell, phantasievoll, experimentierfreudig), Verträglichkeit (gutherzig, bescheiden, vertrauensvoll), und Gewissenhaftigkeit (organisiert, sorgfältig, planend, effektiv, verantwortlich, zuverlässig) abgefragt und abgebildet. 2003 konnte eine Forschergruppe um Thomas Bouchard und Matt McGue Anzeichen für eine 42- bis 57-prozentige Erblichkeit dieser fünf Faktoren feststellen. Die geringste Erblichkeit wiesen Verträglichkeit und Gewissenhaftigkeit auf. Das heißt, dass die Kinder etwa zur Hälfte die gleichen Persönlichkeitseigenschaften aufwiesen wie ihre biologischen Eltern. Diese 20-jährige Forschung gehört zu den meistzitierten Publikationen des letzten Jahrzehnts und wurde deswegen so bekannt, weil sie die Theorie von der ausschließlichen Prägung in der Kindheit widerlegt. Dieser hingen sowohl Sigmund Freud an als auch seine erbittertsten Kritiker, die Behavioristen, die davon ausgehen, dass unser Verhalten durch Konditionierung angelernt sei, etwa wie beim Pawlowschen Hund.

In jüngerer Zeit hat Robert Cloninger, Preisträger des Judd Marmor Award 2009 der American Psychiatric Association, aus der Sicht des Genetikers und Psychiaters vier »Dimensionen des Temperaments« herausgearbeitet: Harm Avoidance (Schadensvermeidung), Novelty Seeking (Neugierde), Reward Dependence (Abhängigkeit von Belohnung) und Persistence (Beständigkeit). »Harm Avoidance« deckt ein Spektrum von ängstlich und pessimistisch bis zu aufgeschlossen und optimistisch ab und entspricht in etwa dem Neurotizismus in den Big Five. »Novelty Seeking« steht für impulsiv und hitzig bis zu rigid und schwerfällig und ist ein Äquivalent von Eysencks Extraversion. »Reward Dependence« setzt warm und nach Bestätigung suchend in Gegensatz zu kalt und unnahbar. Erst etwas später postulierte Cloninger die vierte Kategorie: »Persistence«, die das Feld zwischen ausdauernd und ambitioniert und leicht entmutigt, unter den Möglichkeiten bleibend spannt.

Der Fortschritt gegenüber den psychologischen Big Five besteht in der genetischen und neurobiologischen Absicherung, dass das Temperament aufgrund dieser Entdeckungen weitgehend angeboren sein muss. Es konnte nämlich das Dopaminsystem – genauer die Dopamin-D4-Exon-III(D4.7)-Repeat-Region – mit der Achse Novelty Seeking in Verbindung gebracht werden. Diese Entdeckung wurde von zwei Forschungsgruppen unabhängig voneinander gemacht, von Richard Epstein und John Benjamin, und galt als Sensation. Beide Arbeiten wurden zeitgleich im renommierten »Nature Genetics« publiziert. Noch im selben Jahr entdeckte eine weitere Forschungsgruppe um den Deutschen Klaus Peter Lesch den Link zwischen Neuroticism/Harm Avoidance und dem Serotonin-Transmittersystem im Gehirn – einen Serotonin-Transporter(SLC6A4)-Promoter-Region-Polymorphismus (5-HTTLPR). Damit war erstmals die Verbindung zwischen Genetik, Botenstoffen im Gehirn und Persönlichkeitsmerkmalen gelungen – ein Meilenstein in der Geschichte der Persönlichkeitsforschung.

Die vier klassischen Temperamente

Manchmal kann man lesen, wie sehr in der Wissenschaft die Temperamentenlehre als überholt gelte. Das ist etwas vereinfacht. Für die Psychotherapie kann diese Aufteilung immens hilfreich sein, weil es sich um gutbekannte alltagspsychologische Archetypen handelt, mit denen man sich und andere – zum Beispiel den Partner – viel besser verstehen lernt und damit Konflikte entschärfen kann. Kompliziert ist eben nicht immer besser. Wenn man in der Therapie dem Patienten etwas näherbringen möchte, ist der Begriff »Melancholiker« definitiv griffiger als »hohe Reward Dependence«. In dieser Kategorisierung liegt keine moralische Beurteilung, was für die Therapie auch relevant und notwendig ist. Es gibt keine besseren oder schlechteren Temperamente, sondern jedes hat Vorzüge und Nachteile. Der Melancholiker etwa hat Tiefgang, aber neigt zu Schwermut.

Der Sanguiniker ist oft fröhlich, aber mitunter oberflächlich. Der Choleriker hat Durchsetzungsvermögen, ist aber aufbrausend und verletzend. Und der Phlegmatiker ist gleichmütig, aber mitunter auch gleichgültig. Das ist so einfach, dass es ein gutes Koordinatensystem durch die biologisch determinierten Verhaltensmuster der Menschen legt und man therapeutisch recht schnell zu einer Selbsterkenntnis verhelfen kann.

Jeder Mensch ist eine Mischung aus allen vier Temperamenten. Meist ist ein Typus dominant. Für sein Temperament kann man nichts, daran ist man nicht »selber schuld«! Wofür man durchaus etwas kann, ist, was man daraus macht – aber dazu später. Trotzdem scheint der Sanguiniker die PR-Schlacht gewonnen und der Choleriker verloren zu haben. Auch der Melancholiker kommt nicht so gut weg und der Phlegmatiker ist auch nicht gerade der Traumtyp der Werbeindustrie. Wenn ich meine Patienten frage, welcher Typ sie seien, antworten verdächtig viele, sie seien Sanguiniker. Ich mache sie dann mit einem Schmunzeln darauf aufmerksam, dass das jetzt kein Wunschkonzert sei, sondern eine Übung zur Selbsterkenntnis.

Die Temperamente unter der Lupe

Der Sanguiniker ist heiter, lebhaft, kraftvoll, energiereich, schwungvoll und aktiv, nicht besonders nachtragend und recht optimistisch. Er sieht das Glas eigentlich immer halb voll. Weiter kann man ihn als phantasievoll, kreativ, gesprächig und optimistisch beschreiben. Verbesserungswürdig sind hingegen seine Neigungen zu Oberflächlichkeit, Unstetigkeit, Unverlässlichkeit, Leichtfertigkeit, Falschheit, Skrupellosigkeit und mitunter zu Exzessen. Wissenschaft und Bildung sind ihm weniger wichtig als der Spaßfaktor. Der Sanguiniker ist der echte Partytiger, der jeden Smalltalk dominiert. Die Geschichten, die er dabei von sich gibt, müssen nicht unbedingt ganz wahr sein – zumindest übertreibt er gern. Ihm geht es mehr um den Effekt als um präzise Fakten. Er glänzt aus der Ferne, sein Stern verblasst aber oft in der Nähe.

Der Phlegmatiker ist tendenziell unbestechlich, gleichmütig, ruhig und manchmal sogar schwerfällig. Er ist von Natur aus friedliebend, zuverlässig und diplomatisch, wenig streitsüchtig, ausgleichend, treu und unparteiisch. Er glänzt nicht, hat aber auch keine Feinde. Verbesserungswürdig sind seine Neigung zu Gleichgültigkeit, Trägheit, Inaktivität, sein Mangel an Tatkraft und Lebhaftigkeit. Er ist langsam, wenig initiativ und kann aus eigenem Antrieb nur wenig in Angriff nehmen. Ein Phlegmatiker ist oft fad, ein Langweiler, hält aber die Gefühlsausbrüche der übrigen drei Typen gut aus und ist somit für impulsive Persönlichkeiten eine gute Wahl bei der Partnersuche.

Der Melancholiker ist verlässlich, selbstbeherrscht, vernünftig, gewissenhaft, pflichtbewusst, prinzipientreu und genau. Er ist oft künstlerisch begabt, hat Tiefgang, ist ernsthaft, neigt zu Wissenschaft und Bildung. Verbesserungswürdig ist seine Neigung zu Schwermut, Selbstmitleid und Misstrauen. Er sieht das Glas immer halb leer, macht sich viele und deshalb auch unnötige Sorgen, ist von Selbstzweifeln geplagt, mitunter besserwisserisch, kontrollierend, nachtragend, perfektionistisch und pedantisch. Der Melancholiker stellt gerne Regeln auf, die die anderen dann halten müssen. Oft fungiert er als moralinsaure Spaßbremse. Mit einem melancholischen Freund können Sie, wenn Sie Sanguiniker sind, nur schwer in der Wiener Innenstadt spazieren gehen, weil der tatsächlich an jeder roten Ampel stehen bleibt und beflissen wartet, bis der leblose Apparat ihm Erlaubnis gibt, die leere Straße zu überqueren.

Der Choleriker wiederum ist willensstark, durchsetzungskräftig, dominant, verlässlich, direkt, ohne Falsch, ein »grader Michl«, furchtlos, entschlossen, zielstrebig. Er neigt zu sofortigen und damit manchmal wenig überlegten und übertriebenen Reaktionen. Er ist zwar aufbrausend, kühlt aber auch schnell wieder ab. Bei ihm kennt man sich immer aus. Da ist er wie ein Sommergewitter: kurz ganz heftig, und wenig später wieder Sonnenschein, »als ob nichts gewesen wäre«. Wollen Sie ein Haus bauen oder einen Verein gründen: Lassen Sie ihn nur machen. Verbesserungswürdig ist seine Neigung zu Jähzorn, Rücksichtslosigkeit und zur Skrupellosigkeit, denn er kann über Leichen gehen.

FALL 20: Aus dem engsten Familienkreis des Psychiaters kann hier über eine nunmehr Dreijährige berichtet werden, die eine Parade-Cholerikerin ist. Es ist ein Genuss, sie mit ihrer Mutter – ebenfalls stark cholerisch, das kann der Psychiater bezeugen, denn er hat sie als seine jüngere Schwester »erzogen« – um einen Sessel streiten zu sehen, obwohl es noch fünf andere gibt. Sie kam zur Welt – und war cholerisch. Das kann nur genetisch sein, denn so schnell kann man gar nicht erziehen. Sie hat das in direkter Erbfolge von ihrem Großvater mütterlicherseits. Von dem wurde übrigens der Psychiater erzogen. Dessen Vater – Großvater des Psychiaters – war ebenfalls cholerisch, aber noch wilder war dessen Vater, der Urgroßvater des Hauptpersönchens und

Urgroßvater des Psychiaters, der angeblich mit 90 Jahren noch Wutanfälle hatte, bei denen er über einen Meter hoch springen konnte.
Unsere kleine Heldin jedenfalls hat durch ihre Gene die Fähigkeit, ihre Linie kompromisslos durchzusetzen und ihre Umgebung weitreichend zu gestalten. Sie bestimmt, wer sie wie lange tragen darf. Und wer nicht. Der Psychiater darf manchmal. Sie informiert ihren Großvater regelmäßig, dass er sie jetzt zu schaukeln habe. Der ist ihr hörig. Ihr erstes willentlich gesprochenes Wort war »Nein!«, und davon macht sie bis heute reichlich Gebrauch. Ihr Spitzname ist »Königin« – der wird aber aus pädagogischen Gründen vor ihr geheim gehalten. (Der Spitzname ihrer Mutter war übrigens analog dazu »Kommandantl«). Die Königin ist sogar auf Fotos cholerisch. Kürzlich beim Abendgebet betete sie fromm für ihre Mutter, dass diese nicht immer »so falsch« mit ihr reden solle – also stimmige Erziehungsmaßnahmen setzen, die Ihrer Majestät aber nicht so schmeckten.

ANALYSE: Sie wird ihren Weg machen. Wie gut, dass sie von Cholerikern erzogen wird.

Für unsere Erziehung können wir auch nichts

»Nature or nurture« lautet die Frage, die in der Wissenschaft in vielen Zusammenhängen immer wieder gestellt wird: Natur oder Erziehung? Anlage oder Umwelt? Wie bedeutsam ist die Rolle der Umwelt für die Persönlichkeitsentwicklung? In den 70er und 80er Jahren des vergangenen Jahrhunderts war die Idee wieder einmal in Mode, der Mensch sei vollständig von seiner Umwelt geprägt. Diese Vorstellungen sind nicht neu: Die »Tabula rasa«-Diskussion findet sich schon bei den alten Griechen. Der Mensch beziehungsweise seine Vernunft ist nach dieser Vorstellung ein unbeschriebenes Blatt, das eben erst durch die Umwelt wird, was es ist. Auch in der frühen Neuzeit kam diese Überzeugung wieder in Mode – besonders prominent etwa im Empirismus eines John Locke. Diese Radikalposition ist jedoch durch die moderne genetische Verhaltensforschung, insbesondere durch die bereits dargestellten Forschungen von Robert Cloninger, obsolet, obwohl bis heute manche Ideologen weiter recht krude Theorien konstruieren, beispielsweise beim Thema Geschlechtsidentität. Auch da behaupten ja manche, zum Beispiel die amerikanische Gendertheoretikerin Judith Butler, entgegen der empirischen Datenlage noch immer mit Simone de Beauvoir, dass das Geschlecht reine Erziehungssache sei.

Aber zurück zur ernsthaften Wissenschaft: Viktor Frankl wehrte sich stets gegen alle Ansätze, die das Leben eines Menschen als logische Konsequenz seiner Kindheitserlebnisse und Kindheitstraumata definieren. Wenn für jeden Mist, den jemand baut, nur die Umwelt verantwortlich ist, macht das den Betroffenen auch nicht glücklicher. So sagte Frankl einmal den Häftlingen des berüchtigten amerikanischen Hochsicherheitsgefängnisses St. Quentin ganz direkt, dass sie an ihrer gegenwärtigen Situation selber schuld seien. Keiner von ihnen sei zwangsläufig hinter Gittern gelandet, weil er durch die Gesellschaft so gemacht wurde. Die Häftlinge applaudierten ihm am Schluss begeistert und erleichtert, da sie immer nur gehört hatten, die Gesellschaft habe sie verpfuscht. Sie begriffen mit den Franklschen Thesen, dass sie tatsächlich Freiheit und Handlungsspielraum besitzen.

Eine interessante Kombinationstheorie bietet der Individualpsychologe Fritz Künkel, der in seinem überzeugenden Werk »Einführung in die Charakterkunde« die Faktoren »endogen« und »exogen« weiter in Beziehung setzt. Er geht von einer genetischen, angeborenen vitalen Stärke oder Schwäche aus, die auf eine rauhe oder weiche Umwelt trifft. Die vitale Stärke ist der Umwelt prinzipiell gewachsen, sie verkörpert Aktivität und Extraversion, während die vitale Schwäche der Umwelt eben nicht gewachsen ist: Passivität und Introversion sind hier das normale Interaktionsmuster. Zu dieser Konstitution gesellt sich jetzt der Umwelteinfluss, der sich zwischen den Extremen »rauhe Umgebung« (strenge, verhärtende, vernachlässigende Erziehung) oder »weiche Umwelt« (weiche, verzärtelnde, verwöhnende Erziehung) entfaltet.

Aus diesem Konstrukt ist letztlich auch das moderne Konzept der Persönlichkeitsstörungen abzuleiten. Bei beiden international gebräuchlichen Klassifikationssystemen psychischer Krankheiten, dem der Weltgesundheitsorganisation (WHO) und jenem der US-amerikanischen Gesellschaft für Psychiatrie, wird eine Persönlichkeitsstörung als tiefgreifendes Verhaltensmuster definiert, das so gravierend ausgeprägt ist, dass es unangepasst, unflexibel und unzweckmäßig ist. Als Persönlichkeitsstörung – früher wurde das Wort »Psychopathie« verwendet – wird heute also etwas bezeichnet, das unfrei macht, bloße Reaktionsmuster hervorbringt, in festgefahrenen Bahnen agieren lässt ohne die Möglichkeit, sich durch Verhaltensmodifikation besser anzupassen und Vorteile zu erwerben. Was die oben zitierten Gerhard Roth und Wolf Singer – beide sind keine Psychiater – verwechseln, ist die Unfreiheit einer psychisch gestörten mit der begrenzten Freiheit einer normalen Persönlichkeit.

Die amerikanische Klassifikation (DSM-IV-TR) teilt zehn Persönlichkeitsstörungen in drei Cluster ein. Den Cluster A, die paranoide, schizoide, schizotypische Persönlichkeitsstörung, kann man dem phlegmatischen Temperament zuordnen. Umwelteinflüsse wie Erziehung, Peergruppe und Kindheitstraumata können das phlegmatische Kind auf diese pathologischen Entwicklungsschienen verschieben. Innerhalb des Clusters B sind die histrionische und die Borderline-Störung krankhafte und unfreie Fehlentwicklungen des sanguinischen Temperaments, während die narzisstische und dissoziale Persönlichkeitsstörung dem cholerischen Temperament entspringen. Der Cluster C, das sind die selbstunsicheren, dependenten und zwanghaften Persönlichkeitsstörungen, entwickelt sich am ehesten aus dem melancholischen Temperament.

Natürlich sind das keine hundertprozentigen Zuordnungen, denn sowohl die Temperamente als auch die Persönlichkeitsstörungen sind Konstrukte mit fließenden Grenzen – und die Wirklichkeit ist wesentlich bunter. Aber klar ist, was Künkel schon im vorigen Jahrhundert entdeckt hat: Die Umwelt kann nur prägen, was von Natur aus – also genetisch bestimmt – schon da ist. Keine Erziehung kann ein cholerisches Kind phlegmatisch machen. Wohl aber können Eltern ein melancholisches Kind durch übermäßige, ängstliche Kontrolle in die Zwanghaftigkeit treiben oder es andererseits durch eine klare und gelassene Erziehung lehren, mit seinem Temperament richtig umzugehen, um an Freiheit zu gewinnen. Gleichermaßen können die Eltern das sanguinische Kind Wahrhaftigkeit und Nüchternheit lehren oder es andererseits durch übermäßige Bewunderung in die Selbstdarstellung treiben. Bei phlegmatischen Kindern kann die soziale Kompetenz gefördert werden, bei cholerischen die Zügelung des überschäumenden Gemüts. Gelungene Erziehung führt zur Freiheit in Verantwortung, zum gelungenen Umgang mit dem eigenen Temperament.

Viele Patienten – vor allem, wenn sie zu viel psychoanalytische Trivialliteratur konsumiert haben – überschätzen aber die Prägekraft der Umwelteinflüsse in der Kindheit. Manche kommen zum Psychiater und beginnen noch vor der Auftragsklärung – das heißt der Erklärung, was sie denn überhaupt vom Fachmann wollen – mit ihren Kindheitserinnerungen. Dass Ereignisse vor 40 oder mehr Jahren ihr heutiges Problem verursacht haben, steht für sie so zweifelsfrei fest, dass daran nur mit Mühe zu rütteln ist.

FALL 21: Der 55-jährige Frühpensionist Helmut S. kommt »nur für ein paar Therapiestunden« in die psychiatrische Praxis, um herauszufinden, ob der Psychiater ihm noch etwas Neues sagen könne. Er sei bereits sieben Jahre in Psychoanalyse gewesen, natürlich orthodox, dreimal pro Woche, liegend, und wisse im Grunde alles über sich.

Bei unserem Psychiater nimmt er dann doch mit der sitzenden Position vorlieb – und der Psychiater darf ihm auch ins Gesicht sehen. Herr S. sei wegen einer Sozialphobie seit zehn Jahren in Pension, da er in seiner Kindheit von seinen Eltern traumatisiert und in seinen Gefühlen verletzt worden sei. Sie hätten immer sein Selbstwertgefühl untergraben, ihm zu wenig Beachtung geschenkt, ihm nie genug Wärme und Urvertrauen geben können. Und auch von seinen Geschwistern sei er traumatisiert worden – er habe letztlich zu viele davon gehabt und sei der Jüngste gewesen. Bei so vielen Ge-

schwistern bleibe immer einer übrig. Und das wäre eben er gewesen. Die anderen hätten ihn immer wieder »sekkiert«, ihn also regelrecht gemobbt, und ihn mit seinen Gefühlen nicht annehmen können. Er sei der unterste in der Hackordnung gewesen, das habe er mit seiner Analytikerin recht genau erarbeitet. Dass man da eine Sozialphobie bekomme, sei ja kein Wunder.
Helmut S. habe im Laufe der Analyse den Kontakt mit den Geschwistern vollkommen abgebrochen, weil sie ihre Schuld auch nach ausführlicher Erklärung seinerseits nicht hätten einsehen können. »Da bleibt einem nichts anderes übrig – bei so viel Sturheit. Ein weiterer Kontakt hätte mir nicht gutgetan.« Die Therapeutin habe gemeint, dass er dadurch noch heute von seinen Geschwistern traumatisiert werde – und retraumatisiert, und das sei noch schlimmer. Allerdings gehe es ihm seit der Trennung auch nicht besser. Letztlich sei er auch von seinen Großeltern mütterlicherseits traumatisiert worden, die in der Nähe der Ursprungsfamilie lebten. Die hätten ihm nie etwas zugetraut und ihm die Wärme nicht geben können, die so ein Enkelkind brauche. Im Wahrnehmen von Bedürfnissen seien die nie gut gewesen. Solche Ängste, die so in der Kindheit verursacht würden, die bekomme man natürlich in seinem Alter nicht mehr in den Griff. Er gehe nur mehr ganz selten aus dem Haus. Seine Frau und er könnten wegen seiner Krankheit keine Besuche empfangen.

ANALYSE: Helmut S. ist durch Fremdbeschuldigung und Selbstmitleid derart gefangen, dass er seit 40 Jahren dieselben Symptome spazieren trägt. Der Psychiater meldet ihm rück, dass er ihn als unversöhnt und verbittert erlebe. Der Mann ist erstaunt: Das habe er in sieben Jahren Analyse noch nie gehört! Die beiden arbeiten in den nächsten Wochen daran, den Kontakt mit den Geschwistern wiederaufzunehmen und eine Versöhnung anzupeilen. Die Sozialphobie ging merklich zurück.

Die menschliche Schwäche

Heiko Ernst beschrieb die Neigung des Menschen zu den »sieben Todsünden«, die nebenbei bemerkt in der Theologie »Hauptsünden« oder »Wurzelsünden« genannt werden. Die Neigung selbst ist nicht frei gewählt, also als solche und ohne Realisierung (»in Gedanken, Worten und Werken«) auch nicht schuldhaft. Zur Erinnerung: Wir sprechen von Neid, Zorn, Trägheit, Wollust, Hochmut, Völlerei und Habsucht. Sie sind aufeinander bezogen und miteinander verwoben. Sie potenzieren sich. Aus ihnen quellen, wie Ernst feststellt, andere Verhaltensweisen hervor, die auch nicht gerade sympathisch sind: *»Lügen, betrügen, intrigieren, heucheln, quälen, stehlen, morden …«* Jede dieser sieben menschlichen Schwächen reduziert die ohnehin nicht sehr große Freiheit des Menschen zusätzlich. Die Brauchbarkeit dieses Katalogs, den Heiko Ernst für die Psychowelt aus der Versenkung geholt hat, ist offensichtlich.

Nicht jeder Mensch neigt zu den gleichen Defekten. Jeder hat seine eigenen Schwächen und Fehler. Sicherlich haben diese sowohl mit den Temperamenten als auch mit der Erziehung zu tun. Der Sanguiniker neigt wahrscheinlich weniger zu Neid, dafür zu Völlerei und Wollust. Der Choleriker ist weniger träge als zornig. Dem Melancholiker hingegen sind Neid und Habsucht näher. Schließlich neigt der Phlegmatiker zur Trägheit, doch ist ihm Zorn fremd.

Auch die Erziehung spielt eine Rolle: Man kann sicherlich Neid lernen beziehungsweise anerzogen bekommen. Ebenso Wollust. Die heutigen »Sünder« sind beim augenzwinkernden Heiko Ernst übrigens keine tragischen Gestalten mehr, die ihren Leidenschaften und Lastern verfallen sind und für die Dante infernalische Strafen ersann. *»Sie treten heute als Light-Version der Sünde in Erscheinung, als Konsumdeppen und Schnäppchenjäger, als Neidhammel, als Choleriker und Streitsüchtige, als Puffgänger und Pornokonsumenten, als fettsüchtige XXL-Fresser (›horizontal Herausgeforderte‹), als Couch-Potatoes oder als sonnenstudiogebräunte Selbstdarsteller.«* Was alle diese Figuren gemeinsam haben, ist die Blockade im Ist-Zustand. Sie können nicht raus. Möglich machen das Selbstbetrug und ein Mangel an kritischer Selbsterkenntnis.

Wohlgemerkt: Die bloße Neigung zu der einen oder anderen »Todsünde« ist durch Gene und Umwelt bestimmt. Der Neidhammel sucht sich seine Schwäche ebenso wenig aus wie der Fettsüchtige oder der Konsumdepp. Ob man allerdings dieser Neigung nachgibt oder nicht, ist das Thema des nächsten Kapitels. Der Psychoanalytiker Albert Görres meint, es gebe sehr wohl eine Willensschwäche, die außerhalb der Verantwortung stehe. *»Es ist aber auch möglich, dass der Wille seine eigene Schwäche, sei sie vorgeblich oder wirklich, bejaht und von den ihm an sich zugänglichen Motiven, die ihm Kraft geben würden, wegsieht.«* Man muss auch wollen wollen! Jeder Psychiater kann ein Lied davon singen, dass die meisten Menschen ein Leben lang gegen dieselben Fehler ankämpfen müssen. Entscheidend ist nicht, ob der Mensch schon wieder in die gleiche Grube fiel, sondern wie ernsthaft er entschlossen und bemüht ist, morgen nicht hineinzufallen. Ob er also resigniert vor der eigenen Schwäche (»eh schon wurscht«) oder ob er gegen die ihm vertraute Neigung ankämpft.

Eine besondere Form der menschlichen Willensschwäche ist die Sucht. Die österreichische Popgruppe »Erste Allgemeine Verunsicherung« (EAV) hat dieser eine psychologische Studie in Form des Lieds »Morgen« gewidmet, die hier Würdigung verdient – quasi eine »Hymne der gebrochenen Vorsätze«:

»Ich wach auf am Nachmittag,
der Sodbrand ist enorm.
Ja, gestern war ich wieder gut in Form!
Im Gaumen sitzt der Belzebub, das Aug ist dunkelrot,
die Hypophyse spielt das Lied vom Tod!
Während ich mich übergeb,
schwör ich mir ferngesteuert:
Sofern den Tag ich überleb, es wird nie mehr gefeiert!

Refrain: Weil morgen, ja morgen,
fang ich ein neues Leben an!
Und wenn net morgen, dann übermorgen
oder zumindest irgendwann
fang ich wieder ein neues Leben an!

Doch wie ich um die Eck'n kumm,
seh ich mein Stammlokal
und wieder hab ich keine and're Wahl.
Der Franz, der Jo, der Ferdinand san a scho wieder do.
Ja, was macht denn schon ein Achterl oder zwo!
Beim fünften Achterl quält mich noch
der Gewissensbiss.
Doch was soll's, wenn dieser Tag sowieso
verschissen is!

Refrain: Doch morgen, ja morgen,
fang ich ein neues Leben an!
Und wenn net morgen, dann übermorgen
oder zumindest irgendwann
fang ich wieder ein neues Leben an!

ZUSAMMENFASSUNG: Da der Mensch ein leibliches Wesen ist, ist er in vielem begrenzt, gefangen und unfrei. Gene, Umwelt, Triebe, Temperament, Traumata, Augenfarbe, Geschlecht, Eltern und Muttersprache suchen wir uns nicht aus. Auch die bloße Neigung zu sozial unerwünschten Eigenschaften (bei Heiko Ernst die »Todsünden«) sind vorgegeben. Irgendwie ist es ja auch sympathisch, wie schwach der Mensch ist.

5. Kapitel

Die Neurobiologie der Freiheit

Richard York auf der Couch

In der wissenschaftlichen Diskussion, die im vorigen Kapitel skizziert wurde, gibt es zwei extreme Standpunkte, die im Laufe der Geschichte immer wieder – teilweise mit Vehemenz – vertreten wurden. So sagen die einen, der Mensch sei ganz frei, er müsse nur richtig wollen. Die anderen wiederum meinen, wir seien determiniert und in unseren Neuronen gefangen, und jede Freiheit sei Trug. Nach all den in Kapitel 4 aufgezählten wissenschaftlichen Fakten zur Unfreiheit des menschlichen Handelns durch Gene und Umwelteinflüsse müssen wir uns nun ernsthaft fragen, ob der Mensch auf seine eigenen Lebensvorgaben noch einen gewissen Einfluss hat. In der Praxis zeigt sich zweierlei: Die Selbsterkenntnis des eigenen Temperaments ist tatsächlich »der beste Weg zur Besserung«. Überdies können wir uns mit zunehmendem Alter immer mehr selbst aussuchen, wer und was uns wie beeinflusst. William Shakespeare hat in seinem Drama »Richard III.« die freie Entscheidung eines Menschen skizziert, böse zu sein. Also das zu tun, was sein eigenes Gewissen als böse beurteilt.

Richard, Herzog von Gloucester, ist gemeinsam mit seiner Familie, dem Hause York, gegen das Haus Lancaster im intriganten und grausamen »Rosenkrieg« um den englischen Thron verstrickt. York und Lancaster sind übrigens Zweige des Hauses Plantagenet, die konkurrierenden Familien sind obendrein verwandt. 19-jährig avanciert Richard zum Helden seines Clans, weil er König Heinrich IV. und dessen Sohn, Kronprinz Edward aus dem Hause Lancaster, in einer der Bürgerkriegsschlachten umbringt. Richards zehn Jahre älterer Bruder besteigt daraufhin als König Edward IV. den Thron. Frieden stellt sich ein, der Rosenkrieg scheint zugunsten der Yorks beendet. Hier lernen wir nun den Patienten kennen.

Richard ist – zu Therapiebeginn – ein angesehener Königsbruder am Hofe. Er gehört mit seinem um drei Jahre älteren Bruder George, dem Herzog von Clarence, zum königlichen Clan. Sein Bruder, der König, ist zwar erst 40 Jahre, doch kränklich und siech. Als Thronfolger wird nach englischem Recht dessen 13-jähriger Sohn Eduard folgen, zweiter in der Erbfolge wäre dessen jüngerer Bruder, der 11-jährige Richard. George wird deren Vormund, falls der König vor der Volljährigkeit seiner beiden Söhne stirbt. Alles geklärt, alles in bester Ordnung. Eine problemlose Zeit setzt ein, geprägt durch vergnügte Feste und rauschende Bälle. Unser Patient kann das alles durchaus wertschätzen: *»Nun ward der Winter unsers Missvergnügens glorreicher Sommer durch die Sonne Yorks; die Wolken all, die unser Haus bedräut, sind in des Weltmeers tiefem Schoß begraben. Nun zieren unsre Brauen Siegeskränze, die schart'gen Waffen hängen als Trophä'n; aus rauhem Feldlärm wur-*

den muntre Feste, aus furchtbar'n Märschen holde Tanzmusiken. Der grimm'ge Krieg hat seine Stirn entrunzelt, und statt zu reiten das geharn'schte Roß, um droh'nder Gegner Seelen zu erschrecken, hüpft er behend' in einer Dame Zimmer nach üppigem Gefallen einer Laute.«

Aber Richard entdeckt in sich eine Unzufriedenheit, kommt zur Erkenntnis, dass ihm der Friede nichts gibt. Er droht in die Bedeutungslosigkeit der höfischen Lauheit zu versinken. Krieg und Intrige gehen ihm ab, denn da konnte er einst seine Intelligenz und seinen Wagemut beweisen. Wie er da geglänzt hat! Seinem Psychotherapeuten gegenüber ist Richard ganz offen: *»Doch ich, zu Possenspielen nicht gemacht, noch um zu buhlen mit verliebten Spiegeln; ich, roh geprägt, entblößt von Liebesmajestät, vor leicht sich dreh'nden Nymphen mich zu brüsten; ich, um dies schöne Ebenmaß verkürzt, von der Natur um Bildung falsch betrogen, entstellt, verwahrlost, vor der Zeit gesandt in diese Welt des Atmens, halb kaum fertig gemacht, und zwar so lahm und ungeziemend, dass Hunde bellen, hink' ich wo vorbei.«* Es zeigen sich – so eine erste Analyse – eine erhebliche Selbstwertproblematik und eine beachtliche Körperschemastörung. Der Therapeut weiß natürlich, dass ein 30-jähriger Mann, der von der Frauenwelt kein positives Feedback bekommt, in der Gefahr ist, wirklich in eine schwere Depression abzurutschen. Der Triebstau ist zudem gefährlich, das funktioniert ja bekanntlich wie bei einem Dampfkessel. Unser Patient leidet an einem Minderwertigkeitskomplex.

Wie um das zu bestätigen, fährt Richard fort: *»Ich nun, in dieser schlaffen Friedenszeit, weiß keine Lust, die Zeit mir zu vertreiben, als meinen Schatten in der Sonne spähn und meine eigne Missgestalt erörtern; und darum, weil ich nicht als ein Verliebter kann kürzen diese fein* *beredten Tage, bin ich gewillt, ein Bösewicht zu werden und Feind den eitlen Freuden dieser Tage.«* Da lächelt der einfühlsame Therapeut gütig und vielleicht auch ein wenig mitleidig: »Herr York! Das Böse? Aber das gibt es doch gar nicht mehr ... Hören Sie auf, sich selbst abzuwerten und negativ zu attribuieren. Davon haben Sie auch nichts. Sie sind okay! Ich übrigens auch. Es ist gut, dass es Sie gibt. Spüren Sie in sich hinein, was so Ihre Bedürfnisse sind. Ich nehme an Ihnen den Wunsch wahr, beachtet zu werden. Das ist okay! Jeder Mensch möchte beachtet werden. Sie erhalten offensichtlich zu wenig Beachtung. Wie können Sie zu mehr Beachtung kommen?« Der Therapeut hat sich bei dieser flammenden Rede aufgesetzt und dem Patienten tief in die Augen geschaut. Es ist schon wichtig, dieses negative Selbstbild zu korrigieren und die Selbstabwertung zu beenden. Wo hat der Patient das überhaupt her? Da müsste man noch genauer in der Kindheit nachsehen. Richard hört dem Therapeuten ruhig und aufmerksam zu. Die Meinung des Therapeuten ist ihm zwar immer wichtig gewesen, aber die jetzt ausgesprochenen Worte erachtet er als geradezu wegweisend! Richard dankt dem Therapeuten für die inspirierende Analyse seines Seelenzustands und beendet die Therapie.

Richards Bedürfnisse sind ihm seit der letzten Therapiestunde sonnenklar: der Thron, die Macht und eine fesche Königin an seiner Seite. Des Königs Tage sind gezählt, nur die zwei unmündigen Teenager und der naive Bruder George stehen als Thronanwärter noch im Weg. Der Therapeut hat recht: Warum sich selbst ständig runtermachen, statt sein eigenes Schicksal in die Hand nehmen? *»Anschläge macht ich, schlimme Einleitungen, durch trunkne Weissagungen, Schriften, Träume, um meinen Bruder Clarence und den König in Todfeind-*

schaft einander zu verhetzen. Und ist nur König Eduard treu und echt, wie ich verschmitzt, falsch und verräterisch, so muss heut Clarence eng verhaftet werden für eine Weissagung, die sagt, dass »G« den Erben Eduards nach dem Leben steh.« Aufgrund der gelungenen Intrige lässt der König seinen Bruder George, den Herzog von Clarence, in den Tower werfen. Dort lässt Richard ihn schnell beseitigen, ehe der König – um kurz vor seinem Tod sein schlechtes Gewissen zu beruhigen – ihn wieder begnadigen kann.

Aus Machtgründen heiratet Richard in der Zwischenzeit Anne, die 27-jährige Witwe des von ihm ermordeten Kronprinzen Edward aus dem verfeindeten Hause Lancaster. Nach dem erwarteten Tod seines Bruders, des Königs Edward IV., lässt Richard als Vormund seine thronberechtigten Neffen Edward und Richard, den Herzog von York, in den Tower von London werfen und beseitigen. Zur Erhaltung seiner Herrschaft wäre es für Richard jetzt besser, mit deren 17-jähriger Schwester Elisabeth, der Tochter Edwards IV., verheiratet zu sein. Also lässt er kurzerhand seine Gattin Anne auf dem Scheiterhaufen verbrennen. Er wirbt um seine Nichte Elisabeth, während Anne noch in den Flammen um ihr Leben schreit. Ein paar weiteren Leuten missfällt der neue Stil, auch sie müssen leider beseitigt werden. Schlussendlich hat Richard doch seine Bedürfnisse befriedigt: Er ist König mit einer jungen, gebärfähigen Königin an seiner Seite. Man kann unumwunden feststellen, dass er seinen Minderwertigkeitskomplex überwunden hat. Die Therapie war erfolgreich, wenn auch für eine ganze Reihe von Menschen eher ungesund. Aber das geht ja den Therapeuten nichts mehr an.

Um Grenzen und Möglichkeiten der eigenen Freiheit in der Selbsterfahrung auszuloten, genügt uns schlichten Gemütern zunächst ein einfaches Experiment. Stellen Sie sich doch bitte den Wecker morgen früh auf fünf Uhr – und stehen Sie auf! Falls Sie das bereits täglich tun, dann eben um drei. Falls Sie wiederum das täglich tun, dann kann ich Ihnen nicht mehr helfen. Vermutlich werden Sie bei der Durchführung unseres Experiments bemerken, dass es mit der menschlichen Freiheit nicht so weit her ist. Die Biologie hat uns fest im Griff. Um fünf Uhr morgens sind wir oftmals tatsächlich hilflos determiniert. Doch irgendwann – beim einen früher, beim anderen später, beim dritten sehr viel später – gibt es einen Punkt, wo man sich ein Herz nimmt, mit heroischer Entschlossenheit, Todesverachtung und zusammengebissenen Zähnen die Decke vom Leib reißt und die müden, gequälten Glieder auf den Fußboden gleiten lässt. Eine Restfreiheit blitzt auf! Wichtig ist dabei, nicht zu viel nachzudenken. Denn das empathische »Nur noch ein bisserl« oder das schlaue »Wenn ich mich jetzt ausschlafe, bin ich den ganzen Tag leistungsfähiger« oder das hinterfotzige »Ich schlafe ja gar nicht mehr, ich denke nur liegend nach« sind so die Texte, die uns von Walt Disneys kleinem Teufelchen ins Ohr geflüstert werden, das bei seinen Figuren immer auf der einen Schulter sitzt, während das Engelchen auf der anderen Seite eifrig an die Vernunft appelliert. Irgendwann hören wir dann auf das Engelchen, es baut sich der eigene Wille auf, überwindet den »inneren Schweinehund« und initiiert die Handlung, die keinem normalen Menschen Spaß macht. Die Schlacht ist gewonnen. Der Mensch ist schlussendlich aufgestanden – gegen seine eigene Biologie. Letztlich aus dem einfachen Grund: weil er es wollte. Fazit: Er ist doch ein klein wenig frei – aber nicht so glorreich, wie er das selber gerne hätte. Wie der unfreie Wolf Singer und der determinierte Gerhard Roth morgens aufstehen, ist mir übrigens schleierhaft.

Das Versagen der Selbstkontrolle – der Mensch bleibt trotz aller guten Vorsätze im warmen Bett liegen – ist wahrlich kein neues Phänomen, aber es gibt manche Anzeichen, dass es sich in unserer Wohlstandsgesellschaft häuft. Heiko Ernst etwa analysiert zeitkritisch, dass die Epidemie des Selbstkontrollversagens schon zunehmend zum Thema der Sozialwissenschaften wird: *»Nahezu alle problematischen – antisozialen und unmoralischen – Verhaltensweisen lassen sich als Versagen oder Unterentwicklung der Selbstkontrollfähigkeit erklären. Todsünden lassen sich als Schwäche und Schwächung zugleich beschreiben: Wir werden schwach angesichts vielfältiger Versuchungen, und unsere Widerstandskräfte, unsere ›moralischen Muskeln‹, werden systematisch geschwächt.«*

Auf den Helden dieses Kapitels, Richard York, angewandt, können wir unumwunden sagen, dass Richard auch anders gekonnt hätte. Wenn er gewollt hätte. Er hätte das alles eben nicht so tun müssen, wie er es getan hat. Er hat sich frei dazu entschieden, ein »Bösewicht« zu sein, das heißt, sich gegen seine eigenen moralischen Prinzipien zu stellen.

Was sagt jetzt die Neurowissenschaft zu unserem Fünf-Uhr-Morgen-Experiment? Robert Cloninger, der die Lehre von den Temperamenten durch seine genetischen Studien auf eine valide Basis gestellt hat, hat im Rahmen seiner späteren Forschungen festgestellt, dass Patienten mit Persönlichkeitsstörungen sich in seinem Temperamentstest nicht von Normalpersonen in ihren Persönlichkeitsmerkmalen unterschieden. Das bedeutet, dass die Testpsychologie der Temperamente noch nicht krank von gesund unterscheiden kann, unfrei von frei, reife Persönlichkeiten von unreifen. Im Rahmen seiner Forschungen fand der Wissenschaftler heraus, dass die vier Dimensionen des Temperaments in erster Linie die phylogenetisch ältesten Hirnareale, nämlich das kortikostriatale und das limbische System, abbilden. Deshalb erarbeitete er zusätzlich die »drei Dimensionen des Charakters«: innere Ordnung (Self-Directedness), Kooperationsfähigkeit und Selbsttranszendenz. Sie repräsentieren die phylogenetisch jüngeren Hirnareale, nämlich den frontalen, temporalen und parietalen Neokortex. Diese Hirngebiete erst unterscheiden den Menschen vom Affen. Sie machen den Menschen zu dem, was er ist.

Die Dimension der inneren Ordnung unterscheidet bei Cloninger »verlässlich« und »sachlich« von »beschuldigend« und »planlos«, die Kooperationsfähigkeit kennzeichnet Eigenschaften wie »tolerant«, »hilfsbereit«, »teamfähig« im Gegensatz zu »voreingenommen« und »rachsüchtig«, während Selbsttranszendenz »selbstvergessen« und »spirituell« im Kontrast zu »selbstbezüglich«, »ichhaft« und »materialistisch« meint. Ordnung ist hier das Schlüsselwort, denn Kooperationsfähigkeit ist die Ordnung in den Beziehungen – Selbsttranszendenz entspricht der Einordnung in ein kosmisches Ganzes.

Damit ist vor allem eines gesagt: Der Mensch ist aus naturwissenschaftlicher Sicht letztlich doch frei. Er hat mit dem Neokortex das Potenzial zur Selbstprägung bekommen, das Potenzial, in sich und um sich herum Ordnung zu verwirklichen – oder eben nicht. Und genau darin besteht ja die Freiheit des Menschen. Während seine Neigung zu Schadensvermeidung, Neugierde und Abhängigkeit von Belohnung größtenteils genetisch geprägt ist (Dimensionen des Temperaments), ist es seine persönliche Entscheidung, ob er selbstvergessen, hilfsbereit und tolerant handeln will oder eher fremdbeschuldigend, voreingenommen und rachsüchtig (Dimensionen des Charakters).

Hier ist plötzlich wieder – inmitten von trockenen Forschungsdaten – die Schuldfähigkeit des Menschen neurobiologisch dokumentiert. Zwischen grauen Ordnern von komplizierten statistischen Untersuchungen taucht plötzlich glasklar die Freiheit des Menschen auf, die menschliche Fähigkeit, sein Schicksal in die Hand zu nehmen, seinen Charakter zu formen. Und auch der Mut zur Selbsterkenntnis – keiner gibt gerne zu, fremdbeschuldigend, voreingenommen und rachsüchtig zu sein – ist letztlich ein freier Willensakt, der die unangenehmen Einsichten aus dem Halbdunkel des Bewusstseins holt oder ins Unbewusste versenkt. Während die vier Dimensionen des Temperaments einen genetisch-biologischen Ist-Zustand dokumentieren, sind die drei Dimensionen des Charakters unserem freien Willen zugänglich. Ist also doch »jeder seines Glückes Schmied«, wie ein altes Sprichwort weiß?

FALL 22: Ein hochherziger 45-jähriger cholerischer Familienvater von drei pubertierenden Kindern läuft am frühen Nachmittag aus dem Haus, um mit dem Fahrrad eine wichtige und dringende Besorgung zu machen. Doch das Rad ist weg! Das Fahrrad des Sohnes hat zudem einen Platten, die Tochter ist erlaubterweise mit dem Auto unterwegs. Ein Wutanfall kündigt sich mit allen dazugehörigen körperlichen Symptomen an. Doch dann denkt der Mann an seinen unverheirateten Bruder, der sehr darunter leidet, allein zu sein. Und er sagt sich: »Gott sei Dank bin ich nicht allein! So etwas kann nur passieren, wenn man Kinder hat.« Die gefährlichen körperlichen Symptome gehen augenblicklich zurück. Und in aller Ruhe ruft er sich ein Taxi und erledigte den Einkauf. Am Abend setzt er dem Sohn gelassen auseinander, dass das väterliche Fahrrad nicht automatisch das Ersatzrad des Sohnes sei. Der Sohn ist von der ungewöhnlichen Souveränität des Vaters beeindruckt – und flickt den Reifen seines Fahrrades.

ANALYSE: Hier wird ein gelungener Umgang mit dem eigenen (cholerischen) Temperament veranschaulicht. Durch die Entscheidung, die positive Dimension der zugegebenermaßen lästigen Situation betrachten zu wollen, gewinnt der Vater an Handlungsspielraum und Freiheit.

Diese neuen Erkenntnisse decken sich mit der therapeutischen Intuition von Fritz Künkel, der neben der Genetik (»vitale Stärke oder Schwäche«) und der Umwelt (»rauhe und weiche Umgebung«) für die Persönlichkeitsentwicklung des Menschen die persönliche Entscheidung, sachlich (gesund) oder »ichhaft« (neurotisch) zu denken, für entscheidend hält. Bei einer »Ichhaftigkeit« können sich je nach biologischer Konstitution und Umwelt vier Pathologien entwickeln, die er recht anschaulich »Cäsar«, »Tölpel«, »Heimchen« und »Star« nennt. Der Cäsar-Typ entwickelt sich, wenn vitale Stärke auf eine rauhe Umwelt trifft, etwa auf Härte in der Erziehung. Seine Lebensstil-Tendenz wäre: »Andere sind meine Feinde, ich muss sie niederkämpfen, wenn ich etwas gelten will.« Cäsar-Verhalten äußert sich in Heftigkeit, Rücksichtslosigkeit, Tyrannei, Strebertum und Egoismus. Beim Tölpel trifft vitale Schwäche auf eine rauhe Umwelt. Seine Lebensstil-Tendenz wäre: »Andere sind meine Feinde, ich habe nichts auf dieser Welt zu erwarten.« Tölpel-Verhalten wäre geprägt von Pessimismus, Unterwürfigkeit, demonstrativer Dummheit und Ungeschicklichkeit. Beim »Heimchen« ist vitale Schwäche in Kombination mit weicher Umwelt und Erziehung prägend für die Lebensstil-Tendenz: »Andere sind meine Diener, sie helfen mir aber nicht immer, ich muss etwas dafür tun.« Der Heimchen-Charakter zeigt Labilität, Willigkeit, Ängstlichkeit, Schmeichelei, Zaghaftigkeit, Weinerlichkeit, Anlehnungsbedürfnis und Flucht in die Krankheit. Der Star (vitale Stärke in Kombination mit einer weichen Umwelt und Erziehung) hat die Lebensstil-Tendenz: »Andere sind meine Diener. Ich habe nichts zu befürchten. Sie müssen mir helfen.« Sein Verhalten beziehungsweise Charakter äußert sich in Stolz, Eitelkeit, Egoismus, Primadonnengehabe, Eifersucht und Geltungsbedürfnis. Diese vier Gesichter der Ichhaftigkeit sind über die Individualpsychologie hinaus bekannt geworden und in der Psychotherapie brauchbare Tools.

Immanuel Kant hat lange vor Cloninger das Temperament vom Charakter abgegrenzt. Er wird deswegen auch gerne von dem amerikanischen Genetiker zitiert. Charakter ist nach Kant, was man selbst aus dem eigenen Temperament macht: »*Einen Charakter aber schlechthin zu haben, bedeutet diejenige Eigenschaft des Willens, nach welcher das Subjekt sich selbst an bestimmte praktische Prinzipien bindet, die er sich durch seine eigene Vernunft unabänderlich vorgeschrieben hat.*« Anders ausgedrückt: Die biologische »Identität« als Temperament ist Ausgangsbasis, kein deterministisches Schicksal. Durch Selbsterkenntnis und den freien Willen ist auch eine beständige Verhaltensmodifikation vieler unserer sozialen Reflexe möglich: das Endergebnis ist der Charakter. Das hat Cloninger durchgängig wissenschaftlich bewiesen. Das ist auch die Basis für jede Psychotherapie – und jede menschliche Bekehrung.

Eigentlich ist dieses Forschungsergebnis sogar schon seit der Antike bekannt: Der Mensch gewinnt an Handlungsfreiheit durch Klugheit, Gerechtigkeit, Tapferkeit und Maß – durch die vier Kardinaltugenden, die schon Aristoteles kannte. Eine Definition von Tugend lautet: die Fähigkeit und innere Haltung, das Gute mit innerer Neigung, also leicht und mit Freude, zu tun. Laut Aristoteles ist die Tugend der Weg zur Glückseligkeit. Die Glückseligkeit wird hier aber nicht verstanden als subjektives Glücksgefühl, sondern als geglücktes Leben. Wann aber glückt das Leben? Dann, wenn der Mensch die Möglichkeiten verwirklicht, die in ihm angelegt sind.

FALL 23: Der 21-jährige Peter Paul R. jun. kommt mit einer leichten depressiven Verstimmung in die Praxis. Er werde von seinem Vater, Peter Paul R. sen., überhaupt nicht bemerkt, und das belaste ihn. Das Verhältnis sei sehr kühl. Vater und Sohn würden nur über Belanglosigkeiten kommunizieren können. Der Sohn könne leisten, was er wolle, es werde vom Vater nicht wertgeschätzt. Er sei überhaupt noch nie gelobt worden, zumindest sei ihm das nicht erinnerlich. Sein Vater lebe recht zurückgezogen, die Mutter übernehme für ihn die privaten Außenkontakte. Beruflich sei der Vater großartig, aber über Gefühle reden könne er nicht. Das sei einmal anders gewesen. Der Vater sei mit 21 Jahren ein bekanntes Fußballtalent gewesen und sehr beliebt. Er wisse aber nicht, was dann passiert sei.

Im Rahmen der Therapie entdeckt Peter Paul R. jun. ein echtes Interesse für seinen Vater, das darüber hinausgeht, von ihm gelobt werden zu müssen. Er beschließt, den Vater auf die Zeit anzusprechen, in der dieser so alt war wie er jetzt. Überraschenderweise zeigt sich der Vater überaus gesprächig und eröffnet dem Sohn sein Herz. Tatsächlich habe er in Österreich als großes Fußballtalent gegolten. Doch dann sei ein Trainerwechsel gekommen. Der neue Trainer habe ihn nicht leiden können und hinausgemobbt. In seinem Frust habe Peter Paul R. sen. zu trinken begonnen. Wegen dieses Alkoholismus habe er die Kindheit des Sohnes versäumt.

Peter Paul R. jun. kommt von Mal zu Mal aufgeregter in die Therapiestunden. Vater und Sohn reden plötzlich! Beim genauen Nachfragen findet er heraus, dass sein Großvater seinen Vater niemals gelobt habe und auch nie auf den Fußballplatz gekommen sei, um ihn anzufeuern. Gemeinsam finden Vater und Sohn schließlich heraus, dass der neue Trainer den Vater eigentlich bloß auf eine andere Position gesetzt hatte, was dieser jedoch in seinen jugendlichen Starallüren verweigert hatte. »Ich war jung und dumm!«, erkennt der Vater endlich und schließt innerlich Frieden mit dem Trainer. Die Beziehung von Vater und Sohn blüht auf und wird zu einer guten Männerfreundschaft.

ANALYSE: Der Vater blockiert sich emotional, indem er lange Jahre dem Trainer die Schuld für seine gescheiterte Fußballerkarriere in die Schuhe schiebt. Der Sohn, der unter der emotionalen Blockade des Vaters leidet, kann durch sein Interesse am Leben des Vaters die Blockade lösen. Der Vater erkennt: Er hätte sich auch ins Team einordnen und gehorchen können, er war damals gar kein Opfer. Einordnen wäre ein Akt der Freiheit gewesen, seine jugendlichen Starallüren hätten schon gedämpft werden müssen.

Der Psychologe Martin Seligman von der Universität von Pennsylvania stößt ins selbe Horn. Er hat in den vergangenen Jahren die Positive Psychologie entwickelt. In seinem Buch »Der Glücks-Faktor. Warum Optimisten länger leben« fasst er sein Programm zusammen: *»Gemütszustände zu behandeln, die das Leben unglücklich machen, hat die Aufgabe in den Hintergrund gedrängt, Gemütszustände auf- und auszubauen, die das Leben lebenswert machen.«* Was aus seiner Sicht den Menschen glücklich macht, sind – wie bei Aristoteles – die Tugenden. Seligman hat nach eigenen Angaben aus hundert menschlichen Kulturen sechs »Stärken & Tugenden« herausdestilliert, mit deren Hilfe der Mensch sein Leben lebenswert machen kann: (1) Weisheit und Wissen, (2) Mut, (3) Liebe und Humanität, (4) Gerechtigkeit, (5) Mäßigung und (6) Spiritualität und Transzendenz. Dies hat erstaunlich viel gemeinsam mit den klassischen vier Kardinaltugenden bei Aristoteles und den drei göttlichen Tugenden. Je tugendhafter der Mensch, desto freier ist er. Seligman erklärt übrigens im Vorwort dieses Bestsellers – ähnlich wie Heiko Ernst – fast entschuldigend, eigentlich Agnostiker zu sein. Vermutlich hatten manche Kollegen versucht, ihn zur Kirchenmaus zu reduzieren, um sich nicht mit seinen revolutionären Thesen beschäftigen zu müssen.

FALL 24: In einer Familientherapie hat der Psychiater mit einer etwa 40-jährigen, geschiedenen Frau zu tun, die regelmäßig heftig mit der 60-jährigen neuen Gattin (ebenfalls geschieden) ihres 70-jährigen Vaters (auch geschieden) zusammenkracht. Der arme Mann steht zwischen den zwei Frauen, wird von beiden Seiten mit Vorwürfen überschüttet und regelrecht aufgerieben. »Siehst du, wie deine Tochter mich behandelt? Und du tust nichts! Mir hätte mein Vater die Türe gewiesen, wenn ich nur mit den Hausangestellten so geredet hätte! Sie tut ja so, als wäre sie der Herr im Haus!« – »Um Gottes willen, was hast du da für eine Frau geheiratet, die ist ja komplett durchgeknallt! Wenn das so weitergeht, komm ich einfach mit den Kindern nicht mehr. Ich darf nicht einmal mehr in unseren Kühlschrank greifen, ohne dass sie giftig schaut. Sie zerstört unsere Familie. Bremse ihr ewiges Kritisieren ein, wenn du deine Enkel weiter sehen willst!«
Natürlich will er seine Enkel weiter sehen und außerdem Frieden und Ruhe im Haus haben. So bringt er den Therapietermin zusammen mit beiden Damen zustande. Der Grund für den Konflikt ist weniger die komplizierte Familiensituation, denn diese ist allen bewusst: Die Stiefmutter sitzt jetzt auf dem Platz der Mutter im Elternhaus der Stieftochter, das ist immer heikel. Nicht bewusst ist ihnen die nötige Sensibilität für die Ver-

schiedenheit ihrer Temperamente. Und der richtige Umgang damit. Darum mangelt es an Verständnis und kommt es immer wieder zu Missinterpretationen. Die melancholische Stiefmutter kann die sanguinische Stieftochter mit ihrer Unzuverlässigkeit, Regellosigkeit und Spontanität einfach nicht ertragen. Deren sanguinisches Temperament hält sie für pure Bosheit: »Ich gehe ja auch nicht zu einem fremden Kühlschrank und nehme irgendwas heraus«, und »Ich komme auch immer pünktlich«. Die Stieftochter hingegen deutet den Mangel an Flexibilität, die Steifheit, Besserwisserei und Regelverliebtheit der Stiefmutter als klares Zeichen von Antipathie: »Nie kann ich ihr etwas recht machen.« Drei Sitzungen mit genauer Erklärung der vier Temperamente ermöglichen ein besseres wechselseitiges Verständnis und beseitigen die gegenseitige Unterstellung von Bosheit – zur großen Erleichterung des phlegmatischen Vaters, der bis jetzt erstaunt-überfordert und wortlos im Sturm der weiblichen Emotionen stand.
Die Stiefmutter kann erstmals ihre Neigung zur belehrenden Pedanterie erkennen und zugeben, die Stieftochter gesteht freiherzig ihre gedankenlose Unverlässlichkeit ein und räumt ein, dass das für andere unangenehm sein könnte.
In der Familientherapie werden Grenzen erarbeitet, die nicht überschritten werden dürfen. Den Kühlschrank erhält zum Beispiel die Stiefmutter. Beide Frauen sind sichtlich erleichtert, dass die »Rivalin« ihre Schwäche eingesteht, unter der die jeweils andere nun schon seit Jahren gelitten hat: Selbsterkenntnis ist der erste Schritt zur Besserung. Beide Frauen werden in der Folge nachsichtiger mit den Schwächen der anderen und sensibler, was die eigenen Defekte angeht. So spielt sich in erstaunlich kurzer Zeit ein Modus vivendi ein, der zumin-

dest eine friedliche Koexistenz beider Damen ermöglicht – was allen drei Betroffenen genügt.

ANALYSE: Selbsterkenntnis, also den eigenen Anteil am Konflikt zu erkennen, ist der erste Schritt zur Besserung. Der zweite Schritt ist, sich willentlich gegen die sozial unverträglichen Seiten seiner Konstitution (also seines Temperaments) zu stemmen. Und der dritte Schritt, kulanter zu sein gegenüber den konstitutionellen Seiten des Gegenübers, die einem vielleicht nicht so schmecken.

Die neurologisch dokumentierte Freiheit des Menschen

Der Wille des Menschen, so die Neurowissenschaftler Hans Helmut Kornhuber und Lüder Deecke, ist eben keine Automatik der Hirnphysiologie, sondern entwickelt sich durch Lernen, eigene Initiative und Besinnung auf sich selbst. Im Willen und in seiner Wirkung auf das Denken und Handeln sind Kreativität und Freiheit begründet. Im Vorwort ihres Buches »Wille und Gehirn« (2009) halten sie fest: *»Die Autoren dieses Buches haben seit 1964 nach Zeichen von aktivem Willen im Gehirn gesucht, und fanden das Bereitschaftspotential und weiter die Frontalhirnaktivität bei Lernanstrengung und das Delegieren von Aufgaben an andere Hirnteile. Diese Entdeckungen … gaben Psychologen wieder Mut, den Willen zu untersuchen … In dieser Situation besserer Einsicht meldeten sich jüngst jedoch Stimmen aus der Neurobiologie, die Willensunfähigkeit und Nichtverantwortlichkeit des Menschen behaupteten, und erstaun-*

licherweise griffen einige sensationsbedürftige Medien diese Behauptung auf. Das war die Herausforderung, dieses Buch zu schreiben, denn diese Stimmen irren, ihre Argumente sind unhaltbar.« Damit spielen sie auf die Determinismus-Hypothese eines Wolf Singer und Gerhard Roth an, die weiter oben bereits dargestellt wurde.

Die beiden Entdecker des Bereitschaftspotenzials, die mit ihrer Entdeckung in den 60er Jahren die Diskussion um die Freiheit des Menschen in der Neurowissenschaft erst ausgelöst haben, legten 2009 in diesem Buch ein Plädoyer für die Freiheit des menschlichen Willens ab. In gut dokumentierter Weise fassen sie die Forschungsergebnisse der vergangenen 40 Jahre zusammen und sehen den großen Gegner der Freiheit in dem Deterministen des ausgehenden 19. Jahrhunderts, Sigmund Freud: »*Verwirrt vom Freudismus hat man heute gewöhnlich keinen klaren Begriff vom Willen mehr, allenfalls einen falschen, der mit Trieb, Sturheit, Arroganz oder gar Gewalt assoziiert ist, dies ist ein subhumaner Begriff. Wille ist vernünftige Selbstführung des Menschen, ist Denken und Verhalten aus der Persönlichkeit, vor allem ihrem Kern, dem Selbst, und aus verantwortlicher Verbindung mit anderen Menschen, denn der Mensch ist ein Kulturwesen. Er ist trotz biologischer Zugehörigkeit zur Tierwelt ein einzigartiges Wesen, mit Kreativität, mit Langzeitplanung, mit langfristiger Verantwortung, zu innovativer Problemlösung fähig, er ist Schöpfer der Kulturen.*«

Wie normal die Freiheit des menschlichen Willes ist, sieht man, wenn sie nicht mehr da ist. Der medizinische Begriff »Abulie« bezeichnet die Willenlosigkeit als Krankheit. Ein historisch-literarisches Beispiel dafür bietet der französische König Ludwig XVI., wie er meisterhaft in Stefan Zweigs Roman »Marie Antoinette«

dargestellt ist – als Beispiel für einen krankhaft phlegmatischen Menschen, der nicht wollen konnte und damit nicht nur seine Königskrone, sondern letztlich auch sein Leben verlor. Den gesunden Willen eines Menschen kann man schon sehr früh in der Kindheit spüren – junge Mütter können ein Lied davon singen, wie viel Wille in acht Kilogramm Kind stecken kann.

Ordnung im Leben

Die Freiheitspotenziale des Menschen werden durch die Tugenden aktualisiert. Anders formuliert: Die Tugenden machen es möglich, dass aus Möglichkeiten auch Wirklichkeiten werden, dass aus Potenzial tatsächlich Realität wird. Der Mensch ist potenziell frei und durch die Tugenden wird er dann auch tatsächlich frei. Dabei haben die Forschungsergebnisse von Robert Cloninger ergeben, dass der Tugend der Ordnung eine besondere Bedeutung zukommt. Das kann aus psychotherapeutischer Sicht bestätigt werden: Der Ordnung kommt tatsächlich eine Schlüsselfunktion im menschlichen Leben zu. Das Prinzip der dreifachen Ordnung – in sich selbst, in Beziehung mit den anderen und im transzendenten Kontext – ist nicht nur in der Neurogenetik, sondern auch in der Psychotherapie präsent. Allerdings wird es oft nicht so genannt. Viele Patienten suchen beim Therapeuten Hilfe, um die Dinge in ihrem Leben wieder in den Griff zu bekommen, zu ordnen. Viele erleben sich selbst in großer Unordnung: Man verliert den Überblick, kann Prioritäten nicht mehr richtig setzen. Manche pumpen etwa massiv Liebe in die »Übernächsten«, lassen aber den eigenen Mann oder die eigene Frau links liegen. Das ist eine Störung der Prioritätensetzung. Wenn eine Mutter – wie im Kapitel 2 geschildert – den Sohn mehr liebt als den eigenen Mann, dann spielt sie ihn gegen den Mann aus, zieht ihn dem Mann vor. In der Folge entwickelt sich häufig eine Aggression des Vaters gegen den Sohn, des Sohnes gegen den Vater, also eine große Unordnung im Gefüge der ganzen Familie (siehe Fall 25). Ursache von so vielen Konflikten zwischen Schwiegermutter und Schwiegertochter ist, dass der Mann seine Mutter mehr liebt als die eigene Frau. Die meisten Menschen wissen, dass man die eigene Frau mehr lieben sollte als die Mutter, den Ehepartner mehr als die Kinder. Wo da Verschiebungen stattfinden, erfährt der Mensch das als Unordnung.

Es gibt so etwas wie einen Instinkt für die menschlichen Grundgegebenheiten, für das, was dem Menschen gemäß ist. Tief in ihrem Inneren haben die Menschen ein Gespür für das, was sie sind und was passt. Aber das wird oft von Gefühlen überlagert, die in die andere Richtung ziehen. Wer von der Mutter gefühlsmäßig abhängig ist, sieht das Problem nicht mehr klar. Aber das Prinzip, dass man seine Frau mehr lieben soll als die Mutter, erkennt jeder an, sobald er etwas Abstand nehmen kann.

Die erwähnten Prioritäten in der Liebe sind ein unausgesprochenes Allgemeingut der Psychotherapie. Wenn jemand etwa eines seiner Kinder den anderen vorzieht, wird das als ungerecht angesehen. Wenn man Patienten auf ihre subjektive Ordnung anspricht: »Was ist Ihnen das Wichtigste?«, und hört: »Erstens Erhalt der Ehe, zweitens Erhalt der Arbeit, drittens psychisches Wohlbefinden«, kann man darauf hinweisen, dass offenbar die Ehe wichtiger sei als das eigene Wohlbefinden. Also müsse Herr X. eben das Wohlbefinden, das ihm die

Freundin bereitet, aufgeben, müsse Herr Y. die Zeit, die er mit Golfspielen verbringt, im Interesse der Familie einschränken. In der Praxis ist das oft deswegen schwer umzusetzen, weil Herr Y. eben schwach ist, weil Herrn X. die kurzfristige Befriedigung momentan wichtiger scheint als das langfristige Glück. Darin ist eine häufige Quelle von Unglück zu sehen: Man gibt der kurzfristigen Befriedigung Vorrang vor dem langfristigen Glück.

Eine gute Psychotherapie bringt Ordnung in den menschlichen Haushalt von Wille, Verstand und Emotion. Die Kardinaltugend der Mäßigung bedeutet nach dem Philosophen Josef Pieper, *»in sich selbst Ordnung zu verwirklichen«*.

FALL 25: Die Eltern des 19-jährigen Matthias F. werden kurz vor dessen Matura (Abitur) beim Psychiater vorstellig, »weil Matthias einmal mit einem Psychiater sprechen will«. Das Ehepaar F. will nur vorher abklären, ob er – der Psychiater – wohl der Richtige sei. Denn nicht jeder könne richtig mit ihrem Sohn sprechen, der sei nämlich etwas ganz Besonderes. Die Mutter spricht – in kaum überhörbarer Bewunderung – von ihrem fabelhaften Stammhalter, der Vater lauscht unterwürfig. Matthias sei hochbegabt. Aber ebendas würden ihm, dem Wunderkind, seine Mitschüler neiden. Außerdem würden die Mitschüler ihm sein gutes Aussehen neiden, er müsse überhaupt viel Neid aushalten und werde richtiggehend gemobbt. Eine Bekannte habe ihr, der Mutter, einmal gesagt: »Was der Bub aushalten muss, der wird einmal ganz ein Großer.«
Auch die Lehrer würden ihn beneiden, weswegen sie ihm nicht die Noten geben, die er verdiene – die besten –,

sondern ihn strenger benoten würden als die Mitschüler. Das könnte sie beweisen. (Der Psychiater benötigt den Beweis natürlich nicht.) Jedenfalls habe er, das Wunderkind, keine Freunde, obwohl er so viele bewundernswerte Eigenschaften habe. Er finde auch keine Freundin, darunter würde er besonders leiden, dabei habe er jetzt einen Sportwagen bekommen, weil die Mädchen auf so etwas Wert legten. Insgesamt sei er aus völlig unverständlichen Gründen isoliert. Ob der Therapeut da helfen könnte?
Der Psychiater fragt nach der Familienstruktur und erfährt, dass es noch zwei ältere Schwestern gibt, 21 und 24 Jahre alt, die keine sozialen Probleme haben – aber auch keinen Sportwagen. Die ältere hat einen Freund, die Jüngere noch nicht. Das ist aber kein Familienproblem. Der Psychiater fragt nach möglichen Familienkonflikten. Ja, die passieren häufig, vor allem wenn Frau F. den Matthias verteidigen müsse, weil der Sohn zu Recht seinen Vater kritisiere und dieser daraufhin aggressiv werde. Der Psychiater blickt zum Vater und sieht ein schuldbewusstes Nicken. Welche Themen das seien? Etwa die Tischmanieren des Vaters, denn Matthias lege großen Wert auf gute Tischmanieren. Er möchte später ja Anwalt werden oder Politiker.
Der Psychiater fragt nach der Ehe der Eltern. Die sei nicht die beste. Der Psychiater blickt auf den Vater und sieht ein schuldbewusstes Nicken. Der Mann wolle immer nur Sex. Auch Matthias finde das nicht in Ordnung, dass sein Vater immer nur Sex wolle. Diesmal unterlässt der Psychiater den Blick zum Vater und fragt stattdessen nach der Familienhierarchie. Erstaunte Mienen, die Mutter weiß mit der Frage nichts anzufangen. Wer denn der Wichtigste in der Familie sei, versucht der Psychiater zu präzisieren. Ja, Matthias sei natürlich der Wich-

tigste, sind sich die beiden einig. Dann folge in der Wichtigkeit die Mutter, so würden wohl die Kinder sagen. Oder? Die Frau dreht sich fragend zum Mann. Der nickt wortlos. Der Vater habe keine Autorität, aber da sei er selber schuld. »Wegen den Tischmanieren und dem Sex. Solche Sachen halt.« Der Psychiater versteht. Wenn ein Thema so häufig angeboten wird, muss man es schon aus Höflichkeit aufgreifen: Wie oft es denn zur sexuellen Begegnung komme? Da platzt der Vater: »Ja wie denn, wenn der Bub bei uns im Doppelbett schläft? Zwischen uns – seit 19 Jahren!«

Als der junge Mann mit der beginnenden narzisstischen Persönlichkeitsstörung schließlich in die Therapie kommt, ist er selbstverständlich zehn Minuten zu spät. Er habe keinen Parkplatz gefunden, hätte schon erwartet, dass da Parkplätze reserviert seien. Richtig irritiert ist er, dass die erste Stunde pünktlich endet, obwohl sie doch später begonnen hat (klassisches Narzissmus-Zeichen). Die Therapie verläuft wider Erwarten gut, Matthias F. ist intelligent und versteht schnell, dass seine hervorgehobene Position in der Familie weder der Familie noch der Ehe der Eltern, noch ihm selbst guttut. Er habe, so gibt er schließlich zu, selbst zunehmend unter den mütterlichen Huldigungen und den Demütigungen des Vaters gelitten. Er verlässt schließlich das elterliche Bett – das kostet den Psychiater übrigens einen Protestanruf der Mutter – und stellt sich gegen den Widerstand seiner Mutter auf den fünften Platz der Familie, wo er sich viel wohler und freier fühlt als auf dem Thron. Auch der Vater ist für den Therapieerfolg recht dankbar.

ANALYSE: Matthias wird von den Eltern, besonders von der Mutter, in der Familienhierarchie überhöht behandelt. Zudem wird der Vater von ihr vor den Kindern zunehmend abgewertet, so dass schon die Kinder über die elterlichen Intimitäten informiert sind und urteilen. Matthias durchbricht – nachdem er die Dynamik in der Therapie durchschaut – das ihm von der Mutter dargebotene Muster, erhöht so seinen Handlungsspielraum und stellt seine Freiheit und seine Beziehungsfähigkeit wieder her.

In der Zusammenschau der Forschungsergebnisse, wie sie uns heute vorliegen, könnte man schätzen, dass etwa 40 Prozent unseres Verhaltens – die unreflektierten Reaktionsmuster des Temperaments – durch die Gene und weitere 40 Prozent durch Umwelteinflüsse wie Erziehung und Peers weitgehend festgelegt werden. Aber die verbleibenden 20 Prozent eröffnen die Möglichkeit zur Selbstprägung. Mit diesem Anteil kann man Tugenden aufbauen, Freiheit gewinnen, in sich selbst und in seinen Beziehungen Ordnung verwirklichen. Die Deterministen Singer und Roth sehen die 80 Prozent, übersehen aber geflissentlich die letzten 20 Prozent, die den Menschen erst zum Menschen machen. Durch Selbsterkenntnis und den freien Willen sind Verhaltensänderungen möglich. Deshalb ist es nicht nur eine Frage der Synapsen und Gehirnwindungen, wie wir mit unseren Schwächen und Fehlern umgehen – und mit unserer ureigenen Schuld.

Wir sind nicht unsere Defekte

Im vorangegangenen Kapitel wurde die Frage gestellt, ob das »Ich« im Grunde nur vom Gehirn produziert werde. Ist das Ich nicht sogar das Gehirn? Gerhard Roth jedenfalls meint in diesem Sinn: *»Unser Ich, das wir als das unmittelbarste und konkreteste, nämlich als uns selbst, empfinden, ist … eine Fiktion, ein Traum des Gehirns, von dem wir, die Fiktion, der Traum nichts wissen können.«* Kann das stimmen? Eine pfiffige Antwort hat Thomas Fuchs, indem er antwortet: *»Nun, was mich selbst betrifft, so habe ich mein Gehirn zwar noch nicht persönlich kennengelernt, aber jedenfalls ist es nicht 1,82 Meter groß, es ist kein Deutscher und kein Psychiater; es ist auch nicht verheiratet und hat keine Kinder. Das stellt meine Bereitschaft zur Identifikation mit diesem Organ schon auf eine harte Probe. Aber es wird noch bedenklicher: Mein Gehirn sieht, hört und weiß auch nichts, es kann nicht lesen, nicht schreiben, tanzen oder Klavier spielen. Eigentlich kann es überhaupt nur wenig – es moduliert komplexe physiologische Prozesse. Bei Licht besehen, bin ich doch ziemlich froh, nicht mein Gehirn zu sein, sondern es nur zu haben.«*

Tatsächlich, wir sind nicht unser Hirn. Und gleichfalls nicht unser Temperament, unsere Erziehung, unsere Laster. Und schon gar nicht unsere Bauchgefühle oder unsere Triebe. Das sind alles Eigenschaften, die wir haben: Wir haben ein Temperament, eine Erziehung (mehr oder weniger), Triebe, Bauchgefühle und Neigungen zum Laster (bei Heiko Ernst »Todsünden«).

FALL 26: Frau Herta D., Gattin eines 50-jährigen Unternehmers, kommt wegen des Alkoholismus ihres Mannes in die psychiatrische Praxis. Er sei während der Woche im Wesentlichen unauffällig, abgesehen davon, dass er viel arbeite und nie daheim sei, aber am Wochenende sei er dann eigentlich pausenlos betrunken. Das beginne bereits am Freitagabend, wenn er nach der Arbeit noch im Wirtshaus vorbeischaue, und gehe am Samstagvormittag mit einer Flasche Sekt zum Frühstück weiter. Die drei kleinen Töchter zwischen vier und zehn Jahren würden schon merken, dass mit dem Papa etwas nicht stimme, besonders die mittlere Tochter Teresa. Frau D. selber arbeite halbtags als Krankenschwester und habe ab und zu auch Nachtdienste, und dann würde er es besonders schlimm treiben. Die kleine Teresa solidarisiere sich zunehmend mit der Mutter und fotografiere ihren Vater schon im betrunkenen Zustand, um die Mutter zu informieren. Frau D. sei das sehr unangenehm, sie hätte sich die Ehe immer anders vorgestellt. Wenn sie ihn auf seinen Alkoholkonsum anspreche, reagiere er aggressiv und laut. Entweder leugne er, ein Alkoholproblem zu haben, oder er gebe ihr die Schuld an seinem Alkoholismus, weil sie seit der Hochzeit überhaupt nicht mehr so fröhlich und lustig und entgegenkommend sei, wie er sie kennengelernt habe. Wenn sie nicht sofort das Thema wechsle, drohe er mit Scheidung. Das komme aber für sie gar nicht in Frage – und das wisse er.

ANALYSE: Herr D. zeigt das typische Muster von Realitätsverweigerung und unkritischer Fremdbeschuldigung nach dem Motto »Angriff ist die beste Verteidigung«.

Der Alkoholiker ist wahrscheinlich sehr unfrei, wenn eine geöffnete Weinflasche vor seiner Nase steht. Aber er kann entscheiden, nicht mehr ins Wirtshaus zu gehen, mit seinen Saufkumpanen zu brechen, jeden Alkohol aus dem Haushalt zu verbannen und sich mit seiner Frau zu versöhnen. Der Ehebrecher ist nicht frei, solange er seine Konkubine dreimal pro Woche trifft. Aber er kann doch bei einem Dritten Hilfe in Anspruch nehmen und der ungewollten Leidenschaft großräumig ausweichen. Der Pornosüchtige ist unfrei, solange er mit seinem Internet unkontrolliert alleine ist. Aber wenn er wirklich will, kann er heraus, indem er den Bildschirm so aufstellt, dass Dritte jederzeit Einsicht haben – etwa die Ehefrau und die Kinder. Er kann einen Pornofilter installieren und seine Ehebeziehung sanieren. Es geht, aber man muss erstens wollen, zweitens seine Schwäche kennen und drittens bereit sein, auf die (vielleicht äußerlich völlig harmlosen) Versuchungen zu verzichten. Die Freiheit besteht darin, großräumig der Versuchung auszuweichen, nicht, diese nicht mehr zu verspüren. Starke Menschen sind nicht die, die keine Schwächen haben (die gibt es nicht), sondern die, die sie kennen und sich entsprechend ihren Schwächen verhalten: Gelegenheiten meiden.

Unsere Bauchgefühle sind dann gut, wenn die Handlungen, zu denen sie uns drängen, gut sind. Und schlecht, wenn das Gegenteil der Fall ist. Die Unterscheidung zwischen Gut und Böse erfahren wir nicht beim Psychotherapeuten, sondern in unserem Gewissen, in unserem Herzen. Heiko Ernst meint, das Konzept der Todsünden beinhalte, unsere Fähigkeit zum Bösen anzuerkennen und Verantwortung zu übernehmen. Wir sind auch heute nicht automatisch »entschuldigt«, nur weil wir eine wissenschaftliche Erklärung für unser Verhalten haben. Wir sind nicht schuldlos, wenn wir unseren Zorn ungezügelt ausleben, unserem Neid oder unserer Trägheit nachgeben, unseren Hochmut pflegen. »*Wir sündigen nicht, weil uns irgendwelche gesellschaftlichen Verhältnisse dazu zwingen oder weil wir in einer dysfunktionalen Familie aufgewachsen sind oder weil unser Temperament uns eben so handeln lässt – wir überschreiten Grenzen, die wir sehr wohl erkennen können. Wer die Schuld für seine schlechten Taten nicht anerkennen will, kann auch die guten nicht für sich reklamieren.*«

Die Neigung zu Neid, Zorn, Trägheit, Wollust, Hochmut, Völlerei und Habsucht ist durch Gene und Umwelt determiniert, aber was man daraus macht, das ist die Entscheidung jedes Einzelnen. Denn auch wenn man in der Früh müde ist, kann man trotzdem aufstehen. Man kann zum Fressen veranlagt sein und trotzdem sein Gewicht halten, man kann die »Alkoholikergene« haben und trotzdem nicht saufen. Das Wort »trotzdem« drückt dabei schön die Freiheit des Menschen aus, der seiner unpraktischen und kontraproduktiven Neigung »trotzt«.

Neid, Zorn, Trägheit, Wollust, Hochmut, Völlerei und Habsucht bilden nun jeweils mit der Künkelschen Ichhaftigkeit ein explosives Gemisch und können zum völligen Kontrollverlust führen. Ich erinnere mich noch gut an einen Kollegen, der seine Neidgefühle nicht in den Griff bekam und sich letztlich damit seine Karriere ruinierte. Andererseits können diese sieben wilden Pferde durch die Seligmanschen Stärken und die Tugenden gezähmt und halbwegs in den Griff gebracht werden.

Das sogenannte Böse im Menschen

Kommen wir zurück zu Richard III. aus dem Hause York. Er hatte beschlossen, ein *»Bösewicht«* zu werden, und wahrscheinlich werden die meisten zustimmen, dass er das recht gut hingekriegt hat. Konrad Lorenz schrieb ein Buch über das »sogenannte Böse« und entlarvte anhand seiner Graugänse aggressives Verhalten als biologisch determiniert und erklärbar. Das ist beim Menschen anders, wie wir bei unserem Helden sehen: Richard nimmt in seinem Bauch ein großes Bedürfnis wahr – das ist der Thron. Und dafür geht er über Leichen. Der Wunsch nach dem Thron ist zwar noch nicht problematisch, wohl aber unpraktisch: Wegen seines älteren Bruders und seiner beiden Neffen wäre es sehr unwahrscheinlich gewesen, dass Richard auf »natürlichem Wege« sein Bedürfnis hätte befriedigen können. Sowohl der Sozialpsychologe Philip Zimbardo als auch die Psychoanalytikerin Maire-France Hirigoyen haben eine solche Konstellation »Versuchung« genannt. Die Bauchgefühle weisen in eine Richtung, von denen der Kopf weiß, dass deren Verwirklichung die eigenen moralischen Grenzen überschreitet. Hier stehen sich Bedürfnis und Gewissen direkt gegenüber: entweder – oder.

Wenn Richard von York jetzt nun einmal dieses Bedürfnis in seinem Bauch empfindet: Kann er es auf Dauer überhaupt unterdrücken und verdrängen? Eine ähnliche Frage stellt der Psychoanalytiker Albert Görres, der in jungen Jahren Assistent von Alexander Mitscherlich war und später die Urschrei-Methode in Deutschland einführte. Er brach mit seinem Buch über das Böse 1982 viele Tabus. Görres stellt gleich im Vorwort die provokante Frage in den Raum, ob es denn einen vernünftigen Sinn haben könne, eine Bewältigung des Bösen in uns selbst für erstrebenswert und für möglich zu halten. *»Denn das ist gewiss ein psychologisches Naturgesetz: Wir können nur wirksam wollen, was wir für möglich halten und was wir für wirklich gut halten.«* Nur das Erreichbare und Wünschenswerte sei auch erstrebbar. Der Psychoanalytiker meint weiter, dass viele bei der Bewältigung des Bösen resignieren, weil sie das Gute nicht für sich selbst gut halten können. Vor allem aber, weil sie es nicht für möglich halten. Damit sei das Wollen seiner beiden Hauptstützen beraubt. *»Da niemand gerne seine Kräfte an unlösbare Aufgaben verschwendet, ist die Frage entscheidend, ob eine Bewältigung oder Eindämmung des Bösen eine lösbare Aufgabe ist oder ein überzogenes Ideal für Romantiker und Neurotiker.«*

Albert Görres übersieht einen dritten Punkt: den willentlichen Selbstbetrug, der sich schon lange entschieden hat und das Gewissen nur pro forma befragt. Es gibt das moralische Desinteresse daran, was in der Situation gut wäre. Wenn die *»Versuchung«* heftig lockt und der Mensch sich diesen Lockungen nicht entziehen will, knickt der Wille eben irgendwann ein und entscheidet, dass die Vernunft die moralischen Dimensionen der Handlung nicht allzu genau beleuchten sollte. Das Gewissen wird also eingelullt, bestochen und mundtot gemacht. Der Mensch konstruiert in seiner Phantasie eine – für Außenstehende leicht durchschaubare – Pseudorechtfertigung, wie der Student Raskolnikow in »Schuld und Sühne«. Auch Richard York sieht sich als der Ärmste, entwickelt ein ausgesprochen hohes Maß an Selbstempathie und Selbstmitleid. Und er konzentriert sich autosuggestiv immer mehr darauf, dass der König nur auf dem Thron sitze, weil er, Richard, sich die Hände schmutzig gemacht habe. So verwischt und verblendet Richard seine eigene Urteilsfähigkeit.

Die Freiheit des Menschen hängt von der Autorität, dem Stellenwert und der Durchschlagskraft seines eigenen Gewissens ab. Richtigerweise zeigt Görres in seinem Buch, dass jemand, der nicht erkennen kann, was gut ist, es auch nicht zu verwirklichen vermag. Und wer nicht erkennt, was böse ist, kann es auch nicht vermeiden. Durch die oben beschriebene Autosuggestion fällt für Richard letztlich jede moralische Schranke weg, bis die Taten innerlich gerechtfertigt erscheinen. In dieser Lebenslüge ist nun das Unrecht möglich, das die »Selbstverwirklichung« ermöglicht. Wie asymmetrisch und falsch dieses kognitive Konstrukt ist, entlarvt Görres in einer simplen und für jeden sofort nachvollziehbaren Feststellung: *»Jeder, auch der sogenannte gemütlose Psychopath, auch der verkommenste Verbrecher, auch der verschrobenste Ideologe, hat spätestens in dem Augenblick ein recht genaues Wissen vom Bösen, in dem ihm selbst Unrecht geschieht.«* Tatsächlich, Richard wäre hochsensibel gewesen, hätte jemand anderer versucht, ihm bestehende Rechte streitig zu machen. Hier hätte er sich sicherlich auf die »Gerechtigkeit« und sogar auf die »Moral« berufen.

Es ist unsere Tat nur dann böse, wenn wir uns auch für das Gute entscheiden hätten können. Heiko Ernst legt sich da unmissverständlich fest: *»Die Fähigkeit zum Bösen ist ohne Zweifel auch heute in uns – und wir haben die Wahl, ob wir eine Grenze überschreiten oder nicht.«* Das Phänomen des menschlichen Bösen besteht tatsächlich darin, dass es zur Wahl steht und wir uns dafür oder dagegen entscheiden. Wir wählen das Böse, obwohl wir das Gute hätten tun können. Das menschliche Böse setzt also die Freiheit voraus, die der Mensch im Normalfall auch hat. Die Entscheidung für das Böse ist aber immer auch eine Entscheidung für die Unfreiheit. Richard wird von seinen Taten immer weiter gehetzt, er verliert die Kontrolle und schließlich auch die erschlichene Krone.

ZUSAMMENFASSUNG: Im Grunde besteht ein gesellschaftlicher Konsens, dass es Gut und Böse gibt. Nicht nur die Gesellschaft, auch jeder Einzelne hat dieses Schema in seinem Kopf und bewertet danach seine und fremde Handlungen. Fremde mitunter sensibler als eigene. Und der Mensch hat letztlich die Freiheit, sich zwischen Gut und Böse zu entscheiden.

6. Kapitel

Verbitterung oder Vergebung

Michael Kohlhaas auf der Couch

Peter Handke schrieb im Jahr 1972 die traurige Biographie seiner Mutter, die vom Schicksal, von ihrer Umwelt, ihrem Vater und ihrem Mann oft ungerecht behandelt wurde. Sie wurde so immer mehr ins Unglück gedrückt, aus dem sie sich letztlich nicht mehr herausbewegen konnte. Handke nannte seinen biographischen Roman »Wunschloses Unglück«. Das bezeichnet ziemlich genau den Gefühlszustand der Verbitterung, bei dem man schon die Hoffnung aufgegeben hat, dass sich noch irgendetwas ändern könnte. Im ersten Teil haben wir hauptsächlich die eigene Schuld thematisiert, die man selbst so gerne ausblendet. Dieses Kapitel handelt nun vom Umgang mit der fremden Schuld. Von der Ungerechtigkeit, die einem angetan wird. Und dem Handlungsspielraum, der einem auch in solchen Situationen noch bleibt.

Sokrates sagt im Gespräch mit Polos, es sei besser, Unrecht zu erleiden, als Unrecht zu tun. Das ist edel. Aber ist es machbar? Sokrates selbst endete tragisch. Weil er die Götter verachte und die Jugend verderbe – zwei Vorwürfe, die Denkern rasch gemacht werden können –, wurde er zum Tod verurteilt. Er achtete das Urteil und nahm deshalb eine gebotene Fluchtmöglichkeit nicht an. Sokrates entscheidet sich also, Ungerechtigkeit zu erleiden. Ein historisch-literarisches Beispiel, wie weit man umgekehrt als »Gerechtigkeitsfanatiker« gehen kann, um sich gegen erlittenes Unrecht zu wehren und für sein Recht zu rebellieren, schildert Heinrich von Kleist in seiner Novelle »Michael Kohlhaas«.

Der Gerechtigkeitsfanatiker

Der 32-jährige Michael Kohlhaas lebt als ehrbarer, korrekter und etwas zwanghafter Pferdehändler in Berlin. Eines Tages reist er mit mehreren Pferden nach Sachsen, um sie dort zu verkaufen. Auf sächsischem Gebiet wird ihm im Namen des Junkers Wenzel von Tronka ein Passierschein abverlangt. Kohlhaas verspricht unterwürfig, sich einen solchen in Dresden zu besorgen. Als Pfand verlangt der Junker zwei Rappen, die der biedere Kohlhaas in der Obhut eines Knechts zurücklässt. In Dresden erfährt er jedoch, dass die Forderung des Junkers ein Akt der Willkür ohne Rechtsgrundlage ist. Er beginnt zu verstehen: Hier wird gegen ihn Unrecht begangen. Er ist empört: Der darf das gar nicht! In ihm entsteht ein unbändiges Gerechtigkeitsgefühl: »Mit mir nicht!«

Damit nicht genug: Zu seinem Entsetzen findet er bei der Rückkehr die Pferde krank und bis auf die Knochen abgemagert vor. Man hatte sie zur schweren Feldarbeit eingesetzt, zuvor noch dazu Kohlhaas' Knecht misshandelt und verjagt. Kohlhaas schäumt vor Wut und verweigert die Rücknahme der Pferde, weil sie jetzt wertlos seien. Das ist zwar gut nachvollziehbar, war aber unklug angesichts dieses mächtigen Raubritters. Er möchte das demütigende Unrecht nicht auf sich sitzen lassen, ein unangenehmer Gegner sein und erhebt in Dresden Klage gegen Wenzel von Tronka. Seine Sache ist gerecht! Einflussreiche Dresdner Verwandte des Beklagten erreichen jedoch bei Gericht, dass die Klage abgewiesen wird. Das Unrecht weitet sich aus. Der Konflikt schaukelt sich auf. Kohlhaas ist entrüstet. Er fühlt sich noch mehr als Opfer und will Gerechtigkeit – koste es, was es wolle! Deshalb ersucht Kohlhaas seinen Landesherrn, den Kurfürsten von Brandenburg, ihm Recht zu verschaffen. Wieder macht sich der intrigante Junker verwandtschaftliche Beziehungen zu den Beratern des Kurfürsten zunutze, und das Anliegen des betrogenen Pferdehändlers wird auch in Berlin zurückgewiesen.

Michael Kohlhaas gibt nicht auf. Er ist gekränkt. Langsam wird die Grenze der Verhältnismäßigkeit überschritten, nur er merkt das nicht. Seine Gedanken kreisen nur mehr um das erlittene Unrecht und darum, wie er doch noch Gerechtigkeit erfahren könnte. Seine beruflichen Verpflichtungen sind längst beiseitegeschoben. Die Sache aufgeben und einfach weiterleben: niemals! Das ist für ihn keine Option. Er fühlt sich als Opfer. Der Täter soll sich nicht zurücklehnen können und ihn auslachen! Das ist verständlich, aber ein Außenstehender kommt vielleicht jetzt zu dem Schluss, Kohlhaas sollte sich weniger um die Gerechtigkeit als um ein gutes Weiterleben mit seiner Familie kümmern.

Stattdessen setzt der eine Bittschrift auf, mit der er jetzt seine Frau zum Kurfürsten schickt. Er involviert so sein privates Umfeld, der Konflikt eskaliert. Die Schlosswache greift Frau Kohlhaas unglücklicherweise vor der Übergabe an. Sie wird schwer verletzt und stirbt wenig später sogar an den Folgen. Jetzt verliert Kohlhaas endgültig die Kontrolle über sich. Wollte er vorher Gerechtigkeit, so will er jetzt Rache. Er verkauft all seinen Besitz und zieht mit sieben Knechten schwer bewaffnet gegen den verschlagenen Junker zu Felde. Tronkas Schloss wird niedergebrannt, die Bewohner getötet. Dem Junker selbst gelingt gerade noch die Flucht. Das ist bereits ein klarer Fall von Notwehrüberschreitung.

Doch Kohlhaas will mehr. Sein erster Erfolg scheint ihm recht zu geben. Nun soll niemand mehr über ihn lachen! Er wird sich für das Unrecht rächen. Er vergrößert sein Gefolge und jagt den Junker. Er verlangt in Wittenberg, wo Wenzel von Tronka Zuflucht gefunden hat, dessen Herausgabe. Als man sich dort seinem Ansinnen verweigert, steckt Kohlhaas kurzerhand die Stadt in Brand. Er macht sich damit immer mehr zum Staatsfeind, aber noch ist er für manche ein Held. Später steckt er Leipzig in Brand, und nur ein plötzlicher Regen verhindert Schlimmstes. Martin Luther persönlich schaltet sich ein, doch Michael Kohlhaas erweist sich als beratungsresistent. Er ist ein Opfer! Er ist ungerecht behandelt worden! Warum soll er jetzt einlenken, wo er doch auf dem Vormarsch ist? Martin Luther verweigert Kohlhaas daraufhin die Absolution in der Beichte: »wegen fehlender Reue«. Aber auch das kann Kohlhaas nicht mehr beeindrucken.

Schließlich werden Kohlhaas freies Geleit in die Stadt Dresden und ein gerechter Prozess zugesagt. Endlich Gerechtigkeit! Kohlhaas löst seine Truppen auf und begibt sich nach Dresden, wo es schließlich zu einer Verhandlung gegen den Junker kommen soll. Doch während Kohlhaas in Dresden weilt, setzt ein Teil seiner früheren Truppe das Brandschatzen und Morden in seinem Namen fort. Die Stimmung im Volk schlägt zu seinen Ungunsten um. Auch die Vertrauten des Kurfürsten beginnen wieder gegen Kohlhaas zu intrigieren. Aus der ihm zugesagten Amnestie wird Gefangenschaft in seinem eigenen Haus. Kohlhaas ist in seiner Verbitterung schon so gefährlich geworden, dass er als unberechenbar gilt und man ihm Gerechtigkeit nicht mehr gewähren will. In der Hoffnung, der Gefangenschaft zu entkommen, lässt er sich schließlich von der Obrigkeit in eine Falle locken. Er geht auf das zum Schein vorgetragene Angebot eines brandschatzenden Knechts, ihm zur Flucht zu verhelfen, ein. Dafür wird Kohlhaas zum Tode verurteilt und hingerichtet. Sein Kampf gegen das erlittene Unrecht hat acht Jahre gedauert. Er hat alles verloren. Und dabei schlussendlich noch viel größeres Unrecht begangen.

Wenden wir uns – unter dem Eindruck des Schicksals des »Gerechtigkeitsfanatikers« Michael Kohlhaas – nochmals der These von Sokrates zu. Polos, der Gesprächspartner von Sokrates, äußert in dem von Platon aufgezeichneten Dialog, dass er einen solchen Menschen für beneidenswert halte, der töte oder beraube, wen er wolle. Also in obigem Fall zuerst den Täter Wenzel von Tronka und dann auch das »Opfer« Michael Kohlhaas. Sokrates jedoch entgegnet, dass dies, selbst wenn es im Recht geschehe, nicht beneidenswert sei. Grundsätzlich aber sei es besser, Unrecht zu erleiden als Unrecht zu tun.

Dieses Urteil stimmt nicht nur in ethischer Hinsicht: Kohlhaas wäre besser ausgestiegen, hätte er zur richtigen Zeit die zwei ausgehungerten Pferde zurückgenommen oder vergessen. Sokrates überzeugt Polos davon, dass das Unrechttun in sich hässlich ist und insofern ungut. Derjenige, der Unrecht tut, handle aus Nichterkennen des Guten und Schönen und insofern nie schön und gut. Durch diese Teilhabe am Schönen und Guten ergibt sich der Vorrang des Unrechtleidens vor dem Unrechttun. Die Handlungsweise des Michael Kohlhaas kann man tatsächlich nicht als schön und gut beurteilen. Hätte er rechtzeitig eingelenkt, so hätte man ihn als klug bezeichnen können, vielleicht sogar als weise. Aber so hat er alles verspielt, obwohl er zunächst zweifellos im Recht war. Verbitterung ist – wie wir an diesem Fall sehen – der verunglückte Umgang mit erlittenem Unrecht.

Die Verbitterung

Aristoteles ist vor über 2000 Jahren im folgenden Zitat aus der »Nikomachischen Ethik« eine gute Beschreibung des Gemütszustands unseres Gerechtigkeitsfanatikers Michael Kohlhaas gelungen, obwohl er ihn noch gar nicht kennen konnte: *»Verbittert ist der schwer zu Versöhnende, der lange den Zorn festhält; er verschließt die Erregung in seinem Innern und hört damit erst auf, wenn er Vergeltung geübt hat. Denn geübte Vergeltung beschwichtigt die Erregung, indem sie das Gefühl des Schmerzes durch ein Gefühl der Befriedigung ersetzt. Geschieht das nicht, so wirkt der Druck weiter. Denn da die Erregung nicht offen heraustritt, so kann einem solchen auch keiner gut zureden; innerlich aber die Erregung zu verarbeiten, dazu braucht es Zeit. Diese Art von Menschen ist sich selbst und den vertrautesten Freunden die schwerste Last.«*

Der deutsche Psychiater Michael Linden hat aufgrund seiner persönlichen Therapieerfahrungen mit Patienten in Berlin in den Jahren nach der Wende die »posttraumatische Verbitterungsstörung« beschrieben. Diese Störung trifft auch auf Michael Kohlhaas zu. Zu Linden kamen oft Patienten, die durch die Wende berufliche Nachteile in Kauf nehmen mussten beziehungsweise für die bisherige DDR-Privilegien weggefallen waren.

FALL 27: Herr Elmar F., 50 Jahre alt, kommt in die Praxis. Er leide an einem chronischen Erschöpfungssyndrom, sei unzufrieden mit seinem Leben und könne sich immer weniger freuen. Er habe definitiv zu viel auf dem Buckel, jeder wolle noch mehr von ihm und niemand nehme ihm Arbeit ab: Er müsse seine Firma leiten und sich gleichzeitig um die Wissenschaft kümmern. Und dann noch die Familie mit drei halbwüchsigen Kindern, die seit Jahren in der Pubertät seien und unverschämte Forderungen stellten. Das sei halt alles zu viel. Seine Frau, mit der er die Firma gemeinsam leite, verlange mehr Präsenz, sowohl in der Firma als auch in der Familie. Aber die verstehe halt nicht viel von der Wissenschaft. Der Psychiater fragt nach: Was das mit der Wissenschaft auf sich habe? Ja, er sei ein Privatgelehrter und schreibe an einem sehr wichtigen Buch über die göttlichen Tugenden – schon seit fünf Jahren, und das werde die Theologie revolutionieren. Der Psychiater reagiert verwirrt: Ob er denn Theologe sei? Nein, er sei Volkswirt und Firmengründer, aber in der Theologie habe er ausgesprochen viel Talent. Eigentlich sei er darin sogar genial, aber das sage er sehr ungerne, das würde so überheblich klingen. Aber es stimme: Ein bekannter Theologe habe ihm schon einmal in einem Antwortbrief seine Hochachtung ausgesprochen. Jede freie Minute verbringe er jedenfalls hinter dem Schreibtisch, um das Buchprojekt voranzubringen. Wovon er lebe? Nun, von der Firma, aber das könne ja genauso gut seine Frau machen. Das Buch hingegen könne sie nicht schreiben. Vor zehn Jahren habe er die Chance schlechthin gehabt: Damals habe ihn der berühmte Theologe G. als seinen persönlichen Assistenten wollen. Aber seine Frau habe da nicht mitgemacht. Er mache ihr da keinen Vorwurf, sie könne die Tragweite seines Werkes ja gar nicht überblicken. Wegen der Firma und der Familie habe er jedenfalls das schwere Opfer gebracht und sei nicht von Wien nach München gezogen. Wenn er damals nicht so blöd gewesen wäre – wobei die Familie und die Firma natürlich schon wichtig seien –, dann könne man sich ja ausrechnen, wo er heute stünde. Das könne er ohnehin nie mehr aufholen, aber zumindest ein wenig in diese Richtung müsse er sich schon bewegen. Das Buch sei Pflicht, aber seine Frau verstehe das nicht und entlaste ihn nicht ausreichend.

ANALYSE: Ein Mann bringt ein (notwendiges) Opfer für seine Familie, hält aber genau das dieser dann unterbewusst vor, fällt im Laufe der Zeit in die Opferfalle und verbittert. Er kann sich mit seinem Leben nicht zufrieden geben, sondern hängt sich an ein kopflastiges Projekt, das (so) nicht in sein Leben passt. Dieses Buchprojekt zu hinterfragen ist für ihn nicht möglich, da er damit seine (phantasierte?) Identität konstruiert.

Eine Verbitterungsstörung nach der Definition von Linden kann als Folge von außergewöhnlichen, jedoch durchaus lebensüblichen Belastungen entstehen, die persönlich als kränkend oder herabwürdigend erlebt werden. Jeder von uns kennt Beispiele dafür: Kündigung, Partnerschaftsprobleme, zwischenmenschliche Konflikte und Verlusterlebnisse. Ein wesentlicher Unterschied zur oft zitierten posttraumatischen Belastungsstörung liegt in der Alltäglichkeit der auslösenden Belastungssituation; damit wird anerkannt, dass selbst scheinbar banale Situationen ernsthafte Störungen auslösen können. Es gibt Patienten, die verbitterten, weil ihr Arbeitskollege fünfundzwanzig Euro mehr verdient als sie selbst.

Im Fall von Michael Kohlhaas geht es um die beiden Pferde. Wichtig für die Diagnose »Verbitterung« ist erstens, dass der Betroffene das Ereignis für ursächlich für seinen psychischen Zustand hält, sowie zweitens, dass er subjektiv das Ereignis als ungerecht, beleidigend oder als Demütigung erlebt hat. Beides trifft bei Kohlhaas zweifellos zu. Ein drittes Kriterium ist, dass die Reaktion des Patienten auf das Ereignis Gefühle der Verbitterung, Wut und Hilflosigkeit beinhaltet, sowie viertens, dass der Patient mit emotionaler Erregung reagiert, wenn er an das Ereignis erinnert wird. All das passt auch bei Kohlhaas. Ob das Ereignis eine objektive Ungerechtigkeit darstellt, ist für die Verbitterungsdiagnose unerheblich. Wichtig dafür ist allein, dass der Patient subjektiv Ungerechtigkeit empfindet.

FALL 28: Sigrid und Ludwig Z., beide Akademiker und berufstätig, kommen zur Paartherapie. Sie sind seit 19 Jahren verheiratet. Jetzt stehen sie in einer ernsten Ehekrise. Von Scheidung ist bereits die Rede. Frau Z. hat im vergangenen Jahr eine LebensberaterInnen-Ausbildung gemacht. Im Rahmen dieser Ausbildung habe sie sich selbst gefunden, sagt sie. Sie sei ein Leben lang bevormundet worden: zuerst von ihrer Mutter, dann von ihrem Mann. Jetzt werde sie sich einmal selbst etwas Gutes tun. Dadurch sei ihr Mann neidisch auf ihre Entwicklung und habe sich beleidigend geäußert – wörtlich: »Dir haben's dort ja ins Hirn g'schissn.« Das lasse sie sich nicht mehr gefallen. So nicht!
Herr Z. gibt zu Protokoll, dass er besagtes Zitat tatsächlich getätigt habe und inhaltlich auch dazu stehe. Vor diesem Kurs sei ihre Ehe wirklich ausgezeichnet gewesen. »Ja, aber auf meine Kosten!«, wendet sie lautstark

ein und schaut am Mann vorbei den Psychiater grimmig an. Dieser muss jetzt schlichten, sonst entgleitet die Situation. Es darf immer nur mehr einer reden, der andere muss zuhören, und der Psychiater erteilt das Wort. Manchmal muss auch ein Therapeut autoritär sein, besonders in Paargesprächen.

Sie habe sich ein Leben lang aufgeopfert, zuerst nur für ihren Mann, dann auch für die beiden Söhne, aber damit sei jetzt Schluss. Sie habe ihre eigenen Bedürfnisse gar nicht mehr wahrgenommen. Jetzt seien diese einmal an der Reihe.

Der Psychiater fragt vorsichtig, ob ihr die Kinder und die Gründung der Familie denn nicht auch ein Bedürfnis gewesen seien? Sie antwortet aufgebracht, dass jetzt Schluss sei, dass sie immer ihre Bedürfnisse hintangestellt habe. Vorsichtig setzt der Psychiater die Exploration fort. Vermintes Gelände! Der Mann ist zu Hause begeisterter Koch, hilft im Haushalt überdurchschnittlich, nur bügeln mag er nicht. Das kann sie im Grund auch wertschätzen, wenn man ganz vorsichtig nachfragt. Sie hat vor kurzem einen Teil der Wohnung umfunktioniert und neben ihrer Halbtagstätigkeit eine LebensberaterInnen-Praxis aufgemacht. Das unterstützt ihr Mann, fordert aber gemeinsame Zeiten ein. Die aber hat sie nicht mehr. Konflikte gibt es auch mit beiden Schwiegereltern, wobei sich beide mehr der Herkunftsfamilie verpflichtet fühlen. Beide Ehepartner fühlen sich vom anderen unverstanden. Gefühle kann der Mann wenig ausdrücken: Das moniert sie, und er gibt es zu. Die beiden Kinder, 13 und 14 Jahre alt, pubertieren durchschnittlich: Sie hatten kürzlich der Mutter an den Kopf geworfen, dass sie die ewige Leier von der fehlenden Dankbarkeit satthätten, weil sie schließlich nicht darum gebeten hatten, gezeugt zu werden. Pubertät eben. Das empört

die Mutter, und sie vermutet ihren Mann als Souffleur. Er verbringe ja viel mehr Zeit mit den Kindern.
Der Psychiater entlässt die beiden aus der ersten Stunde mit einer Aufgabe: Sie mögen bis zum nächsten Mal in Ich-Form die Sicht des anderen aufschreiben. Die Frau verschränkt die Hände und meint kategorisch: »Sicher nicht! Ich habe mich ein Leben lang um andere gekümmert. Jetzt kümmere ich mich einmal NUR um mich!« Der Psychiater merkt, dass das eine längere Therapie wird.

ANALYSE: Sigrid Z. ist auf einem verbitterten Selbstverwirklichungstrip. Sie sieht sich als Opfer, und mit dieser Rolle rechtfertigt sie ihren Ego-Trip. Ihre Rationalisierung lautet: Jahrelang habe sie sich den Bedürfnissen anderer (ihrer Mutter, ihrer Kinder, ihres Mannes) unterworfen. Jetzt dürfe sie wohl erstmals ihre eigenen Bedürfnisse erspüren und gegen Widerstand durchsetzen. Das ist so lange kein Problem, solange man allein auf der Welt ist. Weil sie das aber nicht ist, kracht es. Frau Z. übersieht, dass sie sich selbst zu so einem Leben in ehelicher Bindung mit Kindern entschieden hat. Die Pubertierenden bringen es recht gut auf den Punkt, wenn sie auf die freie mütterliche Entscheidung hinweisen, die eigentlich keinen Grund für Verbitterung darstellen kann.

Zu den Symptomen gehören wiederholte, sich aufdrängende Erinnerungen und eine bleibende negative Veränderung der psychischen Gesundheit. Die Bewältigung des Alltags und der täglichen Pflichten und Aufgaben ist durch die Verbitterung in der Regel behindert. Michael Kohlhaas zum Beispiel denkt nur mehr an seine Pferde, die ihm genommen wurden, an das erlittene Unrecht.

Vielleicht wäre er ein erfolgreicher Kaufmann geblieben, hätte er achselzuckend den Verlust in Kauf genommen: Man kann schließlich nicht immer gewinnen! Beim Betroffenen jedoch steht dieses andauernde Gefühl von Verbitterung im Vordergrund, verbunden mit Gefühlen von Hilflosigkeit, Vorwürfen gegen sich und andere, aggressiven Phantasien gegen sich selbst und andere bis hin zu Gedanken an Selbstmord und auch erweiterten Suizid (also Selbstmord und Mord). Kohlhaas hat sich zur Aktion, zur Rache entschieden. Viele Amokläufe gescheiterter Schüler in ihren Schulen sind so motiviert.

Im Gegensatz zu Kohlhaas kommt es bei vielen Patienten zu einer Blockade des Antriebs und einer inneren Unruhe. Betroffene zeigen oft psychosomatische Beschwerden, Schlafstörungen und einen Rückzug von allen sozialen Beziehungen. Plätze und Personen, die mit dem Trauma assoziiert sind, werden schamhaft vermieden, was vordergründig wie eine Phobie erscheinen kann. Die Grundstimmung ist missmutig, verärgert und vorwurfsvoll. Die Verbitterung kann auf den ersten Blick wie eine Depression wirken. Allerdings sind im Gegensatz zur Depression die Patienten schnell aufheiterbar und ablenkbar, wenn das Thema gewechselt wird. Ähnlich wie Angst kann eine verstärkte Verbitterung zu einem krankheitswertigen Zustand führen, der die Betroffen selbst schwer beeinträchtigt und der dann behandelt werden muss.

Verbitterung ist ein Gefühl, das jedem Menschen bekannt ist. In Umfragen gibt etwa die Hälfte der Menschen an, dass sie in den zurückliegenden Jahren Erlebnisse hatten, deren Erinnerung ein Gefühl der Verbitterung hochkommen lässt. Die meisten – die gesunden – Menschen kennen das zwar, kommen damit aber klar. Man hat zwar einen Zorn, eine wutmachende Erinnerung, aber fährt deswegen noch nicht aus der Haut, sondern kann das negative Erlebnis in seine Biographie und in seinen Alltag integrieren (siehe Fall 29). Bestimmte Berufsgruppen haben permanent verbitternde Erlebnisse, müssen aber damit zu leben lernen: Politiker etwa müssen sich, vor allem im Wahlkampf, gegenseitig rituell Schmerzen zufügen, einander beleidigen und Unsägliches unterstellen. Ein Politiker, der beim ersten kritischen Kommentar eines Journalisten die Fassung verliert oder bei der kleinsten Attacke eines politischen Konkurrenten in Tränen ausbricht, sollte um seiner psychischen Gesundheit willen rasch den Beruf wechseln.

Die gesunde Reaktion auf Ungerechtigkeit

Hier eine Klarstellung: Nicht jeder harmlose Zornausbruch oder Wutanfall ist schon eine »Verbitterung« im psychiatrischen Sinn. Es ist – je nach Temperament – recht menschlich, sich gegen erfahrene Ungerechtigkeit emotional aufzulehnen. Nicht jeder, der im Straßenverkehr oder angesichts des Steuerbescheids einen Wutanfall bekommt, gehört schon therapiert. Auch Kohlhaas reagiert am Anfang durchaus gesund. Der Verbitterte verliert allerdings jedes Maß, grollt länger als ein halbes Jahr und vernachlässigt seine anderen Verpflichtungen. Das Buch »Vergeben kann man nicht müssen« von Andreas Malessa und Ulrich Giesekus beginnt mit einem autobiographischen Alltagsfall, der ein gutes Beispiel für ein kurzzeitiges Verbitterungsgefühl darstellt, das schnell durch Reflektieren und Humor selbst therapiert wurde:

FALL 29: Parkplätze in der Innenstadt sind rar. Fahrradwege auch. Beide sind nicht überall markiert. Weit rechts entlang der Straße verläuft eine Fabrikmauer, davor ein gepflasterter Fußweg, zwischen diesem Fußweg und der Fahrbahn gibt es einen etwa zwei Meter breiten Streifen unbefestigten Bodens. Auf dem stehen, diagonal eingeparkt, viele, viele Autos. Ich bin in Eile und schon zweimal suchend im Karree gefahren, da schert ein Wagen aus der Reihe aus dem Seitenstreifen aus, gibt die Lücke frei – ich hab es geschafft! Habe einen Platz ergattert. Aussteigen, vorsichtshalber ein paar Schritte nach rechts und links gehen und nachschauen: nein, kein Verbotsschild, kein Parkschein-Automat weit und breit, nichts! Glück gehabt, denke ich. Schließe den Wagen ab und gehe meinen Besorgungen nach. Als ich wiederkomme, kleben mitten auf der Windschutzscheibe vier, fünf Aufkleber: »Parke nicht auf unseren Wegen!«, steht da. Darunter das Bild eines Fahrrads, stilisiert zu einem zornigen Augenpaar. Mein Puls geht schneller, ich werde rot. Mit dem Daumennagel kratze ich hektisch an jedem Sticker herum – vergeblich. Die Dinger kleben bombensicher. Ich schaue verstohlen umher, ob mich jemand sieht. In meine Wut mischt sich jetzt eine satte Portion Scham und verdichtet sich zu einem brodelnden Gebräu in mir. »Moment«, mahnt mein Verstand, »ganz ruhig. Erst die Fakten.« Na ja, ein diagonal eingeparkter Wagen von fünf Meter Länge ist in der Tat etwas länger, als dieser Sandstreifen breit ist. Das nach rechts eingeschlagene Vorderrad meines Autos berührt die verwitterten Pflastersteine entlang der Mauer. Aber – nützt es jetzt noch was, dies einzugestehen? Das ändert nichts an der Sachlage. Außerdem: soll dieser holprige, grasdurchwachsene Plattenpfad ein Fahrradweg sein? Wo steht das? Auf diesem Gehsteig

ärgern die Radfahrer die Fußgänger wahrscheinlich genauso, wie ich die Radfahrer – bzw. den Radfahrer – geärgert habe!
»Euch kenne ich, ihr Brüder«, schießt es mir durch den Kopf. »In knalligen Hirschlederhosen mit spiegelverglasten blauen Sportbrillen rast ihr in geduckter Haltung auf sündhaft teuren Rennrädern angeberisch durch die Stadt. Fünfzig oder sechzig Stundenkilometer schnell. Ihr seid lebensgefährlich für spazierende Rentner oder Mütter mit Kinderwagen! Aber mir gegenüber, dem parknotgebeutelten Autofahrer, wollt ihr das arme Opfer spielen! Und beansprucht eure vermeintlichen Rechte, indem ihr Windschutzscheiben verschandelt: Parke nicht auf unseren Wegen. Pah!« Ich steige ein, will losfahren. Die Aufkleber sind aber so exakt in Augenhöhe platziert, dass ich kaum etwas sehen kann. Mein Wut-und-Scham-Gemisch wird mit Ohnmacht und ängstlicher Sorge angereichert. Der selbsternannte Radwegschützer hat ganz bewusst meine Fahrsicherheit beeinträchtigt, will mich kalkuliert gefährden. Ist es eventuell jemand, der auch Radmuttern lösen oder Bremsen manipulieren würde? »Moment«, versucht mein Kopf den Topf von der Flamme zu nehmen. »Jetzt übertreibst du aber. Ein verärgerter Radfahrer ist kein Killer, okay?«
Meine Wut hält dagegen: »Der Typ – oder war es eine Frau? – muss die Aufkleber ja vorbereitet bei sich haben. Eine Bikerin, die diese Waffen ihrer Streitlust immer mit sich herumträgt wie ich meine Geldbörse oder den Wohnungsschlüssel. Eine permanent aggressive Autohasserin. Allzeit bereit, ihre arrogante Oberlehrerhaftigkeit durch Sachbeschädigung zu beweisen. Und wenn diese verdammten Bepper sich mit heißem Wasser und Spülmittel nicht ablösen lassen? Was kostet so eine Frontscheibe eigentlich? Zahlt das die Versicherung?

Nie im Leben.« Die Heimfahrt wird zum Spießrutenlauf. Ich bilde mir ein, an jeder Ampel würden sich alle entgegenkommenden Fahrer kaputtlachen, warum jemand mit fünf Zetteln vor der Nase Auto fährt. In mein Wut-Scham-Ohnmacht-Angst-Gemisch wird jetzt noch eine Prise Demütigung gestreut. Gleich werde ich vor allen Fensterfronten unserer Nachbarn ankommen und hoffentlich von niemandem begrüßt werden ...
»Jetzt mal halblang«, schüttelt mein innerer Kopf den äußeren, »du aufgeregtes kleines Hähnchen! Plusterst dich hier auf und krähst! Ein Freund deiner Tochter wurde von türkischen Jugendlichen grundlos zusammengeschlagen und lag mit gebrochenem Nasenbein im Krankenhaus. Eine Kollegin von dir wurde von ihrer früheren Redaktion dermaßen gemobbt, dass sie sich während der Arbeitszeit heulend im Klo einschloss. Es werden Frauen vergewaltigt, es werden Kinder sexuell missbraucht und ermordet. Und du jammerst wegen fünf Aufklebern!« Ich beginne mich über meinen Ärger zu ärgern.

Was macht Andreas Malessa so viel besser als Michael Kohlhaas? Er wahrt die Verhältnismäßigkeit, relativiert die wütenden Bauchgefühle mit Hilfe der Vernunft und pocht nicht auf absolute Gerechtigkeit. Dieses Beispiel zeigt anschaulich, wie sich Malessa zuerst – und verständlicherweise – ungerecht behandelt fühlt und mit Wut reagiert, gemischt mit Scham. Dann schaltet er die Vernunft ein und kann klären, dass er selbst auch Unrecht getan hat, indem er einen Fahrradweg zuparkte. Das lindert die Wut. Der eigene Anteil am Konflikt hilft, erlittenes Unrecht besser zu ertragen. Dann kocht neuerlich das wütende Bauchgefühl auf, das den anderen, den Feind, den unbekannten Täter, verspottet und entwertet. Die Wut entgleist in ihrer Phantasie und wird von der Vernunft ein zweites Mal zurückgepfiffen. Doch gleich wieder schäumt die Wut angesichts der objektiven Manövrierprobleme über und wird mit Humor (»Du aufgeregtes kleines Hähnchen! Plusterst dich hier auf und krähst!«) und der Relativierung des Schadens von der Vernunft ein drittes Mal auf den Boden geholt. Wegen fünf Pickerln auf der Windschutzscheibe entwickelt niemand eine posttraumatische Verbitterungsstörung, und selbst ein Michael Kohlhaas hätte deshalb nicht gleich Leipzig abgefackelt. Aber nicht jeder bekommt seine Bauchgefühle mit solcher Souveränität wieder in den Griff wie Malessa in diesem Text! Der Mann ist jedenfalls psychisch gesund. Und: Er dürfte kein reinrassiger Phlegmatiker sein.

Lassen wir uns auf das Gedankenexperiment ein, wie Michael Kohlhaas reagiert hätte, wenn sein Mercedes mit fünf »Parke nicht auf unseren Wegen«-Pickerln zugeklebt gewesen wäre. Nun, er wäre nicht nach Hause gefahren und hätte sie mit scharfem Putzmittel aufgelöst – so geht nämlich die Geschichte von Andreas Malessa zu Ende. Er hätte vermutlich Anzeige erstattet, die Polizei zur Abnahme von Fingerabdrücken bewegt, hätte in der Gasse sämtliche Anrainer nach Augenzeugen gefragt. Er hätte alle wichtigen Termine an diesem Nachmittag – inklusive den eigenen Hochzeitstag – vergessen, um sich der Causa zu widmen. Irgendwann wäre er zu der Überzeugung gelangt, dass die Polizei zu wenig Interesse an der Aufklärung des Kriminalfalls habe. Obwohl das doch kein Einzelfall sei! Er wäre zu einer großen Boulevardzeitung gegangen, hätte sein Unglück mit den Radfahr-Rowdies bekanntgegeben und aufgedeckt, dass die Polizei mit denen unter einer Decke steckt. Er hätte eine Bürgerwehr »Autofahrer gegen Rad-Terroristen« gegründet und die Firma ausgeforscht, die die rechtswidrigen Kleber »Parke nicht auf unseren Wegen« herstellt. Die hätte er verklagt. Das Thema hätte ihn Tag und Nacht beschäftigt und damit seine Partnerschaft massiv belastet. Michael K. wäre an keinem Radfahrer mehr vorbeigegangen, ohne diesen wüst zu beschimpfen. Herr Kohlhaas wäre nach vier Wochen, in denen er nur mehr sporadisch in der Firma war, gekündigt worden, denn sein Opferstatus wäre von der völlig unverständigen Chefetage nicht anerkannt worden. Doch das wäre nur Wasser auf Kohlhaas' Mühlen: Gegen die Kündigung wäre er vor das Arbeitsgericht gezogen und natürlich wiederum zu den Medien. Als Arbeitsloser hat Michael jetzt Zeit, einen eigenen Blog einzurichten und einen Twitter-Kanal. Herr Kohlhaas würde immer bekannter, aber nicht unbedingt positiv. Er fände keine Arbeit mehr. Seine Kinder würden in der Schule wegen seines Engagements verspottet – was wiederum den Vater auf den Plan ruft. Und so weiter …

Die Verletzlichkeit

Verletzlich ist der Mensch überall dort, wo er sich auf seine persönlichen Einschätzungen der Wirklichkeit existenziell stützt. Das nennt man in der Psychotherapie »Grundannahmen« (engl. »basic beliefs«). Fünfzehn Beispiele für praktische und weniger praktische Grundannahmen aus dem alltäglichen Leben: »Diese Firma kommt ohne mich nie zurecht, ich bin hier unersetzlich«; »Mein Chef mag mich sehr«; »Ich bin der beste Koch von hier bis Nebraska«; »Die Firma ist meine Familie, ich brauch keine Kinder«; »Was hab ich für einen traumhaften Body, alle Mädels stehen auf mich«; »Ich bin sehr beliebt und jeder mag mich«; »Der Beruf ist das Wichtigste im Leben«; »Materielle Sicherheit ist das Wichtigste im Leben«; »Verlässlichkeit und Ehrlichkeit sind das Wichtigste im Leben«; »Die Leute achten mich, weil ich reich bin«; »Ich bin toll, weil ich ein tolles Auto habe«; »Ich bin überdurchschnittlich intelligent und ausgesprochen gebildet – die anderen wollen gerne von mir lernen«; »Die Familie ist das Wichtigste im Leben«; »Mein Mann wird mir immer dankbar sein und mich nie betrügen«; »Gott ist die Nummer eins in meinem Leben«.

Viele der oben angeführten Grundannahmen sind einseitig und damit labil und gefährdet. Aber nicht alle. Je weiter eine Grundannahme von der Realität entfernt ist, desto leichter wird sie irgendwann verletzt (siehe Fall 30). Eine offensichtliche Dissonanz zwischen Grundannahme und Realität kennen wir als Selbstbetrug. Grundannahmen sind psychologische Einstellungen und Wertorientierungen, die dazu dienen, sich über eine lange Zeit hin kohärent verhalten zu können. Aufgrund der persönlichen, meist unausgesprochenen und unbewussten Grundannahmen kann man verstehen, als was jemand sich selbst versteht und wo er verletzlich ist.

Der junge Mann etwa, der sich wegen seines Autos toll fühlt, ist bei einem Totalschaden existenziell gefährdet. Schon ein Kratzer in seinem Boliden kann dann zur schweren Kränkung aufgebläht werden. Der Geistesriese, der sich ob seiner überragenden Intelligenz für nobelpreisverdächtig hält, mag den Nachweis eines Irrtums als schwere Beleidigung und Kränkung empfinden. Wer auf seinen Traumkörper unendlich stolz ist, den verletzen wir überproportional, wenn wir ihn auf das sich bereits abzeichnende Kugelbäuchlein hinweisen. Für den Unabkömmlichen und Unersetzlichen ist eine Kündigung besonders schwer zu ertragen. Wem der Beruf sehr wichtig ist, der kann tief getroffen sein, wenn die Beförderung auf unfaire Art hintertrieben wird. Sigmund Freuds »narzisstische Kränkung« beschreibt dasselbe Phänomen. Je mehr sich das idealisierte Selbst (Grundannahmen) von der Realität entfernt, desto kränkbarer ist der Betreffende. Je mehr sich jemand also ein geschöntes Bild von sich und seiner Welt zurechtlegt, desto schneller und desto tiefer fällt er in die Krise, wenn er schließlich mit der Realität konfrontiert wird.

Kränkungen und Ungerechtigkeit werden psychologisch als Aggression erlebt. Wenn darauf nicht mit wirksamer Verteidigung reagiert werden kann, setzen Hilflosigkeit, Resignation und Verbitterung ein. Verbitterung kann auch manchmal den Charakter einer Bestrafung des Aggressors durch Selbstzerstörung im Sinne einer Trotzreaktion haben. Verbitterung wird zur Resignation, weil es keine Hoffnung gibt, dass die eigene Handlung eine Änderung der Situation bewirken kann. Weil also die Hoffnung auf Handlungsspielraum verloren gegangen ist.

FALL 30: Die 55-jährige Renate W. wird von einer Freundin wegen einer »Depression« in die psychiatrische Praxis begleitet, nachdem sie 12 Monate zuvor unerwartet als Küchenleiterin eines Seniorenheims gekündigt worden ist. Von Seiten der Vorgesetzten wurden »erhebliche Arbeitsmängel« behauptet, die in einem ersten Schritt die Entpflichtung von der Funktion und letztlich die Kündigung zur Folge hatten. Nach der Kündigung kam es zu Stimmungseinbrüchen mit heftigem Weinen,

Verbitterung, Ärger, Wut, Hoffnungslosigkeit, Resignation sowie sozialem Rückzug, begleitet von körperlichen Beschwerden wie Schlaflosigkeit, sexueller Unlust, Gewichtsabnahme, Erschöpfung und diffusen Schmerzen.
Außerdem zeigt Renate W. seit der Kündigung ein angsterfülltes Vermeidungsverhalten, was die räumliche Nähe zu ihrer alten Arbeitsstelle, den Kontakt zu ehemaligen Kollegen sowie die direkten Erinnerungen an das Kündigungsereignis betrifft. Frau W. lehnte lange Monate jegliche Hilfsangebote und therapeutische Zuwendung ab (»Ich möchte nur in Ruhe gelassen werden und mich vor der hartherzigen Welt verkriechen.«) und kommt auch jetzt nur widerwillig und auf Drängen der Freundin. Renate W. macht sich nach wie vor selbst heftige Vorwürfe, weil sie so dumm gewesen sei, all die Jahre treu zu arbeiten, sich ausbeuten zu lassen und auch noch den eigenen Nachfolger auszubilden. Gleichzeitig erzählt sie von anhaltend quälenden Rachegedanken gegenüber der Chefin (»Sie sollte auch mal so leiden wie ich.«, »Ich könnte sie umbringen.«). Eigene Fehler kann sie weder sich selbst noch der Freundin, noch dem Therapeuten eingestehen.
Beim Ansprechen der Arbeitsplatzproblematik reagiert Renate W. mit emotionaler Entgleisung, bitterer Enttäuschung, Verletztheit und aggressiver Empörung. Andererseits zeigt die Patientin bei Ablenkung, zum Beispiel durch die Freundin, phasenweise einen ausgeglichenen, ja sogar fröhlichen Affekt mit guter Schwingungsfähigkeit. Beim Gedanken an Rache gegenüber der ehemaligen Chefin schämt sie sich zwar, grinst aber dennoch über das ganze Gesicht.
Das Besondere an dem kritischen Lebensereignis ist, dass Frau W. für sie unerwartet nach langer Tätigkeit in dem Seniorenheim gekündigt und ihre Stelle einem jün-

geren Mitarbeiter übertragen wurde, den sie selbst ausgebildet und gefördert hatte. Bereits vor der Kündigung war sie wegen angeblicher grober Fehler als Küchenchefin abgesetzt worden. Darüber will sie sich nicht vertiefen. Die Freundin berichtet vertraulich, dass trotz mehrmaligen Erklärens seitens der Vorgesetzten Renate W. bis heute behaupte, ein klärendes Gespräch über die Gründe der Absetzung habe nie stattgefunden. In einer Verhandlung zwecks einvernehmlicher Gehaltsreduktion wurde die Patientin – nach Information der Freundin – ausfällig und aggressiv, was die Kündigung letztlich provoziert habe.

Die Freundin kann weiter berichten, dass in Renate W.s ersten Jahren im Seniorenheim sie sich mit großem Engagement, das fast an Aufdringlichkeit gegrenzt habe, unentbehrlich gemacht habe. Sie hätte zuletzt als selbstüberschätzend, arbeitsscheu und leicht überheblich gegolten, aber es habe trotzdem noch immer ein relativ gutes Verhältnis zu den Mitarbeitern bestanden. Sie habe bereits früh im Leben die Erfahrung des Scheiterns gemacht, denn an vier verschiedenen Arbeitsstellen sei sie nach anfänglicher Zufriedenheit des Arbeitgebers gekündigt worden. Renate W. habe selber keinen Zugang zu dieser Realität und gebe in allen fünf Fällen den jeweiligen Arbeitgebern die vollständige Schuld.

Frau W. bezeichnet sich selbst als gutmütigen, freundlichen und geselligen Charakter, der oft zu vertrauensselig sei, sich für das Wohl anderer einsetze und gelegentlich ausgenutzt werde. Sie habe oft ihrem Beruf Familienaktivitäten und Sozialkontakte untergeordnet. Kritische Mitarbeiter hätten ihr aber – laut der Freundin – zuletzt nachgesagt, dass sie als Küchenleiterin im Umgang mit Kollegen ihre hohe Stellung betont und ihr gutes Verhältnis zur Chefin überschätzt habe. Auch im

privaten Bereich hatte sie ihre Wichtigkeit im Seniorenheim betont: »Ohne mich geht dort gar nichts.«
Vor diesem Hintergrund wurde die Kündigung von der Patientin als eine schwere Kränkung empfunden, die ihr ganzes bisheriges Lebenswerk in Frage stellt. Sie meint, sie habe sich über Jahre für das Seniorenheim aufgeopfert, keine Überstunden und Mehrbelastungen gescheut und sich immer für das »gute Miteinander« der Kollegen eingesetzt. Sie habe Jungköche gefördert und nach besten Kräften ausgebildet. Jetzt verliere sie ihre Stelle an den eigenen »Nachwuchs«, da Jungköche wirtschaftlich besser einzusetzen seien, während ihre eigene jahrelange Arbeit herabgewürdigt werde. Durch die herabwürdigenden Äußerungen der Vorgesetzten und das passive Verhalten des Nachfolgers sowie ihrer anderen Mitarbeiter fühlte sie sich in dieser Situation gedemütigt und zutiefst enttäuscht (»Man entsorgt mich wie ein Stück wertlosen Müll und verbreitet Unwahrheiten.«).
Die sozialen Konsequenzen sind einschneidend: Sie kümmert sich nicht mehr um eine neue Anstellung, verlangt quasi als Kompensation der ungerechten gesellschaftlichen Verhältnisse eine Frührente, zieht sich völlig aus dem sozialen Leben zurück und beschäftigt sich fast nur noch mit ihren Haustieren. Seit der Kündigung grübelt sie viele Stunden am Tag mit heftigen Affekten von Groll, Bitterkeit und Verzweiflung, weint häufig, hegt Lebensüberdruss-Gedanken, lehnt Hilfsangebote von Freunden ab und vernachlässigt ihr Äußeres. Insbesondere vermeidet sie den Kontakt zu ehemaligen Arbeitskollegen (»Die haben mich im Stich gelassen.«) und die räumliche Nähe zum Seniorenheim (»Wenn ich nur daran denke, kommen alle Erinnerungen mit Bitterkeit hoch, und ich verliere völlig die Fassung.«).

ANALYSE: Die Patientin ist verbittert, weil sie sich ungerecht behandelt vorkommt. In ihrem Selbstbild (Grundannahme) ist sie unbedingt für den Betrieb notwendig und deswegen unkündbar. Aus diesem Grund stellt die Kündigung ihre zentrale Grundannahme in Frage. Dabei hat sie sich in einer langsam wachsenden Selbstüberschätzung zunehmend in eine Lage gebracht, in der die Kündigung schlussendlich nachvollziehbar ist. Da sie nicht bereit ist, ihr Selbstbild zu korrigieren, interpretiert sie die Realität im Sinne der Fremdbeschuldigung um, kann aus ihren Fehlern nicht lernen, blockiert sich selbst in der Opferrolle und kann ihr Scheitern nicht fruchtbar machen.

Psychotherapie der Verbitterung

Die lange, manchmal sogar lebenslange Dauer der Verbitterung kommt dadurch zustande, dass die Betroffenen oft in einer passiven Opferrolle verharren. Insbesondere die trotzige Verbitterungsemotion führt dann häufig zu einer Ablehnung aller therapeutischen Hilfsangebote: »Die Welt kann ruhig sehen, was mir angetan wurde.« Eine Therapie wird schließlich auch erschwert durch eine fatalistisch anmutende, resignative und aggressive Grundhaltung der Patienten, die den Aufbau neuer Lebensperspektiven blockiert. Da hat ein Unternehmer eine Firma aufgebaut – aber die Erben richten sie zugrunde; ein Abteilungsleiter zieht eine Reform durch – aber der Nachfolger revidiert sie. Im Fall der Renate W. (Fall 30) war ihre Grundüberzeugung, unersetzlich für das Seniorenheim zu sein, Grund für die zunehmende Vernachlässigung ihrer Pflichten. Dadurch hat sie jene Kündigung mitverursacht, die ihren Grundannahmen massiv zuwiderlief. Man sieht mächtige Männer, die in den Pensionsschock verfallen und darüber verbittern, dass die Nachfolger alles anders machen – also falsch. Aber es gibt auch umgekehrt Fälle, wo das Ablösen von der früheren Wichtigkeit in der Pension gelingt, indem eine neue, erfüllende Aufgabe gefunden wird. Oft wird erst in dieser Phase die Ressource Familie in ihrer vollen Dimension erkannt.

Es bildet sich eine Unversöhnlichkeit, die das Verstehen der anderen Seite unmöglich macht. Aus Trotz gehen viele nicht in Therapie, sondern verbohren sich im eigenen Unglück. Das hat zwar den positiven Nebeneffekt, dass das Umfeld (manchmal und kurzzeitig) Mitleid bekundet, doch bietet das bloß eine bittere und kurze Befriedigung. Zudem verstärkt Mitleid in diesem Fall bloß die passive Haltung und erschwert aktive Änderungen.

Verbitterte wollen die absolute Gerechtigkeit hier und jetzt erleben. Wie Michael Kohlhaas. Man kommt jedoch erst durch die Erkenntnis weiter, dass diese Gerechtigkeit auf Erden nicht existiert und man sich letztlich mit mancher Ungerechtigkeit zufrieden geben muss.

Michael Linden hat für die Behandlung die sogenannte Weisheitstherapie entwickelt. Es geht darum, das erlittene Unrecht zu ertragen, statt an ihm zu verzweifeln. Der Wissenschaftler hat zwölf Weisheitskriterien zusammengetragen: Perspektivwechsel (die Fähigkeit, im Fall 29 die Perspektive des Radfahrers einzunehmen), Selbstdistanz (die Relativierung der eigenen Bauchgefühle), Empathie (wie fühlt sich ein Radfahrer, dem täglich überlange Autos den Weg abschneiden?), Emotionswahrnehmung und Emotionsakzeptanz (was ist mein Bauchgefühl, und was sagt meine Vernunft?), emotionale Serenität und Humor (»Du aufgeregtes kleines Hähnchen! Plusterst dich hier auf und krähst!«), Fakten- und Problemlösewissen (die Kleber gehören weg, dann ist alles wieder okay), Kontextualismus (das Pickerl als Folge des Falschparkens), Wertrelativismus (es gibt auf Erden keine absolute Gerechtigkeit), Selbstrelativierung (nimm dich nicht so wichtig), Ungewissheitstoleranz (ich werde nie herausfinden, wer das gewesen ist), Nachhaltigkeit (der reale Schaden ist mickrig) sowie Problem- und Anspruchsrelativierung (andere haben wirkliche Probleme).

In der Therapie der Verbitterung versucht man zunächst, bei anderen »unlösbaren« Fällen die Perspektive zu wechseln. Hierbei werden dem Patienten beispielsweise komplexe und auf den ersten Blick unlösbare Lebensprobleme vorgegeben und die Patienten angeleitet, dieses Problem aus verschiedenen Perspektiven zu kommentieren und dabei Fähigkeiten des Perspektivenwechsels oder der Wertrelativierung einzuüben. Ein klassisches Beispiel, das den Patienten vorgelegt wird: Ein Mann lässt seine Frau nach 25 Ehejahren mit einem Berg Schulden sitzen, weil er sich in seine 28-jährige Sekretärin verliebt und seine Frau sich zunehmend in die Esoterik verloren hat. Zunächst scheint der Fall – ebenso wie die Verbitterung der Ehefrau – klar. Sobald man aber die Geschichte aus der Perspektive des Mannes, der Geliebten, ihrer Mutter, des Dorfpfarrers oder der lebenserfahrenen Großmutter erzählen soll, wird es bunt und vielschichtig. Damit erlernen die Patienten die Flexibilität im Perspektivenwechsel, die sie später auch auf ihren eigenen Fall anwenden können.

Es geht bei der Weisheitstherapie nicht um eine Lebensberatung und Unterstützung bei der Bewältigung eines Lebenskonflikts. Es geht um die Besserung der

Psychopathologie. Nicht das objektive Problem des Patienten ist zu lösen, sondern seine Unfähigkeit, sein Problem zu lösen oder einfach damit zu leben. Dies geschieht eben nicht durch die Erarbeitung von Konfliktlösungen, sondern durch die Förderung psychologischer Funktionen, die erforderlich sind, um eine Konfliktlösung erreichen zu können. Die Weisheitstherapie vermeidet daher weitgehend, direkt am Thema des Konflikts zu arbeiten. Stattdessen werden Weisheitsstrategien an Modellproblemen eingeübt. Bezüglich der Therapie gilt, dass die Funktion und nicht der Inhalt das Therapieziel ist, was auch grundsätzlich als Unterschied zwischen Therapie und Beratung gelten kann.

Bei vielen Verbitterten kann man feststellen, dass an die Stelle der enttäuschten Grundannahme (»Ich bin in der Firma unabkömmlich«) eine neue Grundannahme getreten ist, nämlich die, das Opfers einer schwerwiegenden Ungerechtigkeit zu sein, weswegen man jetzt also leiden müsse.

Vergebung als psychotherapeutischer Prozess

In »Asterix auf Korsika« wird ein humorvolles Bild einer Gesellschaft gezeichnet, bei der Familien mit ihren Nachbarn über Generationen unversöhnt sind, obwohl schon niemand mehr weiß, worum es im Streit ursprünglich ging. In der Tat erleben viele Patienten ihre Unversöhnlichkeit – das heißt die Unfähigkeit zur Versöhnung – als beengend und belastend. Mehr und mehr ist in der psychotherapeutischen Forschung der letzten Jahre deswegen das Augenmerk auf diese Problematik gelenkt worden. Für das von der angloamerikanischen

Wissenschaft verwendete Wort »Forgiveness« ist allerdings keine deutsche Übersetzung wirklich brauchbar. Normalerweise wird es mit »Vergebung« übersetzt, aber tatsächlich geht es mehr um Vergebungsbereitschaft oder Versöhnungsbereitschaft, um den Willen oder die Fähigkeit zur Vergebung. Es geht um eine kognitive Fähigkeit des Menschen als Ressource, um die allgemeine Eigenschaft, prinzipiell Unrecht vergeben zu können. Das deutsche Wort »Vergebung« würde eher eine konkrete Beziehung zwischen zwei Menschen beschreiben, die nach einem Unrecht interagieren: das greift zu kurz.

Die Fähigkeit zur Vergebung hat sicherlich auch mit dem Temperament zu tun (so tut sich ein Sanguiniker damit leichter als ein Melancholiker, siehe Kapitel 4). In erster Linie ist die Vergebungsbereitschaft aber eine innere Haltung, die sich der Mensch im Rahmen seiner Charakterformung genau deswegen angeeignet hat, weil er Vergeben im zwischenmenschlichen Miteinander für wertvoll erachtet (siehe Kapitel 5). Weil er es als Wert erkennt, wird er die Haltung immer wieder einüben, bis er sie verinnerlicht hat. Hier setzt die Psychotherapie an. Die Vergebungsforschung belegt, dass Vergeben Stress reduziert und damit sowohl Körper als auch Psyche guttut. Der Prozess des Verzeihens wirkt sich laut empirischer Studien positiv auf den Organismus aus, was etwa am Blutdruck, an der Muskelspannung und am seelischen Wohlbefinden abgelesen werden kann.

Bisher wurde der Aspekt der Vergebung in Europa kaum wissenschaftlich behandelt, vermutlich aus der Angst heraus, dass der Begriff an sich bereits Religion impliziert. Forgiveness ist jedoch in erster Linie ein psychischer Akt und nicht schon ein religiöses Phänomen. Verzeihung als optimale Form des Loslassens von erlittenem Unrecht beschreibt einen Prozess, der im Wesentlichen drei Schritte bzw. Ebenen braucht: Erstens ist die Erkenntnis nötig, dass man auch selbst Fehler macht. Erst dadurch wird man bereit, auch dem Täter falsches Handeln zugestehen zu können. Zweitens muss man vergeben wollen: Man braucht eine Portion Großmut, um tatsächlich in einer gröberen Sache ›Schwamm drüber!‹ sagen zu können. Erst an dritter Stelle schwingt sich die Emotion auf die Vergebung ein. Also: erstens Verstehen, zweitens Wollen und drittens Fühlen.

Zu allen drei Schritten gibt es heute konkrete Forschungsergebnisse. Die Ebene des Verstehens hat die Psychologin Julie Exline von der Case Western Reserve University eingehend untersucht. Sie hat sieben Experimente über kognitive (geistige) Flexibilität und Empathie durchgeführt und ist zu dem Ergebnis gelangt, dass Forgiveness statistisch mit dem eigenen Schuldbewusstsein zusammenhängt: Selbsterkenntnis der eigenen Fehler erleichtert auch die Vergebung erlittenen Unrechts – also fremder Schuld. Die Einsicht und Erkenntnis in die eigene Fehlerhaftigkeit ermöglicht es, auch anderen leichter Fehler zuzugestehen und damit erlittenes Unrecht zu verzeihen. Daraus folgt auch: Je fehlerloser ein Mensch vermeintlich ist, desto schwerer tut er sich mit dem Verzeihen.

Die Gruppe um den Forgiveness-Forscher Everett Worthington von der Virginia Commonwealth University hat den Zusammenhang zwischen dem zweiten (Wollen) und dem dritten Schritt (Emotion) untersucht: Sie unterscheidet hier zwischen willentlicher und emotionaler Vergebung. Für einen tiefgreifenden Veränderungsprozess reicht es in schweren Fällen nicht aus, alleine den Entschluss zu fassen und einzig willentlichpragmatisch jemandem zu vergeben, von dem man sich verletzt fühlt. Hier ist dann oft psychotherapeutische Hilfe nötig: Der Wille macht eine neue Haltung des Verstehens des Täters (Schritt 1) möglich. Die emotionale Vergebung, die sich allein wie »wirkliche Vergebung« anfühlt, muss mit einem Willensakt beginnen. Die Emotion hinkt dem Verstehen und Wollen hinterher: Wer nicht vergeben will, der vergibt auch nicht. Vergeben ist kein emotionaler Prozess, der unabhängig vom menschlichen Willen abläuft. Gegenüber der willentlichen Vergebung bedeutet emotionales Vergeben, die negativ-unversöhnliche Haltung durch positive Gefühle zu ersetzen. Während die willentliche Vergebung ihren Schwerpunkt auf die Verhaltenskontrolle legt, zielt die emotionale Vergebung darauf ab, neben dem Denken und dem Willen auch das Gefühl mit einzubeziehen. Da die emotionale Vergebung den Abschluss des Vergebungsprozesses bedeutet, ist es naheliegend, dass sie deutlich stärkere psychophysiologische Effekte nach sich zieht – und das gesundheitliche Wohlbefinden dadurch gesteigert wird – als die rein willentliche Vergebung.

Hier ist aber wichtig festzuhalten, dass Verzeihen nicht heißt, die Verfehlungen des Täters (falls es solche gibt) auch tatsächlich gutzuheißen. Viele Patienten missverstehen das und blockieren sich so in der Opferrolle: Mit »Das kann ich niemals vergeben« ist oft ein »Das kann ich niemals gutheißen« gemeint. Alice Miller, die Theoretikerin der »schwarzen Pädagogik«, also der These, dass die falsche Erziehung der Eltern für (fast) alles verantwortlich sei, geht in ihrem Buch »Evas Erwachen« davon aus, dass man sich davon auch lösen kann und spätestens als Erwachsener für sein Leben im Wesentlichen selbst verantwortlich ist: *»Den alternden*

Eltern ehrlich (und nicht durch Moral erzwungen) zu verzeihen ist nur dann nicht schwer, wenn man sich mehrmals erlaubt hat, die Not, die sie uns bereitet haben, zu fühlen, diese ernst zu nehmen und das Ausmaß der erfahrenen Grausamkeit zu erfassen.«

In der Tat, Verzeihen kann niemals Bagatellisieren heißen, kann aber durchaus ein Verstehen der damaligen Ohnmacht der Eltern beinhalten, die dann leichter fällt, wenn man plötzlich bei seinen eigenen Kindern vor derselben Situation steht. Immer wieder erlebt der Psychiater Aha-Erlebnisse, wenn der Patient plötzlich erkennt, dass die von ihm kritisierten Eltern zum Zeitpunkt der »Tat« (oder Unterlassung) jünger waren, als er jetzt aktuell ist. Damit hat er sich von der phantasierten Allmacht zurück in die Fehlerhaftigkeit des Menschlichen geholt. Alice Miller betont, dass auch im Verzeihungsprozess das Böse nicht gut genannt werden muss: *»So wird ihr mit der Zeit die Verzeihung möglich sein, aber nicht die Verzeihung wird diese jungen Mütter befreien, sondern die Tatsache …, dass sie die Wahrheit nicht leugnen müssen, dass sie das Böse als Böses erkennen dürfen.«*

Die Holocaust-Überlebende Eva Mozes Kor, die ein Opfer der Menschenversuche des KZ-Arztes Josef Mengele war, stellte in einem Interview überraschend klar: *»Ich erlebe es als befreiend, den Tätern zu vergeben.«* Tatsächlich kann der ewige Groll eine schwere Last werden, weil er den eigenen Handlungsspielraum einengt. In der Praxis sieht man häufig, dass der psychodynamische Prozess der Vergebung ermöglicht, ein verbitterndes, in diesem Fall sogar traumatisierendes Erlebnis in der eigenen Biographie so einzuordnen und zeitlich abzuschließen, dass man für eine neue Lebensphase und neue Lebensthemen – für neue Grundannahmen – offen und frei wird. Der Soziologe Harald Welzer von der Uni Witten-Herdecke beobachtet, dass *»die Ideologie des Durcharbeitens und Konfrontierens den Opferstatus festschreibt, obwohl sie ihn zu beseitigen vorgibt«.* Hier kritisiert er eine Fehlentwicklung innerhalb der Psychotherapie, die Traumatisierungen überlang wiederkäuen will, ohne loslassen zu können. Oft wird manchmal in jahrelangen Therapien nicht einmal die erste Stufe des Verstehens erreicht.

Worthington stellt anhand der wissenschaftlichen Datenlage fest, dass die Hauptwirkung der Forgiveness darin besteht, die Unversöhnlichkeit zu reduzieren. *»Unversöhnlichkeit ist ein missgönnendes, rachsüchtiges, feindliches, bitteres, übelnehmendes, verärgertes, ängstliches und depressives Grübeln. Sie ist direkt mit dem Faktor der subjektiv erlebten Ungerechtigkeit assoziiert.«*

Im Grunde bezeichnet die »Unversöhnlichkeit« im angloamerikanischen Raum also genau dasselbe wie der Begriff der Verbitterung im deutschsprachigen Raum. Verbitterung ist eben genau missgönnend, rachsüchtig, feindlich, bitter, übelnehmend, verärgert und kreist um ein subjektiv erlittenes Unrecht. Daraus lässt sich folgern, dass die Verbitterung durch Vergebungsbereitschaft reduziert werden kann. Der Dreischritt zur Vergebung – Verstehen, Wollen, Fühlen – ist demnach nach neuesten wissenschaftlichen Erkenntnissen, psychotherapeutischen Einsichten und dem gesunden Menschenverstand der Königsweg aus der Verbitterung.

FALL 31: Der 55-jährige Pater Klaus kommt in die Praxis. Er wäre 23 Jahre lang Prior seines Klosters gewesen, das sei, so sagt er, eine sehr anstrengende Zeit gewesen. Die Provinzleitung habe aber seine Erschöpfung nicht wahrgenommen, habe ihn nicht rechtzeitig entlastet. Er hätte in seiner Niederlassung dringend noch zwei zusätzliche Priester für die Aufgaben benötigt, die er sich vorgenommen gehabt habe. Wäre er rechtzeitig entlastet worden, dann würde sein Kloster heute blühen, so ist er überzeugt. Und er wäre weiter Prior. Jetzt aber sei er abgelöst worden, das mache ihm grundsätzlich natürlich nichts aus, aber sein Nachfolger mache leider alles verkehrt. »Wie man in so kurzer Zeit so viel falsch machen kann!« Außerdem frage ihn der neue Prior so selten – »Der will wohl das Rad neu erfinden«. Pater Klaus meint: »Es ist auch nicht gerade ein Zeichen von Demut, wenn er denjenigen nicht fragt, der es durch jahrelange Erfahrung besser weiß. Und im Nachbarkloster laufen die Dinge auch nicht so, wie das eigentlich sein sollte.« Er, Pater Klaus, habe schon an den Provinzial geschrieben, aber der reagiere auch nicht mehr auf seine Vorschläge, obwohl Pater Klaus ja vor Ort sei und das wohl besser beurteilen könne. Überhaupt habe er den Eindruck, dass der Provinzial und die ganze Provinzleitung wohl völlig überfordert seien.

ANALYSE: Der Patient weist eine explosive Mischung aus eigener Fehlerlosigkeit, Fremdbeschuldigung, Opferkult und Besserwisserei auf, die seine Verbitterung bedingen.

ZUSAMMENFASSUNG: Das Leben besteht darin, Unrecht zu tun und Unrecht zu erleiden. Unrecht zu erleiden ist nicht leicht: Auch bei echtem Fremdverschulden und tatsächlich eigener Unschuld gibt es Handlungsspielraum in Form von Vergebung, die aktiv ist, während Verbitterung passiv ist. Die Freiheit zum Verzeihen ist denen leichter zugänglich, die auch an sich selbst Fehler sehen. Die Perfekten und Fehlerlosen tun sich außerordentlich schwer mit dem Verzeihen.

Teil III

Die Lösung

7. Kapitel

Die Macht der Bauchgefühle

Anton Hofmiller auf der Couch

Bauchgefühle können ganz toll sein. Kennen Sie das? Man schwebt auf einer Gefühlswolke durchs Leben, macht mit Leichtigkeit, fast traumwandlerisch, alles richtig, und die Leute liegen einem zu Füßen. Aber manchmal schwebt man – traumwandlerisch und in großer Leichtigkeit – auch auf einen Abgrund zu, und nur eine große, schmerzhafte Willensanstrengung, die einer fürchterlich trockenen Vernunftentscheidung folgt, kann uns dann vor dem Schlimmsten bewahren. Das Schweben – das in den Himmel und das in den Abgrund – fühlt sich interessanterweise gleich an. Bauchgefühle haben nämlich keinen Orientierungssinn.

Woody Allen sagte einmal scherzhaft: *»Das Schwierigste am Leben ist es, Herz und Kopf dazu zu bringen zusammenzuarbeiten. In meinem Fall verkehren sie noch nicht mal auf freundschaftlicher Basis.«* Das trifft zu. Der Mensch ist in sich gespalten, uneins, widersprüchlich. Und unser Kompass liegt definitiv nicht im Bauch.

Die Bauchgefühle des Leutnants Anton Hofmiller

Der österreichische Schriftsteller Stefan Zweig bringt es auf den Punkt. In seinem Roman »Ungeduld des Herzens« geht es um den Kompass im Bauch, der in die Irre führt. Der Schauplatz ist ein ungarisches Garnisonsstädtchen im österreichisch-ungarischen Grenzgebiet, kurz vor dem Ausbruch des Ersten Weltkriegs. Der junge und harmlose Leutnant Anton Hofmiller ist dort stationiert und erhält eine Einladung in das Schloss des ungarischen Magnaten Lajos von Kekesfalva, wo er die 17-jährige gelähmte Tochter des Hauses, Edith, kennenlernt. Nettes Geplauder mit dem koketten Töchterchen und ihrer feschen Kusine zum einen, das eine oder andere Gläschen Tokajer zum anderen – und schon passieren Fehler. Hofmiller erkennt nicht die peinlich verborgene Behinderung des Fräuleins Kekesfalva und begeht einen schmerzhaften Fauxpas, indem er sie in leicht angetrunkenem Zustand zum Tanz auffordert. Ein emotionaler Super-GAU des Teenagers ist die Folge. Erschrocken wird er des Raumes verwiesen. Nun erst erfährt er die bittere Wahrheit von der Kusine und schleicht sich heimlich und voller Schuldgefühle aus dem Haus, ohne sich zu verabschieden.

In den folgenden Tagen überlegt Hofmiller – den schlechten Nachgeschmack im Mund –, wie er sein Unwohlsein reduzieren, sein »schlechtes Gewissen« erleichtern könne. Er beschließt, nochmals hinzugehen und den Schaden wiedergutzumachen. Dann würde er sich besser fühlen. So sucht er, selbst bettelarm, die überaus wohlhabende Familie noch einmal auf und wird freundlich empfangen. Er ist erleichtert, und nach einem netten Abend verspricht er wiederzukommen. So häufen sich seine Besuche, bei denen es sich ergibt, dass er immer häufiger allein auf Edith, die Tochter des Hauses, trifft. Denn das ganze Leben in dem Schloss kreist ungesund um das lahme Mädchen. Hofmiller ist aber geblendet vom erhebenden Gefühl, andere Menschen erfreuen zu können. Edith strahlt, die Kusine ist begeistert und der millionenschwere Vater zutiefst dankbar. *»Nun aber war das Unerwartete geschehen, und staunend blickte ich mit aufgeschreckter Neugier mich selber an. Wie? Auch ich mittelmäßiger junger Mensch hatte Macht über andere Menschen? Ich, der keine fünfzig Kronen ehrlich meinen Besitz nennen konnte, vermochte einem reichen Manne mehr Glück zu schenken als alle seine Freunde? Ich, Leutnant Hofmiller, konnte jemandem helfen, ich konnte jemanden trösten? Wenn ich mich einen Abend, zwei Abende zu einem lahmen, verstörten Mädchen setzte und mit ihr plauderte, wurden ihre Augen hell, ihre Wangen atmeten Leben, und ein ganzes verdüstertes Haus ward licht durch meine Gegenwart?«*

Der k.u.k. Leutnant Anton Hofmiller fühlt sich wohl, fühlt sich als Wohltäter, als ein guter Mensch. Gleichzeitig wird er in einer Weise materiell verwöhnt, wie er es vorher noch nicht erlebt hat. Er ist rundum zufrieden mit der Situation, weil er sich endlich selber einmal etwas Gutes tut, das noch dazu für die anderen auch passt, und seine Befindlichkeit dadurch deutlich gesteigert wird, nach dem Motto: »Ich bin o.k., du bist o.k.« Sein Bauchgefühl sagt ihm: »Ich bin wahrhaftig ein guter Mensch. Wie leicht fällt es mir, gut zu sein.« Dieses Gefühl wird immer intensiver und bald scheint es, dass Hofmiller die gesamte Bedeutung seiner Existenz aus seinem Mitgefühl und den daraus resultierenden Reaktionen bezieht. Er lebt und definiert sich nun fast einzig durch sein »selbstloses« Mitleid für eine behinderte Frau und die Dankbarkeit, die sie, ihre Kusine und ihr Vater ihm für seine Freundlichkeit entgegenbringen.

Das gelähmte Mädchen verliebt sich bald in den netten Leutnant, der diese Entwicklung leider erst bemerkt, als es schon viel zu spät ist. Fräulein Kekesfalva baut einen enormen psychischen Druck auf, dem der weichliche Offizier nicht gewachsen ist. Aus Feigheit, Schwäche und einer ungünstigen Verstrickung heraus macht er der unheilbar Kranken Hoffnung auf eine baldige Genesung. Der Arzt Dr. Condor behandelt die Kranke. Er ist in dem Drama das Gegenmodell zum oberflächlichen Hofmiller, hat er doch eine Blinde geheiratet, die er nicht zu heilen vermochte. Er mahnt den jungen Leutnant in einem vertraulichen Gespräch eindringlich, auf Distanz zu seinen »mitleidigen« Bauchgefühlen zu gehen: *»Aber verhängnisvollerweise besitzt der Organismus, der Körper wie die Seele, eine unheimliche Anpassungskraft; so wie die Nerven immer mehr Morphium, benötigt das Gefühl immer mehr Mitleid, und schließlich mehr, als man geben kann. Einmal kommt unvermeidlich der Augenblick, da und dort, wo man ›Nein‹ sagen muss und sich nicht kümmern darf, ob der andere einen für dieses letzte Weigern mehr hasst, als wenn man ihm nie geholfen hätte. Ja, lieber Herr Leutnant, man muss sein Mitleid richtig im Zaum halten, sonst richtet es schlimmeren Schaden an als alle Gleichgültigkeit – das wissen wir Ärzte und wissen die Richter und die Gerichtsvollzieher und die Pfandleiher; wenn die alle immer nur ihrem Mitleid nachgeben wollten, stünde unsere Welt still – gefährliche Sache das Mitleid, gefährliche Sache! Sie sehen selbst, was Ihre Schwäche angerichtet hat.«*

Dr. Condor weiß, dass nicht alles, was nach hochherzigem und selbstlosem Mitgefühl riecht, auch selbstlos ist. Und dass Bauchgefühle besonders dann täuschen können, wenn sie sich laut und melodramatisch geben. Aber es hilft alles nichts, der wehleidige Leutnant ist zu keinem schmerzhaften Bruch bereit, sondern verheddert sich mehr und mehr in eine aussichtslose Situation, obwohl er mit der Vernunft genau sieht, wohin sein Schiff da steuert. Ein halbherziger Versuch, sich herauszuwinden, wird von der jungen, leidenschaftlichen Frau souverän zunichtegemacht, indem sie ihm erwidert: *»Sie haben jetzt, glaube ich, wirklich die Wahrheit gesagt. Sehr, sehr höflich haben Sie sich ausgedrückt, und sehr gewunden. Aber ich hab Sie doch genau verstanden. Ganz genau verstanden … Sie kommen, sagen Sie, weil ich so ›allein‹ bin – das heißt auf gut Deutsch: weil ich angenagelt bin an diesen verfluchten Liegestuhl. Nur deshalb also trotten Sie täglich heraus, nur als barmherziger Samariter kommen Sie zu dem ›armen, kranken Kind‹ – so nennt ihr mich wohl alle, wenn ich nicht dabei bin, ich weiß schon, ich weiß. Nur aus Mitleid kommen Sie, ja, ja, ich glaub's Ihnen schon – warum wollen Sie's jetzt wieder ableugnen? Sie sind doch ein sogenannter ›guter‹ Mensch und lassen sich gern von meinem Vater so nennen. Solche ›gute Menschen‹ haben Mitleid mit jedem geprügelten Hund und jeder räudigen Katze – warum nicht auch mit einem Krüppel?«*

In seiner Willenlosigkeit, Wehleidigkeit und Schwäche kann er keine Entscheidung treffen, mit der er Edith kränken würde. So bleibt er in ihren Netzen, die sich immer mehr zuziehen. Zunehmend wird sie bitter und sarkastisch, treibt den kraftlosen Leutnant rhetorisch vor sich her, macht ihm ihr Schicksal zum Vorwurf. Nach einem heftigen Ausbruch Ediths kommt es zu einer fatalen Versöhnung. Als sich der naive und schwache Leutnant zu ihr herunterbeugt, um ihr freundschaftlich die Stirn zu küssen, reißt die Kranke mit verzweifelter Heftigkeit den überraschten und überforderten Hofmiller an sich und vergewaltigt ihn zu einem leidenschaftlichen Lippenkuss. *»Nie in meinem Leben hab ich mehr einen derart wilden, einen so verzweifelten, einen so durstigen Kuss empfangen wie von diesem verkrüppelten Kind.«* Auch jetzt versucht der Kraftlose noch zu kalmieren, schlittert aber in eine Verlobung und verspricht dabei die Verehelichung, falls sie gesundet. Aus Angst vor Spott und Verachtung steht er jedoch in der Öffentlichkeit nicht zu ihrer Verbindung. Als Edith erfährt, dass er die Verlobung vor anderen leugnet, nimmt sie sich das Leben. Von Schuldgefühlen überwältigt, stürzt sich daraufhin Hofmiller in einer todesmutigen Flucht in die Kämpfe des beginnenden Ersten Weltkriegs.

Das organische Modell: Kopf – Herz – Bauch

Der tragische Fall des k. u. k. Leutnants Anton Hofmiller zeigt anschaulich, dass das ungebremste, unreflektierte Bauchgefühl – selbst wenn es sich, wie im Fall des Mitleids, um ein positives Gefühl handelt – ein schlechter Berater ist. Er hat definitiv die Kontrolle über sein Leben bzw. über seine emotionalen Beziehungen verloren. Hofmiller kann seine Gefühle schwer wahrnehmen und noch schwerer deuten. Er tut sich daher schwer, unerwünschte Folgen hintanzuhalten, weil er seinen gefühlsgetriebenen Handlungen ausgeliefert ist. Instinktgetriebene Bauchmenschen wie unser Offizier können aber mitunter schweres Unglück – in diesem Fall einen Suizid – verursachen. Hofmiller hätte von einer guten

Psychotherapie profitiert, in der er das Wahrnehmen und vernünftige Hinterfragen seiner Emotionen gelernt hätte. Auf der anderen Seite sind die immer vernünftigen Kopfmenschen auch nicht so prickelnd, und eine Welt voll von diesen Typen wäre grau und kalt. Da muss es noch etwas dazwischen geben! Gibt es: In der Psychotherapie ist es hilfreich, mit leicht verständlichen und emotional zugänglichen Begriffen zu operieren. Das ist wichtig, um komplexe innerpsychische Sachverhalte anschaulich zu beschreiben und die vom Klienten gewünschten Verhaltensänderungen zu ermöglichen. In diesem Buch soll aus diesem Grund auf die organischen Termini Bauch, Kopf und Herz zurückgegriffen werden, ohne damit den Anspruch auf eine umfassende Anthropologie zu erheben.

Der Bauch steht bildhaft für Emotionen, Leidenschaften und Gefühle, in der Freudschen Diktion wäre das in etwa das Es. Der Bauch ist weder gut noch schlecht, er urteilt auch nicht, ist einfach eine physiologische Realität. Menschen, die bauchgetrieben agieren, sind impulsiv, leicht manipulierbar, von oberflächlicher Gefühlsduselei, beeindruckbar und unbeständig, aber auch authentisch und echt. Der Bauch für sich genommen ist immer egozentrisch: er kann weder verzeihen noch lieben, noch verzichten, kann nicht treu sein, keine Schuld einsehen und sich nicht entschuldigen. Ihm ist das Morgen egal, er denkt kurzfristig, nicht langfristig. Das ist weder gut noch schlecht: Denken, Analysieren, Beurteilen, Verzeihen, Lieben und Verzichten sind definitiv nicht seine Aufgaben. Der Bauch kann – richtig eingesetzt – sehr nützlich sein: Er erleichtert oft eine authentische menschliche Begegnung. Kommunikation und Empathie sind ohne Bauch sehr erschwert. Im Film »A Beautiful Mind« tut sich Russell Crowe als John

Nash sehr schwer, sich in die studentische Gemeinschaft an der Princeton-Universität zu integrieren, weil er sich ausschließlich auf der Ebene des Kopfes bewegt. Leuten ohne Bauch – emotionslos, kalt, berechnend, ohne Einfühlungsvermögen – fehlt es letztlich an Menschlichkeit. Sie sind oft nur eingeschränkt beziehungsfähig.

Der Kopf steht für die Vernunft. Er sucht nach der Wahrheit und versucht, die Wirklichkeit zu erklären, Probleme zu analysieren und Lösungen zu erarbeiten. Während Hedonismus das Ziel des Bauches ist, ist Nützlichkeit die Maxime des Kopfes. Der Kopf schwebt aber nicht im luftleeren Raum, sondern sitzt dem Herzen auf und ist von dessen Vorgaben abhängig. Was das Herz nicht erkennen will, wird der Kopf nie erkennen, auch wenn es noch so offensichtlich ist. Wenn das Herz zu schwach ist, dann treffen die Wellen des Bauches ungebremst auf den Kopf und diktieren dessen intellektuellen Output. Der Kopf kann bei lauterer Absicht die Wirklichkeit wunderbar erfassen – und bei Unwillen die Realität im Sinne eines intellektuellen Überbaus komplett umdeuten. Der Kopf sollte – bei entsprechender Regulierung durch das Herz – die Behauptungen, das Begehren und die Bedürfnisse des Bauches vernünftig prüfen. Das Leben prägt das Denken: Wie man lebt, so denkt man nach einer Weile auch. Der Kopf konstruiert bei Bedarf kunstvolle Selbstrechtfertigungen für die absurdesten Missstände. Des Leutnant Hofmillers Kopf hat schon gearbeitet – aber ganz im Dienste des selbstzufriedenen Bauches, den das Herz selbstgefällig gewähren ließ.

Choleriker und Sanguiniker sind die Temperamente, die am ehesten dazu neigen, aus dem Bauch heraus zu entscheiden und zu leben. Phlegmatiker und Melancholiker hingegen neigen eher zum Kopfmenschen. Bei denen besteht dann die Gefahr, dass das Prinzip über allem steht. Hier kann es zu einem herzlosen »Vorschrift ist Vorschrift« kommen oder das in den Behörden vorherrschende »Da könnte ja jeder kommen …«.

Zwischen Bauch und Kopf liegt das Herz, die Entscheidungsmitte des Menschen. Es beinhaltet die Willentlichkeit und das Gewissen, geht aber über diese beiden weit hinaus. Es ist das wichtigste Organ im Umgang mit Gefühlen und die eigentliche Problemzone unseres armen k. u. k. Offiziers, der mit seiner Harmlosigkeit so viel Schaden angerichtet hat. Das Herz vergleicht die Richtung, in die der Bauch zieht (»mich von Fräulein Kekesfalva anhimmeln lassen«: kurzfristige Befriedigung) mit dem Weitblick, den die Vernunft bietet, wenn sie darf (»Ich schade dieser Frau und mir selbst«: langfristiges Unglück). Das Herz gibt beim Handeln die Marschroute an (»nichts wie weg hier, auch wenn es kurz weh tut«). Das Herz ist der Ort der persönlichen Entscheidung, der großherzigen Selbstlosigkeit und des kleinherzigen Egoismus – und damit eben auch der Schuld. Im Idealfall arbeitet es eng mit dem Kopf zusammen; problematisch wird es, wenn der Bauch das Herz vor sich her treibt. Das Herz kann erstens stark oder schwach sein und dementsprechend die Macht des Bauches mehr oder weniger gut regulieren. Und es kann sich zweitens auch für das Gute oder das Böse entscheiden und den Kopf entsprechend instruieren. Voluntaristen – »Willensmenschen« – geben dem Kopf zu viele inhaltliche Vorgaben und lassen damit keinen Freiraum für eine wirkliche Prüfung: das Ergebnis steht schon vor der Untersuchung fest. Für sie heiligt der Zweck die Mittel.

Das Herz ist ein Ort der Freiheit – denn wenn der Mensch irgendwo frei ist, dann im Herzen. Nur das

Herz kann sich gegen die Marschrichtung des Bauches entscheiden, der Kopf allein ist dazu nicht imstande. Aber das Herz ist auch der Ort des Selbstbetrugs: Es kann dem Kopf Stillschweigen verordnen und auch die Uminterpretation offensichtlicher Tatsachen. So erklärt sich das Phänomen, dass vielfach jeder Außenstehende den Selbstbetrug eines Menschen durchschaut, außer der Betroffene selbst. Leutnant Hofmiller wird schuldig, weil er durch sein schwaches Herz den schmeichelnden Bauchgefühlen folgt.

Alle drei Organe sind gut und wichtig. Idealerweise harmonieren sie miteinander: Jedes übernimmt seine Aufgabe und arbeitet den anderen beiden Organen zu. Jede Organschwäche schwächt die Lebensqualität des Menschen. Bauchschwäche macht unmenschlich, Kopfschwäche unvernünftig und Herzschwäche ziellos. Das Objekt des Bauches ist das Schöne, das Objekt des Kopfes das Wahre und das Objekt des Herzens das Gute. Mit dem Bauch befinden wir über Schön oder Hässlich, mit dem Kopf über Wahr oder Falsch und mit dem Herz über Gut oder Böse. Das Herz hat hier die Schlüsselposition: Über Wahr und Falsch kann der Kopf nur richtig urteilen, wenn das Herz will, wenn es selbstlos an der Wahrheit interessiert ist, wenn es erlaubt, dass der Kopf vorbehaltlos und ohne Vorgaben einen Sachverhalt prüft. Wenn das Herz zum Beispiel keine Schuld sehen will, wird der Kopf unterwürfig eine Rechtfertigung konstruieren, und die Schuld wird ins Unterbewusste verdrängt.

Das mechanische Modell: der psychische Apparat

Das herkömmliche Modell Freuds ist dem oben vorgestellten organischen Konzept ähnlich, aber es unterscheidet sich auch in einigen wesentlichen Punkten. Laut Sigmund Freud wird das Ich des Menschen (Bewusstsein) nämlich vom Über-Ich (Vorschriften, Erziehung durch die Eltern) und vom Es (Triebe, Gefühle) in die Zange genommen und richtiggehend gesteuert. Seine Handlungen werden letztlich vom Unbewussten determiniert, ohne dass der Betroffene dies rational erfasst und reflektiert. Der Mensch ist nach diesem Modell unfrei. In diesem Zusammenhang springt bei Freud besonders das mechanistische Konstrukt der Psyche ins Auge: Als Kind seiner Zeit, des 19. Jahrhunderts, war er grenzenlos begeistert von physikalischen Vorgängen. Alles, was physikalisch war, war bei ihm auch deswegen schon wissenschaftlich. Und was Wissenschaft war, das war gut. Was nicht zählbar, messbar und wägbar war, gab es einfach nicht. So einfach ist das. Nach diesem Verständnis können Theologie und Philosophie gar keine Wissenschaften sein. Und auch die Liebe gab es nicht. Deshalb konstruiert Freud den »psychischen Apparat« (so der Freudsche Originalbegriff für die bunte Welt der Psyche!), in dem verdrängt, sublimiert, gespalten, verschoben, projiziert, isoliert und fixiert wird – alles Begriffe aus der Physik. Diese gebastelte Maschine funktioniert einwandfrei und reagiert nach unabänderlichen physikalischen Gesetzen auf Außenreize. Deshalb meinen orthodoxe Psychoanalytiker, alle menschlichen Regungen und Handlungen mechanistisch-materiell erklären zu können – allerdings erst im Nachhinein.

Das Es ist bei Freud das natürlich Gegebene wie Konstitution, Vererbung, Geschlechtszugehörigkeit, Triebe und archaische Bilder. Es ist das Auffangbecken alles Verdrängten, das weiterhin aus dem Es heraus wirkt und psychisches Geschehen beeinflusst. Das Es ist für Analytiker ein Konglomerat von Triebregungen, Anlagen, Wünschen, Gefühlen, Strebungen ohne Logik, ohne Moral, ohne Sinn für Ordnung und Maß, ohne Rücksicht sogar auf die Selbsterhaltung, einzig dem Bestreben nach Lustgewinn und Unlustvermeidung verpflichtet. Freud glaubt, dass der Mensch bei der Geburt ganz Es ist und dass sich die beiden Ich-Instanzen erst im Laufe der Entwicklung herausbilden. Das Es-Konzept ist mit dem hier dargelegten »Bauch«-Konzept ident.

Das Über-Ich hingegen ist bei Freud eine kontrollierende, mahnende und strafende Instanz. Das Über-Ich repräsentiert in der Psychoanalyse die Verinnerlichung von Normen und Werten der Gesellschaft, die vorwiegend durch die elterliche Erziehung vermittelt werden. Also sind im Freudschen Über-Ich hauptsächlich fremde Ideen angesammelt, die Eltern und Gesellschaft dort deponiert haben. Von eigenständigem Denken ist da nicht die Rede. Wie Sie vielleicht merken, ist das Über-Ich etwas recht Unsympathisches, eine Art Spielverderber, und wenn man es sich aussuchen könnte, würde man gern darauf verzichten. Insgesamt ist der »Kopf«, wie er in diesem Buch Verwendung findet, im Gegensatz dazu zum Vernunftgebrauch fähig, zum Reflektieren der fremden Ideen und vor allem dazu, zu neuen, eigenständigen Erkenntnissen zu kommen. Nach klassischem Verständnis wohnt das Gewissen (eine Funktion des Herzens im organischen Modell) dem Menschen inne und stellt im Gegensatz zum Freudschen Modell des Über-Ichs ein natürliches Gespür für Gut und Böse dar.

Das Ich schließlich ist bei Sigmund Freud die *»Rin-*

denschicht des Es«. Es repräsentiert also jene psychischen Bereiche, die zwischen dem Es und der Außenwelt (der Realität, der Gesellschaft) stehen. Es sind dies die Sinneswahrnehmung, die Motorik und alle bewussten Denk- und Willensvollzüge. Im Gegensatz zum Es, das dem Lustprinzip verpflichtet ist, hat das Ich eine vermittelnde Funktion und untersteht dem Realitätsprinzip. Ihm kommt auch die Aufgabe der Selbsterhaltung zu. Es ist zwischen den beiden fordernden Instanzen – der Moral des Über-Ichs und dem Lustprinzip des Es – eingeklemmt und muss den Ausgleich zwischen diesen konkurrierenden Kräften suchen. Das Ich regiert bei Freud nicht, es reagiert. Und seine Reaktion ist mathematisch-physikalisch berechenbar. Nach dem oben beschriebenen organischen Modell hingegen ist das Herz der Sitz der Freiheit, die Entscheidungsmitte des Menschen.

FALL 32: Nach drei Jahren Psychoanalyse in Wien – klassisch, dreimal wöchentlich – kommt der 23-jährige Student Klaus G. in die psychiatrische Praxis. Sein Problem ist eine Pornographiesucht im Internet. G. verbringt unfreiwillig bis zu vier Stunden pro Tag vor dem Computer und frönt seiner Sucht. Er will das nicht, tut es aber trotzdem. Sein Analytiker habe anfangs gemeint, das werde sich mit der psychosexuellen Nachreifung, die die Analyse zur Folge habe, legen. Leider legte es sich nicht. Vielleicht ist Klaus G. ja nicht genug nachgereift. Und drei Jahre sind natürlich für eine Analyse auch nicht viel. Aber Herr G. wollte von der Sucht loskommen. Das war sein Auftrag an den Therapeuten, und den darf sich der Patient normalerweise selbst aussuchen. Der Analytiker interpretierte das als Widerstand. Aber G. insistierte. Das nun ging dem Analytiker zu weit: Er solle endlich sein Über-Ich in Frage stellen. Was sei denn so schlecht an Pornographie? Was sei das überhaupt für ein verstaubter religiöser Abwehrmechanismus, dass alles Sexuelle gleich tabu sei? Der Student fühlte sich ins Eck gedrängt. Immerhin konnte er schlagkräftige Argumente dafür nennen, dass nicht alles Sexuelle für ihn tabu sei – schließlich verkehre er dreimal pro Woche mit seiner Freundin, habe darüber hinaus immer wieder anonyme Außenbeziehungen, und auch sonst gelte er nicht als extrem verklemmt. Er sei auch gar nicht religiös und habe kein moralisches Problem mit Pornographie. Er wolle nur einfach die vier Stunden pro Tag anders nutzen, als sinnlos vor dem Computer zu hocken und wichtige Termine zu versäumen. Der Analytiker war kaum zu beruhigen. Letztlich kamen die beiden überein, dass Klaus G. für eine Analyse einfach nicht geeignet sei.

ANALYSE: Substanzungebundene Süchte wie die des Herrn G. veranschaulichen das ungewollte Ausufern des Bauches drastisch. Der Kopf erkennt die Sinnlosigkeit der Sucht, aber das Herz ist – meist aus Wehleidigkeit – zu schwach, um eine konsequente Verhaltensänderung herbeizuführen. Deswegen ist es in solch einem Fall ratsam, externe Hilfe in Anspruch zu nehmen. Und: Auch ein Therapeut kann durch sein Weltbild blockiert sein.

Psychische Krankheit, also die Neurose, ist bei Freud die *»unvollständige Verdrängung von Es-Impulsen durch das Ich, wobei der verdrängte Impuls trotz der Verdrängung (verschleiert, gewissermaßen durch die Hintertüre) in das Bewusstsein und in das Verhalten ein-*

bricht«. Im organischen Modell werden die Bauchgefühle vom Herzen und vom Kopf idealerweise wahrgenommen, beurteilt und kultiviert. Verdrängt kann auch werden, aber dann hauptsächlich die dem Herzen unangenehme Schuld, die dann tatsächlich als Aggression in das Verhalten einbrechen kann.

Psychische Gesundheit hingegen wird von Sigmund Freud so definiert: *»›Psychisch korrekt‹ sind solche Handlungen, in welchen das Ich die Regungen aus dem Es, die Ansprüche des Über-Ich und die Erfordernisse der Realität in Einklang zu bringen vermag.«* Im organischen Modell hingegen ist es analog zu Freuds »psychischer Korrektheit« ein bequemer Idealzustand, wenn Kopf, Herz und Bauch in dieselbe Richtung schwingen. Aber da der Mensch in diesem Modell frei ist, kann das Herz auch eine Richtungsänderung angeben, der der Kopf schnell folgt und der Bauch irgendwann – nach entsprechendem Widerstand – nachzieht. Das Überwinden des Bauchwiderstands wäre das mühsame Erwerben einer Tugend. Wenn zudem das Herz keine hindernden Steine in den Weg legt, kann der Kopf die Wahrheit suchen und finden.

Freuds Hypothese, vor mehr als hundert Jahren entwickelt, war damals genial und bahnbrechend. Sie erklärte viele Phänomene, die bis dahin unerklärlich waren. Auch für die heutige Zeit ist noch viel Brauchbares dabei, wenngleich seine Thesen nie naturwissenschaftlich – seine große Sehnsucht! – verifiziert werden konnten, etwa durch bildgebende Verfahren der Gehirnfunktionen. Seine Konstruktion ist interessant, hat aber aus heutiger Sicht eine Reihe von Klötzen am Bein. Erstens den bereits erwähnten Determinismus, der jeden Menschen für unfrei erklärt und damit eigentlich zum Psychopathen macht.

Zweitens die Geringachtung der menschlichen Vernunft, die in seinem Modell des »Über-Ich« nur eine Sammlung von Moralvorstellungen der bösen Eltern und der bösen Gesellschaft ist und die uns ständig ein schlechtes Gewissen macht. Deswegen sind in den Erklärungsmodellen schlechter Therapeuten auch automatisch die Eltern schuld. Freuds Über-Ich kann mit den erhaltenen Inputs kein eigenständiges Weltbild basteln, sondern ist eher ein Mülleimer von bunt zusammengewürfelten Fremdideen. Woher Eltern und Gesellschaft wiederum ihre Ideen und Moralvorstellungen bekommen, bleibt bei Freud offen, da diese ja den Input ungefiltert jeweils von der Vorgeneration übernehmen müssen – und am Anfang steht bei Freud alles, bloß kein Gott. Das Ich bei Freud besitzt zwar die Fähigkeit zu Denk- und Willensvollzügen, ist aber weder frei noch fähig, die Wahrheit zu erkennen.

Der dritte Klotz am Bein der Psychoanalyse ist die Vorstellung vom Ich als von Es und Über-Ich bedrängt und immer nur den Ausgleich suchend. In der modernen Thermodynamik würde man das heute »Entropie« nennen, das niedrigstmögliche Energieniveau. Aber genau dieser Entropieausgleich kommt nur bei toter Materie vor. Lebende Systeme, beim Einzeller und bei der Kaulquappe angefangen, definieren sich im Gegensatz dazu durch eine Entropiedifferenz. Das wusste Freud freilich noch nicht. Sein Ich ist eine Totgeburt, nicht zu radikalen Entscheidungen fähig. Das Phänomen Mutter Teresa von Kalkutta hätte Freuds »psychischer Apparat« wohl schwerlich aus ihrer Kindheit vorhersagen können. Oder denken wir an Mahatma Gandhi – unberechenbar! Die großen Taten der Menschheit bestehen immer in einem unerwarteten Überwinden von inneren und äußeren Schwierigkeiten, nicht im passiven Ausgleich. Für einen Menschen, der wider Erwarten eine großherzige, selbstlose Tat vollbringt, hat der »psychische Apparat« keinen Platz: Der Heilige ist ihm unerklärlich.

FALL 33: Der 54-jährige Unternehmer Otmar R. kommt wegen eines Sexualproblems. Er und seine Frau seien Mitglieder in einer freikirchlichen Gemeinde. Dort seien sie recht zufrieden, sie hätten andernorts schon viel schlechtere Erfahrungen gemacht. Er gebe auch seinen Zehent für die Gemeinde, spende also 10 Prozent seines Gewinns nach biblischem Vorbild für die Bedürfnisse des Pastors und seines Teams. Er lese viel und gerne in den entsprechenden erbaulichen Schriften und sei, so sagt er, mit deren Inhalten ganz einverstanden. Nur ein Punkt mache ihn dort stutzig, und da wolle er eine medizinische Auskunft: Die Sexualmoral der Freikirche sei ihm ein Dorn im Auge. Die komme ihm ein wenig verstaubt und leibfeindlich vor, da fühle er sich unverstanden mit seinen Bedürfnissen. Und die Wissenschaft sei da heute natürlich schon viel weiter als damals, als die Bibel geschrieben wurde ... Was denn seine diesbezüglichen Bedürfnisse seien, fragt der Psychiater freundlich nach. Ja, also immer nur mit einer Frau, der Arzt müsse doch verstehen, seine Frau sei auch nicht mehr die Jüngste, und früher sei das Sexualleben viel inspirierter gewesen. Er habe überhaupt das Gefühl, dass Religion der weiblichen Libido nicht so guttue. Er habe eben in sich einen immensen Sexualtrieb, den seine Frau alleine nicht stillen könne oder wolle. Eine Zeitlang habe er neben seiner Frau noch eine Außenbeziehung mit einer zwanzig Jahre Jüngeren gehabt, aber da habe ihn ein schlechtes Gewissen geplagt, das ihm in der Gemeinde eingeredet worden sei. »Wissen Sie, ich brauch das einfach!«

ANALYSE: Der richtige Umgang mit dem Bauch (d. h. mit Freuds Es) ist hier das Thema: Herr R. phantasiert sich sein Glück in eine fiktive Sexualkonstellation, der seine Frau niemals zustimmen würde. Sein Bauch sucht vorgeschoben medizinisch-wissenschaftliche Kopfargumente, um ans Triebziel zu kommen. Das nennt man in psychoanalytischer Sprache Rationalisierung. Der Feind des Triebziels, in dem Fall die Freikirche, wird als unwissenschaftlich entwertet. Letztlich kommt hier eine Herzensschwäche zum Ausdruck, die die Ehefrau und ihre Bedürfnisse nicht achtet. »Ich brauch das einfach«, ist der Bauchsatz schlechthin, der falsch ist. Der Hinweis auf den »enormen Sexualtrieb« ist eine biologistische Ausrede ohne wissenschaftliches Fundament. Der Mensch ist mehr als nur sein Bauch.

Die Neuroanatomie von Kopf, Bauch und Herz

Die Begriffe »Kopf, Bauch und Herz« sind hier natürlich nicht anatomisch, sondern als Metapher zu verstehen. Ähnlich dem »Inneren Team« des Psychologen Friedemann Schulz von Thun weisen sie auf die innerpsychische Gespaltenheit des Menschen hin. Alle drei basieren aber auf kortikalen Funktionen und haben somit ihren funktionalen Sitz im menschlichen Gehirn. Der Kopf – die Vernunft also – umfasst im Kontext der Neurowissenschaften einerseits die fluide Intelligenz und andererseits die exekutiven Funktionen. Beide sind im Frontalhirn (Stirnlappen) lokalisiert. Die fluide Intelligenz ist die Fähigkeit zum logischen Denken und Problemlösen. Die dafür zuständigen neuronalen Strukturen befinden sich im dorsolateralen präfrontalen Kortex, das ist ein Teil des Stirnlappens direkt hinter dem Stirnknochen. Personen mit Verletzungen in diesem Bereich zeigen verstärkt unflexible und rigide Verhaltensmuster, selbst wenn sich die Situation stark geändert hat. Auch Patienten, die an einer Demenz erkranken, verändern oft ihr Wesen in diese Richtung. Unter Umständen kommt es dabei zu Stereotypien, das heißt zu sinnlosen, sich immer wiederholenden Handlungen.

Der zweite Teil der Vernunft, die exekutiven Funktionen, betrifft das Abschätzen von Handlungsfolgen, das Aufstellen von Handlungszielen und die Kontrolle störender Verhaltensimpulse des Bauches. Die entsprechenden Strukturen sind vor allem im orbitofrontalen Kortex lokalisiert, das ist ein Teil des Stirnlappens über den Augen. Wenn dieser Hirnteil nicht mehr funktioniert, zeigen die betroffenen Patienten vermehrt »unvernünftiges« Verhalten, gehen etwa wider besseres Wissen große Risiken ein. 130 Stundenkilometer auf dem Wiener Gürtel zu fahren, wie es einer meiner manischen Patienten kurz vor seiner Einlieferung in die Psychiatrie tat, ist ausgesprochen unvernünftig. Man nennt das in der Fachsprache »frontale Enthemmung«. Hier stimmt der Satz: »Wer alles sagt, was er sich denkt, ist nicht ganz dicht.«

Demenzpatienten greifen den jungen Krankenschwestern manchmal unverschämt ins Dekolleté, weil sie die innere Bremse des Frontalhirns verloren haben, die das aus der Erkenntnis der Würde der anderen Person bisher verhindert hat. Die bremsenden Hirnteile kann man übrigens auch durch eine größere Menge Alkohol ganz gut ausschalten.

Neuroanatomisch ist der »Bauch« – also die Emotion – im Inneren des Großhirns, im limbischen System, einem entwicklungsbiologisch alten Hirnanteil unter und hinter dem Stirnlappen, anzusiedeln. Dieser Bereich ist dem Stirnlappen direkt benachbart und hat viele Verbindungen zur Hirnstruktur der Vernunft, aber auch zum Hormonsystem. Die Amygdala (Mandelkern) spielt für das Lernen, das Gedächtnis und die Verarbeitung von Gefühlen eine wichtige Rolle. Der Mandelkern koordiniert zudem die Antwort des Körpers auf Angst und Aggression. Der Parahippocampus (direkt neben dem Hippocampus) ist aktiv, wenn wir Orte oder Landschaften betrachten. Der Hypothalamus (unter dem Thalamus) ist die Hauptverbindung zwischen dem Nervensystem und dem Hormonsystem. Der Riechkolben besteht aus einem Bündel von sensorischen Nervenfasern, die von der Nasenhöhle aus ins Innere des Gehirns führen. Sie verarbeiten die Geruchsinformationen teilweise, bevor sie bewusst werden. Der Mamillarkörper ist eine Ansammlung von Nervenzellen, die Signale an den Thalamus weiterleiten und an der Aufmerksamkeit sowie an der Erinnerungsbildung beteiligt sind. Der Gyrus cinguli (die Gürtelwindung) ist Teil des limbischen Kortex.

Das Herz schließlich ist neuroanatomisch am schwersten auf eine spezifische Hirnstruktur begrenzbar. Nach Kornhuber und Deeke (2009) ist selbst der Wille, ein Teil des Herzens, *»eine komplexe, umfassende Hirnfunktion; ein enger Begriff verfehlt große Teile«*. Einerseits sind die Areale für die Willkürbewegung (»motorischer und prämotorischer Kortex«, Sprache usw.) weitgehend klar. Der motorische Kortex zum Beispiel liegt direkt hinter dem Stirnlappen. Bei essenzielleren Willensentscheidungen, die über die Bewegungen des rechten Zeigefingers hinausgehen, dürfte andererseits eine Gesamtfunktion des frontalen, temporalen und parietalen Neokortex aktiviert werden. Das sind übrigens genau die Strukturen, die nach Cloninger für den Charakter zuständig sind.

Der exakte anatomische Sitz des menschlichen Willens ist allerdings bis heute neurowissenschaftlich ungeklärt. Und wird es wahrscheinlich immer bleiben. Der Wille ist keine Automatik der Hirnphysiologie, sondern entwickelt sich durch Lernen, eigene Initiative und Besinnung auf sich selbst. Im Willen und in seiner Wirkung auf das Denken und Handeln sind Kreativität und Freiheit begründet. Weil das Herz – und mit ihm der Wille – am freiesten ist, kann man es naturwissenschaftlich am schwersten fassen. Neuroanatomisch liegen jedenfalls alle diese Strukturen relativ nahe beieinander.

Im Zusammenspiel mit dem in den Vorkapiteln Dargestellten ist der Bauch die Sammelstelle des Determinierten (siehe Kapitel 4). Nichts ist so unfrei wie der Bauch. Der Kopf wiederum wird inhaltlich durch die Umwelt gespeist und verarbeitet die Informationen mit der Intelligenz, die teilweise genetisch determiniert ist. Trotzdem hat die vernunftmäßige Informationsaufarbeitung eine gewisse Freiheit (Bildung). Das Herz schließlich ist die Freiheit, die der Neokortex ermöglicht, und macht den Charakter aus (siehe Herzensbildung, Kapitel 5).

FALL 34: Susanne K., 43 Jahre alt, kommt mit dem Problem der chronischen Selbstverletzung in die psychiatrische Praxis. Sie arbeite als Rezeptionistin in einem Hotel, verbringe aber ihre Urlaube seit fünfzehn Jahren jeweils in einer Borderline-Klinik. Nach neun Monaten ohne Selbstverletzung kommt es zu einem dramatischen Rückfall, in dem sie sich eine Woche lang die Unterarme am Türstock blau und blutig schlägt. Nachdem ihr bisheriges »Notfallmedikament« – ein Antipsychotikum – nicht mehr hilft, greift sie zu einem Beruhigungsmittel mit dem Namen Praxiten®, das sie sich vom Hausarzt verschreiben lässt. Der Psychiater ist davon nicht begeistert und will das Mittel nach zwei Wochen wieder ausschleichen, um einen Gewöhnungseffekt zu verhindern. Erbitterter Widerstand der Susanne K. ist die Folge. Sie droht ihm mit Suizid, wenn er kein Rezept ausstellt (das war die Bedingung des Hausarztes). Dabei vermeidet sie den Augenkontakt.

Erst später kann sie ihre Ambivalenz beschreiben: Eine innere Stimme in ihr schreie gierig »Praxiten«, eine andere sage »der Doc hat recht«. Die zweite Stimme spürt sie aber nur, wenn sie dem Psychiater in die Augen schaut. Dann erzählt sie folgende Vorgeschichte: »Ich war vor 4 Jahren Xanor-abhängig (eine ähnliche süchtigmachende Substanz). Habe damals immer mehr geschluckt, bis ich drei Tage lang durchgehend nur diese Tabletten geschluckt habe bis zur Bewusstosigkeit. Ich bin aufgewacht und habe weitergeschluckt, bis ich wieder bewusstlos war.« Die Kollegen im Studentenhaus hätten sie damals schließlich gefunden und ins Spital gebracht. Dort habe sie dann einen schrecklichen Entzug durchgemacht: »Da ist es mir verdammt dreckig gegangen.« So etwas wolle sie nie mehr wieder erleben. Insofern habe sie immer gewusst, dass der Psychiater recht habe, habe das aber nicht wahrhaben wollen, weil das Tablettenschlucken für ein paar Stunden ein so angenehmes und entspannendes Gefühl hervorgerufen habe.

ANALYSE: Der Bauch will die kurzfristige Befriedigung, auch wenn sie langfristig in einem schrecklichen und schmerzhaften Entzug mündet. Aber der ist subjektiv in weiter Ferne, die Entspannung ist gleich da. Interessanterweise kann das Herz dem Arzt nur dann recht geben, wenn die Patientin ihm in die Augen schaut – dann ist der Selbstbetrug offensichtlich nicht mehr möglich. Erst einige Zeit später kann sie dem Arzt die Vorgeschichte erzählen, die ihn in seiner Sorge bestätigt und die sie genau deswegen vor ihm verborgen hatte.

Sympathie und Antipathie

Menschen wie der Leutnant Anton Hofmiller sind kein Einzelfall: Eine entscheidende Frage im Leben jedes Menschen ist, wie man mit unpraktischen Gefühlen umgeht. Ob man die überhaupt steuern und irgendwie beherrschen kann oder ob man ihnen schutzlos ausgeliefert ist. Nehmen wir einmal Sympathie und Antipathie. Wissen Sie genau, warum Sie Herrn A so mögen und Frau B nicht ausstehen können? Ich weiß das bei mir jedenfalls nicht immer so genau. Da kann man oft nur spekulieren und mutmaßen. Mit solch tiefen Blicken in den Bauch haben Psycho-Gurus schon viel Geld verdient. Man kann es sich auch einfacher machen und sagen, das sei halt die Chemie. Falls Sie der Auffassung sein sollten, dass Sie das nicht beeinflussen können, sondern Ihr Verhalten zwingend von Sympathie und Antipathie bestimmt würde, dann können Sie sich einen Bauchmenschen nennen. Sie sind glaubwürdig, spontan, authentisch und echt. Die 68er-Generation fand die Bauchmenschen super. Aber stellen Sie sich einmal vor, dass Sie grundlos Ihren Chef nicht mögen. Oder Ihre zukünftige Schwiegermutter! Ein falsches Wort bedeutet da Unglück auf Jahre! Dem sind Sie dann hilflos ausgeliefert ... Ist das wirklich so?

Gehen wir ins Detail: Der Bauch reagiert sofort auf einen Außenreiz. Weil er ja nicht denken muss, nicht das Für und Wider abwägen. Der Bauchmensch ist recht einfach gestrickt, will Lust gewinnen und Unlust vermeiden. Seine spontane Reaktion kann damit sehr richtig sein. Das nennt man dann Intuition. Aber die kann auch sehr falsch sein, obwohl sie sich so bombensicher anfühlt. Im Bauch passiert blitzschnell eine emotionale Bewertung nach sympathisch oder unsympathisch, vorerst ohne Einfluss von Herz und Kopf. Das mag ein Millisekunden dauernder Blick sein, der Sie an einen sadistischen Lehrer erinnert. Es kann ein Parfum sein, das bei Ihnen positiv konnotiert ist, ein Vorname, den sie mit einem lästigen Nachbarn verknüpfen, es können der Körperbau, die Körperhaltung, die Gestik, die Mimik sein. Da spielen unsere Minderwertigkeitskomplexe hinein, ebenso wie unsere Bedrohungsphantasien oder Ängste. Diese Ebene unserer Reaktionen ist den Instinkten der Tiere nicht unähnlich. Was man gemeinhin »Vorurteil« nennt, ist letztlich eine unreflektierte Bauchfunktion.

Ich kannte einmal eine ältere Oberärztin, die ein Problem mit ihren Haaren hatte. Jedes Mal, wenn eine junge Ärztin mit langem, schönem Haar kam, wurde diese von der Chefin recht geschnitten und vor den Kollegen und Schwestern herabgewürdigt. Viele auf der Station haben das durchschaut – außer der Täterin. Wie sagte Freud so schön? »*Unvollständige Verdrängung von Es-Impulsen durch das Ich, wobei der verdrängte Impuls trotz der Verdrängung (verschleiert, gewissermaßen durch die Hintertüre) in das Bewusstsein und in das Ver-*

halten einbricht.« Dass sie ein Problem mit ihrem Haar hatte, hat sie verdrängt – und das bricht »durch die Hintertür« als Aggression gegen die junge Kollegin wieder in das Verhalten ein, ohne dass die Oberärztin weiß, wie ihr geschieht. Anfühlen tut sich das als authentische Intuition, als Warnung aus dem Inneren, als echte Antipathie.

Die Mutter des Helden in Fjodor Dostojewskis »Schuld und Sühne«, des Studenten Rodion Romanowitsch Raskolnikow, hat Erfahrungen mit diesen Kräften. Sie schreibt ihrem Sohn in einem Brief über seinen künftigen Schwager, den er in Kürze kennenlernen soll: *»Freilich, er ist schon fünfundvierzig, aber eine ganz angenehme Erscheinung, und kann einer Frau noch durchaus gefallen, und überhaupt, er ist ein sehr gesetzter und wohlanständiger Mensch, nur ein wenig unwirsch und etwas stolz. Aber vielleicht scheint es nur so, auf den ersten, flüchtigen Blick, ich möchte dich im Voraus bitten, mein lieber Rodja, dass du, wenn du mit ihm in Petersburg zusammentriffst, nicht vorschnell und hitzig, wie es so deine Art ist, über ihn urteilst, falls dir an ihm auf dem ersten Blick etwas nicht gefallen sollte. … Und überhaupt soll man, um einen Menschen, wer es auch sei, kennenzulernen, sich Zeit lassen und behutsam vorgehen, um nicht einem Irrtum oder einem Vorurteil zu erliegen, die sich später nur allzu schwer korrigieren und beheben lassen.«*

Recht hat sie, die Frau Raskolnikowa! Antipathisches Verhalten ist kein Schicksal. Wir wissen schon aus der Forgiveness-Forschung (Kapitel 6), dass die intentionale Vergebung die emotionale Vergebung zur Folge hat. Zurück zum Fall Raskolnikow: Wir können uns zwar unsere Gefühle nicht immer aussuchen, wohl aber unsere Handlungen. Und die Handlungen prägen dann mit der

Zeit auch die Emotionen. Es ist also keine Zumutung und auch nicht unauthentisch, wenn man den zukünftigen Schwager nicht gleich spüren lässt, dass man ihn nicht leiden kann. Machen wir uns also bewusst, dass unsere Bauchgefühle keine rationale Bewertung der anderen Person sind und auch keinen Anspruch auf absolute Wahrheit erheben können. Das biologische Gefühl der Sympathie oder Antipathie ist ein erstes Signal des Bauchs: »Pass auf!«, oder: »Der Typ ist okay.« Prüfen muss eine andere Instanz: Geben wir dem herzgestützten Kopf Zeit, sich ein vorurteilsfreies Urteil zu bilden, der Bauch wird sich dem mit der Zeit anschließen!

Der überschätzte Bauch

Als Psychotherapeut beobachtet man häufig, dass das Herz mit dem Bauch verwechselt wird. »Liebe« mit »Verliebtsein«. Das beschriebene Phänomen ist im Alter von 14 Jahren zwar besonders ausgeprägt, aber beschränkt sich nicht auf diese Altersstufe. Als älterer Bruder von vier Schwestern kann ich hier meine ersten wissenschaftlichen Beobachtungen heranziehen, denn meine Schwestern waren nachweislich alle einmal 14, manche sogar mehrere Jahre lang. Jeder neue Schwarm schien da der Mann fürs Leben, jede Gefühlsschwankung war das Ende der Welt oder der Himmel auf Erden.

Dem Bauch wird oft eine Orakelfunktion zugeschrieben, indem man ihn Herz nennt. Dann gibt man sich gerne dem Selbstbetrug hin, dass man aus hochherzigen Motiven handle, wie unser unglücklicher Leutnant Anton Hofmiller. Aber das ist falsch. Die Emotion ist kein Wahrheitsdetektor. Das ist ein zentraler Punkt in der

Psychotherapie: Der Kopf muss die Wahrheit im Blick haben, nicht der Bauch. Wenn man etwas fühlt, dann muss man nicht unbedingt sofort darauf hören, wie eine platte, mittelmäßige und kurzsichtige Wirtshauspsychologie manchmal vermittelt.

Eine emotional gesteuerte Selbstverwirklichung, die blind jedem Gefühl nachläuft, ist der sichere Weg in den Untergang. Gefühle kommen und gehen, wechseln täglich und sind keine sichere Grundlage für längerfristige Entscheidungen. Natürlich kann man aus dem Bauch heraus entscheiden, ob man lieber Erdbeer- oder Vanilleeis schlecken soll. (Ich empfehle übrigens Erdbeereis.) Bei langfristigen Entscheidungen aber – Wahl des Ehepartners etwa – ist der Bauch zu wenig. Auch moralische Entscheidungen sind aus dem Bauch heraus nicht sinnvoll – der Bauch kennt bekanntlich keine Moral, wie Freud sehr richtig erkannt hat. Muss er auch nicht, das steht nicht in seinem Jobprofil. Deshalb sollte der Kopf die Vernunftgründe abwägen und schlussendlich muss das Herz eine Entscheidung treffen. Ähnlich übrigens das bekannte Zitat von Bert Brecht: *»Zuerst kommt das Fressen, dann die Moral«*, mit dem er aber auf etwas anderes hinauswollte.

Es ist gut, Gefühle zu haben, wie Daniel Goleman in seinem Buch »Emotionale Intelligenz« so richtig hinweist, wenn auch starke Gefühlsbetontheit nicht immer ein Zeichen von Lebensqualität ist. Persönlichkeitsstörungen mit den übermäßig starken Emotionen und großen Gefühlsschwankungen sind die Borderline-Störung und die histrionische – früher sagte man hysterische – Psychopathie. Diese Personen sind suggestibel, das heißt leicht manipulierbar. Gefühle sind hilfreich für das menschliche Zusammenleben, aber es ist ausgesprochen unpraktisch, von ihnen beherrscht zu werden. Es geht nicht darum, sie zu »unterdrücken« (viele Patienten haben panische Angst davor, irgendwelche Gefühle zu »unterdrücken« ...), wohl aber darum, sie richtig zu bewerten und einzuordnen, mit ihnen richtig umzugehen, sie zu kultivieren. Affektive Reife bedeutet, den Bauch mit dem Kopf bewerten zu können. Und die Entscheidungshoheit des Herzens nicht aus der Hand zu geben. Man sieht das am Beispiel der Angstgefühle, denn Angst ist ein unerwünschtes Bauchgefühl. Solche Gefühle immer absolut ernst zu nehmen würde sie nur steigern. Wir müssen lernen, mit unseren Gefühlen umzugehen, sie, wenn es nötig ist, zu relativieren, sie vielleicht auch mit Humor zu entschärfen. Das Angstgefühl ist ein schlechter Ratgeber, denn es macht unfrei.

Die Psychotherapie lehrt die Menschen, ihr Angstgefühl – zum Beispiel die Höhenangst – richtig zu bewerten, weil die eigene Wahrnehmung durch ebendieses Gefühl getrübt ist. Dadurch wird der Mensch freier. Das gilt für alle Gefühle: Sie sind subjektiv und brauchen eine vernünftige Bewertung – durch den Kopf. Triebaufschub und Triebverzicht sind laut Sigmund Freud die Wurzeln jeder Kultur. Ja, mehr noch, die beiden machen die Liebe erst möglich. Weil das Zurückdrängen des Bauches das Herz freilegt und stärkt. Kornhuber und Deeke legen dazu klar: *»Durch seinen Einfluss auf das limbische System, den Hypothalamus und die basalen Kerne ist das Frontalhirn in der Lage, Prioritäten unter den Trieben zu setzen, Emotionen zu mäßigen oder aber ihre Anregungen mit Umsicht zu vertiefen. Wenn man zum Beispiel freiwilligen Versuchspersonen erotische Filme zeigt und sie bittet, die dadurch hervorgerufenen Gefühlsregungen zu mäßigen, zeigt sich Aktivierung bestimmter Teile des frontalen Kortex, die ohne diese Kontrollabsicht inaktiv bleiben (Beauregard 2001).«*

Jeder Bauch hat eine spezielle Neigung in irgendeine selbstschädigende Richtung – zu Neid, Zorn, Trägheit, Wollust, Hochmut, Völlerei oder Habsucht, frei nach Heiko Ernst. Es ist nicht die Aufgabe des Bauches, sich selbst einzuschränken oder zurückzuhalten, sondern der übergeordneten Instanz: des Herzens.

Gefährlich wird es also, wenn wir den Bauch zum Lotsen unserer Handlungen machen. Der Kopf muss den ersten Eindruck des Bauches überprüfen. Das Herz schließlich entscheidet über die Art, wie die Person dann wirklich von uns behandelt wird. Im optimalen Fall gestaltet das Herz die Beziehungen, nicht der Bauch und nicht der Kopf. Nach Künkel schränkt die Ichhaftigkeit die Beziehungsfähigkeit ein: *»Das wichtigste Symptom der Ichhaftigkeit ist Mangel an Verbindung von Herz zu Herz«* (siehe Kapitel 2). Ichhaftigkeit lähmt das Herz und bläht den Bauch auf – oder in manchen Fällen den Kopf.

FALL 35: Die unverheiratete Frau Evelyne O., 32 Jahre alt, wiegt bei Therapiebeginn 99 Kilo. Gekommen ist sie ursprünglich wegen etwas ganz anderem, aber nach Erledigung des ersten Auftrags formuliert sie ein neues Ziel: Bikinifigur und einen Ehemann – wobei sie ersteres nicht näher definiert. Die ersten Kilos purzeln schnell, aber bei 89 Kilo ist Schluss. Das ist jetzt verständlicherweise noch nicht die Bikinifigur, die ihr vorschwebt. Und es ist dem zweiten Ziel weiter hinderlich. Das Problemverhalten ist schnell gefunden: die antidepressive Tafel Schokolade am Abend. Jetzt beißt der Psychiater aber auf Granit. »Das brauche ich für mein Wohlbefinden, das macht die Einsamkeit erträglich.«

ANALYSE: Dieser alltägliche Fall ist hilfreich, um das Kopf-Herz-Bauch-Modell zu veranschaulichen. Dem Kopf ist schnell klar, wohin der Weg führt. Der Bauch will auf keinen Fall verzichten, aber gleichzeitig will der Bauch auch eine Bikinifigur und einen Mann. Das schwache Herz hat sehr viel Verständnis für den Bauch, besonders für die kurzfristig zu erzielende Befriedigung (Schokolade). Der Bauch ist ein schlechter Berater, weil er die Kurzfristigkeit vor die Langfristigkeit stellt. Und er will Widersprüchliches, sich gegenseitig ausschließende Ziele: er will Schokolade und Bikinifigur.
Bei der Patientin neigt sich schließlich durch die Therapie das Herz dem Kopf zu. Vorerst werden zwar statt der Schokolade große Mengen an Diätpudding verzehrt, aber erst als der Kopf das Ausweichmanöver vorschlägt, zur Essenszeit außer Haus zu sein, kommt der Zeiger der Waage wieder in Bewegung.

Der Bauch kann eigene Schuld prinzipiell nicht eingestehen. Das muss er aber auch nicht. Dafür ist er gar nicht gemacht. Er interessiert sich nur für seine Bedürfnisse: Lustgewinn und Unlustvermeidung. Und Schulderkenntnis ist eben nicht lustvoll. Oft kommen Patienten in die Praxis, die sich ausschließlich über ihre Bedürfnisse definieren und rund um sie orientieren. Da ist der Bauch im Zentrum, hat den Kopf in seinen Dienst genommen, weil das Herz es sich leichtmacht. Da das limbische System eng mit dem räumlich benachbarten Frontalhirn verbunden ist, benutzt der Bauch nämlich den Kopf, um die Schuld intellektuell wegzuschieben. Der Bauch ist so intelligent wie der Mensch, darum hat er perfide gute Argumente, die letztlich pseudologisch sind. Der Kopf kann die Schuld sehen, wenn das Herz die Bereitschaft aufbringt, Schuld für möglich zu halten, auch wenn die Selbsterkenntnis Unlust bedeutet.

Das unterschätzte Herz

Das Herz allein erlaubt innerlich die Möglichkeit des Schuldigwerdens und der Fehlerhaftigkeit, dann erst kann der Verstand auf die Suche nach den eigenen Defekten gehen. Das führt zur Bereitschaft, sich so zu sehen, wie man in Wirklichkeit ist. Das Herz kann aber auch die Devise ausgeben, dass es keine Fehler gibt. Dann wird die Vernunft gehorchen. Friedrich Nietzsche beschrieb das meisterhaft: *»Das habe ich getan, sagt das Gedächtnis. Das kann ich nicht getan haben, sagt der Stolz. Bis das Gedächtnis nachgibt.«* Das trifft den Kern. Das Gedächtnis ist eine Funktion des Kopfes, der Stolz aber ist im Herzen. Das allzu menschliche Phänomen, »dass nicht sein kann, was nicht sein darf«, ist niemandem fremd und bedarf keiner langwieriger Erklärungen.

Nur das Herz allein macht menschliche Treue möglich – das ist eine Haltung, die dem Lustgewinn und der Unlustvermeidung immer wieder heftig im Wege steht. Bei der Hochzeit verspricht man sich Treue »in guten und in bösen Tagen«, und damit ist schon gesagt, dass es sich um die Herzenstreue handelt. Von einem Menschen, der auch gegen seinen eigenen Egoismus entscheiden kann, sagt man darum, er habe das Herz am rechten Fleck. Es ist das Herz, mit dem man liebt – und mit dem man übrigens auch betet. Mit dem Bauch hingegen begehrt man, das kann in der Liebe hilfreich oder störend sein. Mit dem Herzen kann man sich aus Liebe selbstlos hingeben, aber auch um des Geliebten willen verzichten und sich zurückziehen. Letzteres ist ein eindeutiges Zeichen dafür, dass sich das Herz und nicht der Bauch zu Wort meldet. Denn der Bauch schaut nur auf die eigenen Bedürfnisse, der Bauch kennt kein Du. Das Herz ist damit letztlich das Beziehungsorgan. Es entscheidet zwischen Tun und Unterlassen, zwischen Gut und Böse, zwischen eng- und großherzig, zwischen Hingabe an den anderen und Ausnützen des anderen, zwischen schmerzhafter Treue und lustvoller Untreue.

Der schöne Satz »Ich liebe dich« wird auf Spanisch als »te quero« formuliert, was auch als »Ich will dich« übersetzt werden kann. Hier kommt die Willentlichkeit des Herzens stärker durch, aber das Ganze hat naturgemäß auch eine sehr emotionale Note. Die Emotionalität kann zwischen Menschen zum großen gegenseitigen Geschenk werden. Aber während das Herz zu Recht von der Liebe sprechen kann, müsste der Bauch alleine ehrlicherweise eher »Ich begehre dich« sagen. Das ist nicht schlecht, aber allein zu wenig, wie die traurigen Konsumenten von Pornographie überdeutlich beweisen. Das Herz ist also vergeistigter, vermenschlichter Bauch. Es veredelt die Bauchgefühle auf eine geistige und damit menschliche Ebene, ist ihnen aber nicht notwendigerweise ausgeliefert, sondern kann sich im Notfall auch gegen sie entscheiden. Der Ehemann, der sich trotz eines lockenden Angebots der attraktiven Arbeitskollegin für die eheliche Treue entscheidet, ist ein lebender Beweis für einen Handlungsspielraum trotz gegenläufiger Bauchgefühle.

Von einem Kollegen habe ich ein ähnliches Bild gehört, das er in der Therapie erfolgreich anwendet: Es ist das Bild von einem Boot. Wer im Boot sitzt, hat ein Ziel. Das Ziel wird vom Willen definiert. Die Emotionen sind das Wetter: mal Sonnenschein, mal Gewitter, mitunter

Hagel, mal schrecklich heiß, mal angenehm kühl, dann sogar bedrohlich kalt. Der Wind kommt einmal von dieser, dann von der anderen Richtung: Gegenwind, Rückenwind, einmal hilfreich, einmal kontraproduktiv. Wenn man sich nur vom Wetter treiben lässt, kommt man nie an. Die Vernunft hat die Aufgabe, die Situation, die Mittel und das Wetter richtig einzuschätzen: Bin ich noch auf dem richtigen Weg? Ist das derzeitige Wetter eine Bedrohung für meinen Weg? Hält das Boot? Reicht der Vorrat?

FALL 36: Der 40-jährige Dr. Gotthard S. ist ein erfolgreicher Politiker. Er sucht den Psychiater diskret wegen einer peinlichen Sache auf: Seine Frau hat ihn des Ehebruchs überführt. Und zwar mehrfach. Jetzt ist definitiv Feuer unterm Dach. Er sei verheiratet mit einer zehn Jahre jüngeren Ärztin, die ihm zwei prachtvolle Söhne geschenkt habe. In der Kleinstadt, in der sie leben, würden sie als Vorzeigefamilie gelten. Durch seinen Erfolg und ihre Mitgift könne man sie durchaus als recht wohlhabend einstufen. Er sei bis vor kurzem in seiner Ehe sehr glücklich und immer treu gewesen. Im vergangenen Jahr habe im Rahmen eines Ausschusses eine engere Zusammenarbeit mit einer eher unbeliebten Kollegin der Gegenpartei begonnen. Sie sei im Stadtsenat gefürchtet wegen ihrer scharfen Zunge und ihres verbitterten Pessimismus. Sie sei zweimal geschieden, fünf Jahre älter als er, und ihre aktuelle Ehe habe damals schon beträchtlich gewackelt. Schiefe Zähne und eine etwas in die Breite gegangene Figur würden ihr Äußeres beeinträchtigten. Beruflich ging es in dieser Zeit nicht gut voran, das Leben war frustrierend, einzig sein »Erfolg« bei der Gegenpartei gab ihm immer wieder einen kleinen

Trost. Er lud sie und ihren Mann (den er gar nicht leiden mochte) zu sich nach Hause ein, und seine Frau zauberte ein phantastisches Abendessen. Die Zeit verging, die Beziehung wurde enger und vertraulicher, das Du wurde angeboten. Erste Gerüchte machten die Runde. Die amüsierten die beiden nur. Bis tief in die Nacht erarbeitete man in seinem oder ihrem Büro Strategien und Lösungen. Eines Nachts passierte es plötzlich. Er wisse auch nicht mehr, wieso. Mit einem Schlag war eine prickelnde Erotik zwischen ihnen da, der er sich nicht entziehen konnte. Er wusste, dass er sein glückliches Leben aufs Spiel setzte. Er wusste, dass er der anderen Ehe den Todesstoß geben würde. Er konnte aber nicht widerstehen. Nein, sie hatte es nicht darauf angelegt, ihn nicht wirklich verführt, das sei einfach schicksalhaft passiert. Tief zerknirscht und doch beglückt fuhr er nach dieser Nacht nach Hause und bemerkte, wie sehr er ein Fremder im eigenen Haus geworden war. Er wusste: was er getan hatte, war absoluter Wahnsinn. Aber er konnte nicht anders. Er sprach mit niemandem darüber, und die Affäre ging weiter. Seine Frau fragte eines Tages nach. Er leugnete. Sie gab sich damit zufrieden. Dr. S. wurde immer fahriger und nervöser. Er versuchte immer mehr, seiner Frau auszuweichen, kam immer später nach Hause.

Irgendwann las sie eine eindeutige SMS und stellte ihn zur Rede. Er gestand und gelobte Besserung. Nur müsse er halt weiter beruflich mit dieser Frau zusammenarbeiten. Heftige Streitigkeiten waren die Folge. Letztlich akzeptierte die Frau zähneknirschend einen beruflichen Kontakt. Dr. S. versuchte ernsthaft, ausschließlich beruflich mit der Kollegin zu korrespondieren. Sie aber spottete über seine neue Zurückhaltung und zeigte sehr offen weiter Bereitschaft. Eine Weile hielt er durch. Bis er von der Scheidung seiner Geliebten erfuhr. Da wusste er, dass etwas Irreversibles passiert war. Die Affäre flammte wieder auf. Diesmal löschte er alle SMS sofort nach Erhalt. Doch seine Frau spürte die Gefahr und heuerte einen Detektiv an, der wenig später eindeutige Materialien vorlegen konnte.

Die Ehefrau stellte ihn vor die Wahl: entweder völliger Bruch mit dieser Person oder Scheidung. Er vertraute sich einem Freund an. Der riet ihm, von der Kollegin abzulassen, da das ohnehin keine Zukunft habe. Mit den Worten »Du verstehst mich nicht« beendete S. die Freundschaft. Das tat ihm später leid, aber er konnte sich trotzdem nicht entschuldigen. Zu dieser Zeit sucht Dr. S. das erste Mal den Psychiater auf. Er sitzt zerstört auf seiner Couch, weint und schreit. Er ist wütend: auf seine Frau, auf den Freund, auf die Geliebte, auf die Situation. Nur nicht auf sich selbst.

Die Entscheidung kann der Psychiater ihm nicht abnehmen. Seine Frau will Klarheit und hofft, dass er zurückkommt. Die Geliebte terrorisiert ihn mit SMS, E-Mails und Anrufen und beginnt ihm Vorwürfe zu machen, denn schließlich habe sie sich seinetwegen scheiden lassen. In der Therapiestunde ist er immer wieder ganz klar und sieht, dass die Beziehung zu dieser Frau sein Verderben ist und dass das keine Zukunft haben kann. »Aber ich liebe sie so!«

Der Therapeut erstellt mit dem Patienten als Entscheidungshilfen »pro & contra«-Listen für die beiden Frauen: Im Kopf spricht alles für seine Ehefrau – aber sein Bauch schreit nach der Geliebten. Nie hört der Psychiater von ihm, dass er selbst irgendetwas falsch gemacht haben könnte. Weder in dieser Beziehung noch sonst irgendwann. Alles sei schicksalhaft passiert, und jetzt verstehe ihn keiner. Der Psychiater versucht deswegen ein Empathietraining: Wie es jetzt wohl seiner Frau gehe, die er mit seiner Entscheidung so lange hinhalte? Und wie der Geliebten? Da schreit er den Psychiater an: »Und wer, bitte schön, denkt hier an mich?«

ANALYSE: Der erbärmliche Zustand des Dr. Gotthard S. macht klar, wie stark der Bauch werden kann und dass es klug ist, rechtzeitig wahrzunehmen, wohin die von ihm vorgeschlagene Reise führt – um, wenn nötig, großräumig auszuweichen. Der Fall zeigt, dass Herz und Kopf geheime Mitwisser und Komplizen des Bauches sind, die aus Langeweile doch einmal mit dem Feuer spielen wollen – bis es lichterloh brennt und der Patient die Geister, die er rief, nicht mehr loswerden kann. Beeindruckend ist das Ausmaß an Unfreiheit und Manövrierunfähigkeit, in die der arme Mann geschlittert ist.

ZUSAMMENFASSUNG: Das Herz ist die Entscheidungsmitte des Menschen und der Sitz der Freiheit. Weder im Bauch noch im Kopf ist der Mensch frei. Der Bauch funktioniert natürlicherweise nach dem Prinzip Lustmaximierung und Unlustvermeidung, und das ist gut so. Der Kopf wiederum zielt auf Nützlichkeit ab, bietet den intellektuellen Überbau des Gewollten und kann nur insofern klar sehen, als es das Herz zulässt. Er kann – je nach Herzenssteuerung – die Wirklichkeit wahrhaft oder geschönt wiedergeben. Reine Bauchgefühle haben keine Orakelfunktion, auch wenn sie sich so anfühlen. Viele persönliche und zwischenmenschliche Katastrophen haben die Verwechslung von Herz und Bauch als Ursache – bei denen der Kopf den Selbstbetrug konstruiert.

8. Kapitel

Das Schuldbekenntnis

Rodion Raskolnikow auf der Couch

Immer wieder kommen Patienten in die Therapiestunden und sagen gleich nach der Begrüßung, kaum dass sie die Couch auch nur berühren: »Also, Herr Doktor, zuerst muss ich etwas beichten: Ich habe letzte Woche …« Meist »beichten« sie dann gebrochene Vorsätze, die sie in der vergangenen Therapiestunde gefasst hatten: der Student, der eigentlich in der Früh aufstehen wollte, die Übergewichtige oder der Kaufsüchtige, die rückfällig wurden. Ja, ein überzeugt atheistischer Pornosüchtiger »beichtete« mir kürzlich sogar, dass er seit der letzten Therapiestunde »gesündigt« (sic!) habe. Auf meinen fragenden Blick antwortete er mit einem charmanten Schmunzeln, dass eben auch Atheisten sündigen könnten. Jedenfalls: Wenn »es« dann draußen ist, geht es ihnen allen besser. Die Stunde kann für sie danach zwanglos und ohne Krampf beginnen. Das Schlimmste ist nämlich bereits ausgespuckt, das schlechte Gewissen erleichtert. Freilich muss man in der Therapiesituation achtgeben, dass der Therapeut nicht in die Rolle der moralischen Instanz gedrängt wird. Aber um diese Gefahr wissen die Patienten zumeist auch. Trotzdem ist ihnen die sofortige Klarstellung ihrer »Verfehlungen« ein Anliegen, vielleicht für ihre innere Buchhaltung im Therapieprozess. Damit haben sie auch recht, denn wenn ein Patient versuchen würde, genau seinen schmerzhaften

Punkt zu umgehen, wäre die Therapie sicherlich weniger effektiv. Bei Alkoholikern etwa erlebt man immer wieder, dass ein Rückfall phantasievoll kaschiert wird – und eben nicht »gebeichtet« –, weil er im Bewusstsein umgedeutet wird. Dann ist Hilfe schwieriger. Das Formulieren des eigenen Scheiterns verhindert die wehleidige Verdrängung. So steht die Selbstanklage gegenüber dem Therapeuten oft stellvertretend für den mutigen Prozess der Selbsterkenntnis.

Beichten ist ein normales menschliches Bedürfnis. Jeder psychisch gesunde Mensch trägt tief in sich eine Sehnsucht, seine Schandtaten bekennen zu können und sie durch Sühne wiedergutzumachen. Irritiert Sie das Wort »Schandtat«? Nun, das ist in unserem Zusammenhang eine äußerst aufschlussreiche Bezeichnung, die unsere Sprache anbietet: eine Tat, für die man sich schämt. Die also schmerzt. Und die unser wehleidiger Bauch deshalb am liebsten ins tiefste Unbewusste verdrängen würde. Wenn die selbstbetrügerischen Kräfte überwiegen, also Perfektionismus, Ichhaftigkeit, Selbstwerterhöhung, Narzissmus, Selbstempathie, Wehleidigkeit, Sentimentalität, Opfergejammer und Selbstmitleid, dann gibt das Herz dieser Versuchung nach. Wenn das Herz aber diese Kräfte des Bauches in Schach halten kann, ist der Kopf frei und damit auch der Weg zur Selbsterkenntnis. Zumindest kurz, bis der Bauchmechanismus der Selbstrechtfertigung wieder die Oberhand gewinnt und die Türe wieder zuschlägt. Also, wenn Sie beichten wollen, dann schnell! Setzen Sie im Moment der Erkenntnis einen Schritt, den Sie später nicht zurücknehmen können.

Schuld und Sühne des Rodja Raskolnikow

Dostojewskis Held Rodion Romanowitsch Raskolnikow aus »Schuld und Sühne«, den wir schon im Kapitel 7 kennengelernt haben, hat in der Zwischenzeit seine Tat begangen, auf die er sich lange durch intensive Autosuggestion vorbereitet hat. Sein Herz ist der Versuchung erlegen und beauftragt den Kopf, eine Theorie der Selbstrechtfertigung zu erstellen. Dem gelingt das auch vortrefflich: Ein starker Mensch habe das Recht, ja die Pflicht, sich das zu nehmen, was ihm zustehe. Napoleon etwa sei legitimerweise rücksichtslos gewesen und als wirklicher Mensch über »Läuse«, also wertlose Personen, einfach hinweggegangen. Klingt irgendwie überzeugend. Raskolnikow analysiert im Nachhinein: *»Ich wollte damals erfahren, so schnell wie möglich erfahren, ob ich eine Laus bin, wie alle, oder ein Mensch.«*

Nach vollbrachter Tat jedoch ist er erschrocken über seine schwächliche Reaktion. Raskolnikow ist seinen eigenen unmenschlichen Ansprüchen doch nicht gewachsen. Beinahe hätte er bereits am nächsten Tag völlig unaufgefordert vor dem unsympathischen Polizeiinspektor ein Geständnis abgelegt: *»Ein seltsamer Einfall beschäftigte ihn: Aufstehen, vor Nikodim Fomitsch hintreten und alles, was gestern geschehen war, erzählen, alles, bis auf die letzte Einzelheit, anschließend mit ihnen in seine Kammer gehen und ihnen den Schmuck zeigen, in der Ecke, in dem Loch. Es war ein so zwingendes Bedürfnis, dass er sich schon vom Stuhl erhob, um ihm nachzugeben. ›Soll ich nicht wenigstens einen Augenblick lang überlegen?‹, fuhr es ihm durch den Kopf. ›Nein, besser nicht überlegen, sondern mit einem Mal alles loswerden.‹«* Hier blitzt eine erste Sehnsucht des Herzens nach der Erleichterung in der Beichte auf, denn die Last der Schuld drückt auf sein Gewissen. Danach fällt er aber in einen mehrtägigen Dämmerzustand. Er ist doch nicht der *»Mensch ohne Gewissen«*, der er zu sein glaubte, der Übermensch. Auch hat ihn seine Tat verändert: Obwohl er als Täter unentdeckt geblieben ist, empfindet er seine Abspaltung von der Gesellschaft immer schmerzhafter. Seine Tat ist ihm bewusst, das Gewissen beißt, die Schuldgefühle drücken auf das Herz – aber der Bauch sucht den Schmerz des begangenen Unrechts wehleidig ins Unbewusste zu verdrängen.

Eine Woche danach fühlt Raskolnikow sich gedrängt, sie der Prostituierten Sonja zu »beichten«, in die er sich genau in dieser Woche verliebt hat. »Er fühlt sich gedrängt«, ist die richtige Beschreibung, denn jetzt will das Herz den Eiterherd mit aller Kraft ans Licht bringen. Der Bauch hingegen bringt die Kraft zu seiner Verdrängung nicht mehr auf, weil das Herz zunehmend den Kopf – und damit das Bewusstsein – für sich gewinnt. Das Kräftegleichgewicht kippt. Aber eine Beichte ist trotzdem nicht leicht, und je schambesetzter, desto schwerer ist das Geständnis. Nach langem innerem Ringen nimmt Raskolnikow sich ein Herz: *»Jetzt stand ihm das Gespräch mit Sonja bevor, und dies beunruhigte ihn, besonders in manchen Augenblicken, außerordentlich: er musste es ihr sagen, wer es getan hatte, er ahnte, welche grausame Folter ihm bevorstand, und wehrte sich aus allen Kräften dagegen.«* Hier rebelliert der wehleidige Bauch naturgemäß und stemmt sich massiv gegen die schmerzhafte Aufdeckung. *»Als er die Wohnung erreicht hatte, fühlte er sich plötzlich kraftlos und hatte Angst. Gedankenverloren blieb er an der Türe stehen und stellte sich die sonderbare Frage: »Muss ich denn sagen, wer es getan hat?«* Klar, der Bauch will Unlust vermeiden. Das ist sein Job! *»Die Frage war sonderbar, weil er* *plötzlich, im selben Moment fühlte, dass es ihm nicht nur unmöglich war, es nicht zu sagen, sondern auch, diesen Augenblick aufzuschieben, und sei es nur für noch so kurze Zeit.«* Der Kopf, vom Herz gestärkt, widerspricht der Logik des Bauches. *»Noch wusste er nicht, warum es ihm unmöglich war; er fühlte es nur, und dieses qualvolle Bewusstsein der eigenen Ohnmacht vor einer Notwendigkeit drückte ihn fast zu Boden.«* Der Kampf des Herzens gegen das Lustprinzip des Bauches um die innere Vorherrschaft wird unerträglich. So einen kräfteraubenden inneren Konflikt kann man auch jahrelang in sich herumtragen. Das Ringen um die Aufdeckung einer Verdrängung kann zermürben. *»Um nicht länger überlegen und sich quälen zu müssen, stieß er die Türe auf.«* Endlich: Das Herz hat sich gegen den Bauch und dessen Schmerzverhinderungspolitik durchgesetzt.

Um das peinvolle Thema einzuleiten, verwickelt er seine Geliebte in ein weitschweifiges Gespräch. Letztlich macht er eine zarte Andeutung, und die liebende Frau versteht. Sie ist entsetzt und versucht, seine Tat zu entschuldigen: Er habe aus der Not heraus, aus Hunger und bitterer Armut so handeln müssen. Das lässt er nicht zu: *»Sonja, ich habe ein böses Herz, merk dir das, das erklärt vieles. Ich bin ja auch darum gekommen, weil ich böse bin. Es gibt Menschen, die nicht gekommen wären. Ich aber bin ein Feigling und ein … Schuft!«* Er will schonungslos beichten. Will ihr, der geliebten Frau, die Wunde seiner Bosheit zeigen. Es tut dem Herzen gut, wenn seine Wunde an die frische Luft kommt – erst dann kann sie heilen. Und das Letzte, was ein Mensch in dieser Situation braucht, ist jemand, der seine Schuld bagatellisiert und damit die Verdrängung verlängert.

In den nächsten Tagen tobt es in seinem Kopf: Schuld verdrängen? Schuld bekennen? Ein depressiver religiöser Fanatiker bezichtigt sich des Verbrechens und entlastet damit Raskolnikow. Dennoch, zwölf Tage nach der Tat kommt es zum Durchbruch des Herzens. *»Plötzlich erinnerte er sich an Sonjas Worte: ›Geh, stell dich auf eine Kreuzung, verneige dich vor allen Menschen, küsse die Erde, weil du dich auch an ihr versündigt hast, und sage laut vor der ganzen Welt: ›Ich bin ein Mörder!‹ Aber als er sich an diese Worte erinnerte, begann er am ganzen Leib zu zittern. Und so schwer hatte auf ihm die ausweglose Pein und Unruhe gelastet, dass er sich der Möglichkeit dieses ungebrochenen, neuen, vollen Gefühls rückhaltlos überließ. Es kam wie ein Anfall plötzlich über ihn: Als Funken war es in seiner Seele aufgeglommen, und plötzlich schlugen die Flammen über ihm zusammen. Mit einem Mal löste sich alles in seinem Inneren, und die Tränen strömten unaufhaltsam. Da, wo er stand, stürzte er zu Boden … Er kniete mitten auf dem Platz nieder, verneigte sich bis zur Erde, küsste die schmutzige Erde inbrünstig und voller Glück. Er erhob sich und verneigte sich abermals.«* Der Bauch gibt damit dem Drängen des Herzens nach und schwenkt ein – der innere Konflikt ist beendet, die Blockade gelöst, Glücksgefühle aus Erleichterung die Folge.

Raskolnikow stellt sich der Polizei. Dort macht man es ihm nicht einfach, weil man in der Zwischenzeit von seiner Unschuld überzeugt ist. Aber er verschafft sich schließlich Gehör. Beim Gerichtsverfahren erhärtet er seine Aussage, *»ohne die Umstände zu verwirren oder zu seinen Gunsten umzudeuten«*. Er wird zu acht Jahren Zwangsarbeit zweiter Klasse in Sibirien verurteilt. Sonja geht mit ihm, fast gegen seinen Willen. Mit ihrer Hilfe kann Rodion Romanowitsch Raskolnikow schließlich die Zeit als Sühne für seine Taten und zur Läuterung nutzen. Der Roman schließt mit den Worten: *»Hier be-*

ginnt eine neue Geschichte, die Geschichte der allmählichen Erneuerung eines Menschen, die Geschichte seiner allmählichen Wiedergeburt, des allmählichen Übergangs aus einer Welt in eine andere, der Entdeckung einer neuen, bisher gänzlich unbekannten Wirklichkeit.« Die »allmähliche Erneuerung eines Menschen« beginnt im Herzen. Kopf und Bauch richten sich mit der Zeit danach aus. Tatsächlich ist für Fehlerlose, die ihre Schuld verdrängen müssen, die Entdeckung von Selbsterkenntnis, Bekenntnis und Buße eine neue Welt, die eine nie geahnte Freiheit beinhaltet.

FALL 37: Der 63-jährige Schuldirektor Mag. Eduard G. kommt in die Praxis, weil er »zu Unrecht« suspendiert worden sei. Jetzt habe er nichts zu tun, und seine Gedanken würden den ganzen Tag um dieses Unrecht kreisen. Ein querulativer Ex-Schüler, so ein Früchtchen, der immer verhaltensauffällig gewesen sei, habe ihn wegen angeblicher sexueller Belästigungen vor 20 Jahren angezeigt. Jetzt werde der Vorfall überprüft, natürlich sei da gar nichts dran, und er werde ohnehin bald wieder arbeiten können. Aber er brauche Unterstützung bei der Aufarbeitung dieses Traumas, denn das sei PR-mäßig eine Katastrophe. Damals sei er in der Nachmittagsbetreuung der Hortkinder tätig gewesen, und natürlich komme man sich da auch näher. Der Psychiater fragt, welche Behauptungen der ehemalige Schüler aufstelle, und Mag. G. übergibt ihm die Sachverhaltsdarstellung, die relativ eindeutige, wenn auch strafrechtlich schwer justiziable Verhaltensweisen offenbaren. Der Psychiater beginnt mit einem Empathietraining und der Frage, welche seiner Gesten der Schüler vielleicht missverstanden haben könnte. Herr Mag. G. kann sich auf diese Fragestellung gut einlassen und entdeckt in sich sexuell-fetischistische Interessen, die ihn selbst erstaunen und die er nach seinen Angaben in der Ehe nie ausgelebt habe. Weiter lehnt er jedoch strikt ab, jemals irgendeinen Schüler auch nur unbewusst sexuell belästigt zu haben. Nach einigen Wochen melden sich zwei weitere Schüler mit ähnlichen Schilderungen. Es stellt sich heraus, dass in Schülerkreisen seine fetischistischen Neigungen lange Zeit kolportiert wurden. Im Laufe von einigen Monaten kommen dann in der Therapie immer mehr Erinnerungsbrocken an sexuell getönte Schülerbegegnungen zutage, die ihm selbst lange nicht bewusst waren. Als erschreckend, aber auch erleichternd erlebt der Lehrer, sich selbst einzugestehen, dass seine damaligen Handlungen im Umgang mit den Schülern manchmal eine sexuell-fetischistische Dimension hatten, die er verdrängt hatte, die aber einige der Schüler sehr wohl wahrgenommen hatten. Letztlich konnte Herr G. die betroffenen Schüler persönlich um Verzeihung bitten.

ANALYSE: Pädophilienahe Fälle neigen in besonderer Weise zum Uminterpretieren und Negieren der Schuld. Denn diese Schuld ist doppelt und dreifach tabuisiert – der Betroffene ist schnell damit überfordert und verdrängt seine Interessen und auch seine Handlungen.

Was wir von Rodja Raskolnikow lernen können

Lehrreich ist an Raskolnikows Schicksal der langsam, schleichend einsetzende Selbstbetrug, der eine Tat, die gegen die eigenen Prinzipien verstößt, intellektuell vorbereitet und so erst möglich macht. Das Herz entschließt sich für die kurzfristige Befriedigung, die der Bauch vorschlägt, und beauftragt den Kopf, den intellektuellen Überbau bereitzustellen. Der manipuliert entweder die eigenen Prinzipien oder die Wahrnehmung der Realität. Das Böse wird gut genannt, die Laster Tugenden. Dieser Schritt ist eine prophylaktische Selbstrechtfertigung. Wären die Juden nicht zu »Parasiten«, die selbständig Denkenden nicht zu »Volksverrätern« und die slawischen Ostvölker nicht zu »Untermenschen« umgedeutet worden, dann hätten die Nationalsozialisten ihre Verbrechen wider die Menschlichkeit vor sich selbst und in ihrer eigenen Öffentlichkeit sehr schwer durchführen und rechtfertigen können.

Die Nazis und ihre Schandtaten sind zwar glücklicherweise Vergangenheit, aber der Mensch verändert sich weniger, als man vielleicht annehmen möchte. Deshalb mag es sinnvoll sein, das ganze Ausmaß dieses massenmörderischen Selbstbetrugs anhand der berühmten Posner Rede des SS-Reichsführers und Reichsinnenministers Heinrich Himmler vom 4. Oktober 1943 vor SS-Männern zu analysieren: *»Es gehört zu den Dingen, die man leicht ausspricht. – ›Das jüdische Volk wird ausgerottet‹, sagt ein jeder Parteigenosse, ›ganz klar, steht in unserem Programm, Ausschaltung der Juden, Ausrottung, machen wir.‹ … Von allen, die so reden, hat keiner zugesehen, keiner hat es durchgestanden. Von Euch werden die meisten wissen, was es heißt, wenn 100 Leichen beisammenliegen, wenn 500 da liegen oder wenn 1000 da liegen. Dies durchgehalten zu haben, und dabei – abgesehen von Ausnahmen menschlicher Schwächen – anständig geblieben zu sein, das hat uns hart gemacht. Dies ist ein niemals geschriebenes und niemals zu schreibendes Ruhmesblatt unserer Geschichte. … Wir hatten das moralische Recht, wir hatten die Pflicht gegenüber unse-*

rem Volk, dieses Volk, das uns umbringen wollte, umzubringen.« Ein Kernsatz des folgenreichen Selbstbetrugs ist, 1000 Ermordungen »durchzuhalten« und dabei »anständig« geblieben zu sein. Es wird mit dem Finger auf die gezeigt, die reden, aber nicht handeln. Das dient der eigenen Selbstüberhöhung. Zudem wird das Opfer zum Täter umgedeutet: Das jüdische Volk habe das deutsche umbringen wollen, behauptet Himmler. Damit wird der Genozid zur mutigen und notwendigen Selbstverteidigung umgelogen.

Bei dieser Art von Selbstbetrug wird auch die Moral umgeschrieben. Man kann es nicht nur so machen, man muss es sogar so machen (*»die Pflicht«*, wie Himmler meinte). Je mehr schlechtes Gewissen dahinter steht, desto aggressiver, militanter und totalitärer wird die neue Scheinmoral eingefordert. Denn im Herzen des Menschen findet sich ein Gesetz, das der Mensch sich nicht selber gibt: das Gewissen. Der Selbstbetrug muss diese leise Stimme des Gewissens übertönen, überschreien, aggressiv zum Schweigen bringen. Während der Bauch reflexartig zum bequemen Selbstbetrug neigt, entscheidet sich das Herz letztlich aus freien Stücken bewusst dazu, indem es mehr und mehr wegschaut. Der Kopf macht dann mit und bietet den intellektuellen Überbau.

Das Judentum hat dieses innere Gesetz jedes Menschen ausformuliert und in Stein gemeißelt. Die zehn Gebote der jüdischen Thora finden sich deswegen mit bestimmten Nuancierungen letztlich in jeder Kultur, in jeder Religion, in jedem menschlichen Herzen. Es ist eine permanente Versuchung des Menschen, dieses innere Gesetz durch den jeweiligen Zeitgeist, etwa durch einen Kodex des jeweils vorgeschriebenen »politisch korrekten« Denkens, Fühlens, Sprechens und des damit verbundenen gewünschten Benehmens, umzuschreiben. Diese Tendenz ist wie der Turmbau zu Babel zum Scheitern verurteilt, weil man auf lange Sicht nicht verdrängen kann, was man im tiefen Inneren wahrnimmt. Die totalitären Bewegungen des 20. Jahrhunderts, die nicht nur die Gestaltung der Politik, sondern die Reglementierung des alltäglichen Lebens und sogar des Denkens erzwingen wollten, versuchten hingegen, den Menschen selbst entgegen seiner Innerlichkeit zu ändern, einen »neuen Menschen« zu schaffen.

Auf Dauer lässt sich das Gewissen durch individuellen oder kollektiven Selbstbetrug nicht abtöten, die Wahrheit lässt sich nicht dauerhaft ungestraft vergewaltigen, die Wirklichkeit lässt sich nicht ohne Schaden umdeuten. Irgendwann kommt ein Kind, wie im Märchen von Hans Christian Andersen, das unschuldig sagt, was vorher schon alle gesehen haben, aber nicht zu sagen wagten: Der Kaiser hat ja keine Kleider an! Irgendwann ist der Selbstbetrüger überführt, entlarvt – steht vor den Trümmern seines Selbstbetrugs.

Im Oscar-prämierten Spielfilm »Das Leben der Anderen« von Florian Henckel von Donnersmarck muss der Stasi-Hauptmann Gerd Wiesler Mitte der 80er Jahre gegen den Theaterschriftsteller Georg Dreyman belastendes Material sammeln, indem er ihn rund um die Uhr abhört. Wiesler ist anfangs ein herzloser Kopfmensch, überzeugter Kommunist und beinharter Scherge des Regimes, der, ohne mit der Wimper zu zucken, die »Feinde des Sozialismus« ans Messer liefert. Er findet als Stasi-Überwacher keine Belastungsmomente gegen den Schriftsteller, beginnt aber durch die intensive Beschäftigung mit dem Leben der anderen eine innere Beziehung mit Dreymann und dessen Lebensgefährtin, der Schauspielerin Christa-Maria Sieland, aufzubauen. Erschrocken entdeckt er, dass der unappetitliche Kulturminister Bruno Hempf den harmlosen Schriftsteller nur ausschalten will, um dessen Frau gegen ihren Willen zu besitzen und sexuell zu nötigen. Sein Herz ist verwirrt, die Ideologie bröckelt. Nach und nach erkennt Wiesler die Verlogenheit und scheußliche Unmenschlichkeit jenes Systems, für das er bis jetzt gläubig Gegner eliminiert hatte. Das Gewissen des Stasi-Mannes erwacht: Er wächst über sich hinaus, kommt aus der sicheren Deckung der ideologischen Ichhaftigkeit, beginnt erstmals selbstlos zu handeln und riskiert aus Mitgefühl Kopf und Kragen ohne Aussicht auf persönlichen Profit. Kurz: Er nimmt sich ein Herz und mischt sich unbemerkt in das Geschehen ein. Wiesler lässt Dreymann geschickt merken, dass Sieland vom Minister bedrängt wird. Nach einer dramatischen Szene, in der der Schriftsteller die Schauspielerin bittet, Hempf nicht mehr zu Diensten zu sein, schaltet sich Wiesler in einem hochriskanten Manöver sogar persönlich ein, indem er die Schauspielerin in einer Kneipe anspricht und überredet, nicht zum Minister zu gehen. Innerlich wechselt er damit die Seiten und deckt schließlich den Schriftsteller, der mit Freunden eine regimekritische Schrift verfasst. Gerd Wiesler riskiert immer mehr, kann zwar das Leben der Christa-Maria Sieland nicht retten, aber zumindest den ahnungslosen Georg Dreyman schützen und wird selbst – weil er seinem Herzen statt der Stasi-Ideologie folgt – zum Opfer der Diktatur. Als politisch unzuverlässig muss er nach diesem Vorfall bis zur Wende – und auch noch danach – niedrigste Dienste leisten, obwohl man ihm nichts nachweisen kann.

Ein Beispiel für das Erwachen des von der Ideologie zeitweise stumm gemachten Herzens bietet die Diskussion um die gesellschaftliche Bewertung der Pädophilie:

Lange wollten große Teile der 68er-Bewegung der Gesellschaft weismachen, dass jede Sexualität gut und gesund sei, solange sie einvernehmlich geschehe. Irgendwie war sich die schweigende Mehrheit schon im Klaren, dass des Kaisers neue Kleider gar nicht so schick sind, wollte aber nicht als rückschrittlich gelten, sondern als modern, aufgeklärt und vor allem tolerant. Nach Jahren ist dann endlich in einem Punkt das gesunde Empfinden wieder kraftvoll durchgedrungen und brach der Erkenntnis Bahn, dass Sex Kindern auch dann nicht guttut, wenn sie sich damit einverstanden erklären.

FALL 38: Die 17-jährige Anna O. wird von ihren Eltern im Rollstuhl sitzend in die psychiatrische Praxis gebracht. Seit einem Jahr komme es bei Anna O. immer mehr zu Lähmungserscheinungen, bis sie nun seit einigen Wochen gar nicht mehr gehen könne. Die Neurologen hätten nichts gefunden und den Fall an den Psychiater weitergeleitet. Es ist für den Psychiater gar nicht so leicht, den Eltern klarzumachen, dass er vorrangig mit dem Mädchen alleine arbeiten wolle. Im Vieraugengespräch mit Anna O. stellt sich dann schnell heraus, dass die Beziehung zwischen ihr und ihren Eltern konfliktbeladen ist. Die Eltern verlangen von der Tochter, dass sie in der Wohnung und im Garten (wie sie selber) nackt zu sein habe. Gegessen werde ebenfalls nackt. Schamgefühl sei verboten, weil das eine überkommene, bürgerliche Moralvorstellung bedeute.

Der Vater werfe zwar panisch eine Decke über den Fernseher, wenn dort eine Gewaltszene zu sehen sei, würde aber seine Tochter dazu drängen, Erotikszenen anzusehen, »weil das natürlich ist«. Toilette und Bad hätten keine Möglichkeit zum Absperren, das Mädchen – ein

Einzelkind – habe keinerlei Rückzugsmöglichkeit. Beide Eltern erzählten dem Mädchen viel von ihrem ehelichen und außerehelichen sexuellen Erleben und praktizierten das auch teilweise im Beisein der Tochter. Beide drängten immer stärker darauf, dass die Tochter doch endlich auch Sex haben solle, sie kenne doch so fesche Burschen. Sie verstünden gar nicht, warum ausgerechnet sie beide eine so prüde Tochter hätten. Wenn sie ausgehe, würden Anna von der Mutter Kondome aufgedrängt. Der Vater wisse genau Bescheid, wann die Regelblutung der Tochter einsetzt – darüber führe er mit regem Interesse Buch. Nur wenn Anna O. krank sei, dürfe sie sich zu Hause anziehen. Und so häuften sich unerklärliche Blasenentzündungen, später Lähmungserscheinungen. Mit Beginn der Lähmungen ging der Druck der Eltern zur sexuellen Betätigung zurück. Schließlich war das Mädchen vollständig gelähmt.
Der Psychiater empfiehlt im Familiengespräch klare Grenzen der Intimität in der Familie. Dem Vater wird gesagt, dass die Unterhose seiner Tochter für ihn ab sofort tabu sei. Die Eltern verstehen – und tatsächlich verschwindet die Lähmung innerhalb von drei Wochen vollständig.

ANALYSE: Die Eltern leben einen ideologisch bedingten Selbstbetrug, bei dem das Kind zum Symptomträger wird. Schamgefühl ist natürlich und gesund und kann schwer verboten werden. Das völlige Fehlen von Scham ist laut Sigmund Freud sogar ein sicheres Zeichen von Schwachsinn.

Dostojewski hat in Raskolnikows Leben auch die Heilkraft des Bekenntnisses sehr lebensnah gezeichnet. Das schuldhafte Geschehen unausgesprochen in sich zu tragen ist eine seelische Eiterbeule, die nicht heilen kann, sondern im persönlichen Leben immer weitere Kreise zieht. Die Menschen werden Raskolnikow immer fremder, er fühlt sich von der Gesellschaft abgespalten. Mit dem Aussprechen des »Ich bin schuldig« kann sich der Täter von der Tat distanzieren und damit auch lösen. Erst als er Sonja die Wunde zeigt, kann diese zu heilen beginnen. Raskolnikow erbittet Gerechtigkeit, muss richtiggehend darum kämpfen, beschönigt auch im Prozess nichts mehr. Das ist überzeugend. Das ist jetzt echt. Das kommt aus der Herzensmitte. Die Schuld muss in aller Brutalität benannt werden, ohne Beschönigungen und psychologische Schnörkel. Sonja macht anfangs den Fehler so mancher Psychotherapeuten und mitunter auch Beichtväter, nach Rechtfertigungen zu suchen und die Tat zu verharmlosen. Doch dieses Bagatellisieren streut nur Salz in die Wunden, indem es den Täter erneut in seinen Selbstbetrug hinunterstößt.

FALL 39: Der 46-jährige Franz Joseph G. kommt aufgelöst und fahrig in die Praxis. Er habe ein Riesenproblem. Es gehe um das Internet. Seine Frau und seine Söhne wüssten von nichts. Der Psychiater versucht zu ordnen: Pornographie? Ja. Der Mann ist ganz außer sich. Sichtlich fällt es ihm schwer, die richtigen Worte zu finden. Er habe noch mit niemandem darüber gesprochen. Der Psychiater beginnt mit Fragen zu helfen. Er sei ein höherer Angestellter. Sein Computer sei routinemäßig überprüft worden, dabei sei viel pornographisches Material gefunden worden. »Inklusive Gewaltdarstellungen bis hin zur Vergewaltigungspornographie. Nur keine Kinder, Gott sein Dank!« Sein Chef habe ihn schließlich zur Rede gestellt. Das kurze Gespräch sei beiden sehr peinlich gewesen. Aber interessanterweise war das Erwischtwerden auch eine Art von Erleichterung. Ein Schlussstrich. Erst dadurch kann Franz Joseph G. sich selbst eingestehen, dass er in diesem Bereich ein echtes Problem hatte. Jahrelanges Verdrängen und Heimlichtuerei waren zu Ende. Seine Frau hatte schon Verdacht geschöpft, weil er so häufig unerklärlich lange im Büro geblieben war. Herr G. redet inzwischen wie ein Wasserfall. Er habe mit seinem Vorgesetzten vereinbart, dass er in Behandlung gehe und die Sache betriebsintern nicht weitergeleitet werde. Er fühle sich so schuldig, vor allem gegenüber seiner Frau. Aber auch gegenüber seinen Söhnen – die Frauen, die er da angaffe, seien genauso alt wie deren Freundinnen. Und gegenüber den Darstellerinnen, denn er wisse, dass die das nicht ganz freiwillig machen, da habe er sich schon erkundigt. Besonders wegen der Vergewaltigungspornographie: Er finde es entsetzlich, dass gerade er auf so etwas abfahre, wo ihm doch sonst die Würde der Frau ein großes Anliegen sei. Er verstehe sich selber nicht, aber das Reden tue ihm gut. Herr G. kommt in der Zwischenzeit nur mehr alle zwei Monate zur Therapie. Er ist seit einem Jahr vollkommen weg von jeglichem Pornographiekonsum.

ANALYSE: Viele Patienten mit Internetpornographiesucht sind erleichtert, wenn sie sich überwinden können, mit einem Außenstehenden darüber zu reden. Das Thema ist so schambesetzt, dass es fast immer jahrelang geheim gehalten wird. Dieses Öffnen bei einem Experten hat schon in sich eine beeindruckende therapeutische Kraft.

Schließlich ist noch die Sühne zu erwähnen. Die kommt nach dem Bekenntnis. Rodja Raskolnikow wird in Sibirien geläutert, zu einem neuen Menschen. Sühne ist eine subjektive Wiedergutmachung seiner Schuld, auch wenn der Schaden irreversibel ist.

Kennen Sie den Film »Mission« von Roland Joffé aus dem Jahr 1986? Dort tötet Robert De Niro als Sklavenhändler seinen Bruder im Streit um eine Frau und wird dann, verzweifelt über seine Tat, Jesuit. Er kann sich sein Verbrechen nicht vergeben. Auf dem Weg in die Jesuitenreduktionen zieht er als selbstauferlegte Sühne in einem Netz seine schwere Rüstung die Iguazu-Wasserfälle hinauf. Tolle Bilder. Tolle Musik von Ennio Morricone. Der Sklavenhändler ist am Ende völlig erschöpft. Aber kämpft sich auf allen vieren weiter. Die Ordensbrüder können seine Qualen nicht länger mit ansehen, wollen ihn von der Last befreien. Doch der Chef der Truppe bremst sie und wendet ein, De Niro müsse selbst entscheiden, wann seine Tat genügend gesühnt sei. Als die Gruppe bei den Indianern ankommt, erkennen diese in ihm den einstigen Verfolger und wollen ihn töten. Der Sklavenhändler ist bereit zu sterben. Ihm ist alles egal. Aber die Indianer üben überraschend Barmherzigkeit und schneiden das Seil durch – die Rüstung und die Stichwaffen fallen in die Tiefe. Ennio Morricone wird laut und emotional. Es kommt einem die Gänsehaut. Das ist ein Bild von Sühne zum Anfassen! Der Tod des Bruders ist gesühnt. Der Mann ist jetzt ein neuer Mensch – kein Sklavenhändler mehr, sondern Missionar.

Was Raskolnikow getan hat, um die Wunde, die die Schuld geschlagen hat, wieder zum Heilen zu bringen, war der Prozess der Reue – also Schuldbewusstsein zuzulassen und die Schuld nicht weiter zu verdrängen. Reue kann man psychodynamisch als Trauerarbeit über die begangenen Taten verstehen, die nach dem Muster ablaufen, die der Psychologe Jorgos Canacakis in seinem Buch »Ich sehe deine Tränen« beschrieben hat. Dieser Prozess ist ein innerer Konflikt, in dem Bauch und Herzensgewissen um die Vorherrschaft ringen. Erst das Schuldbekenntnis ist der Durchbruch, weil Rodja Raskolnikow durch einen irreversiblen Akt der Öffnung danach nicht mehr in die Verdrängung zurück kann. Der Abschluss der Reue ist die Sühne: eine (selbst- oder fremdauferlegte) Strafe, die man »verdient« hat, die einen läutert und somit subjektiv von der Schuld befreit. Das reuevolle Schuldbekenntnis – oder eben die Beichte – ist Balsam auf die schuldgeplagte Seele, unabhängig vom religiösen Kontext. Das kann die Psychologie heute schon recht gut anerkennen.

Der kanadische Psychoanalytiker Henri Ellenberger schrieb in den 1970er Jahren das Standardwerk über die Geschichte der Psychotherapieforschung mit dem monströsen Titel »Die Entdeckung des Unbewussten: Geschichte und Entwicklung der dynamischen Psychiatrie von den Anfängen bis zu Janet, Freud, Adler und Jung«.

In diesem Buch findet man ein ganzes Kapitel, das man dort nicht suchen würde: über »Heilung durch Beichte«. Darin wird unter anderem klargestellt, dass irgendeine Form von ritualisierter Sündenvergebung nach einem Schuldbekenntnis in den meisten Kulturen zu finden ist. Dass dieses Ritual schlussendlich dem Menschen guttut. Ellenberger betont, dass bei den meisten »primitiven Völkerschaften« der Begriff »Sünde« das Gleiche bedeutet, wie Tabus zu verletzen. Das heißt, dass gemeinsame Werte – wie zum Beispiel die Ehe – durch Tabus geschützt wurden. Das Sündenbekenntnis war nach Ellenberger dort meist öffentlich, ein Beichtgeheimnis existierte nicht. Die Beichte selbst wurde oft ergänzt durch gewisse Eliminationsverfahren wie Waschungen, Erbrechen und Aderlässe. Die Azteken, Mixteken und Inkas legten beispielweise oft bei einem Priester die Beichte ab. Ehebruch und Trunkenheit waren dabei die beiden Hauptsünden, die gebeichtet werden mussten. Hier sehen wir, dass sich in der Menschheitsgeschichte das natürliche psychologische Bedürfnis nach Schuldvergebung zunehmend kulturell niedergeschlagen und ritualisiert hat. Ellenberger fasst zusammen: *»Die therapeutische Wirkung der Beichte ist nicht zu übersehen«.* Beichten ist dem Menschen gemäß und tut der Psyche gut.

Der Psychoanalytiker Rolf Reißmann postuliert: *»Gewiss: Sinn der psychoanalytischen Praxis ist schließlich die Beichte. Damit tritt sie mit der Kirche in Idealkonkurrenz.«* Er meint hier – wie schon Alfred Hitchcock in seinem Film »I confess« – weder Azteken, Mixteken noch Inkas, sondern die katholische Beichte. Diese hat weltweit die Sündenvergebung am klarsten ritualisiert. Judentum, Islam und die evangelische Christenheit kennen dieses Ritual mit Reue, Schuldbekenntnis und Sündenvergebung nicht mit gleicher Klarheit.

Carl Gustav Jung, Sohn eines evangelischen Pastors, hat die Psychoanalyse gerne mit der katholischen Beichte verglichen und festgehalten: *»Die Psychoanalyse ist* *eine logische Weiterentwicklung der Beichte.«* Und: *»Meine Methode ist wie die Freuds auf der Praxis der Beichte aufgebaut.«* Von Jung wird übrigens erzählt, dass er einen Patienten beim Erstgespräch gefragt habe, ob er katholisch sei. Als dieser bejahte, meinte der Psychiater angeblich: »Dann gehen Sie erst einmal beichten, und dann kommen Sie wieder, wenn es dann noch nötig ist.« Leider ist es mir nicht gelungen herauszufinden, weswegen der Patient C. G. Jung konsultiert hatte. Diese Anekdote zeigt aber, dass beide Kompetenzen gut harmonieren, wenn die Unterschiede ausreichend klargestellt sind.

Psychotherapie und Beichte

Tatsächlich findet man zwischen den »Idealkonkurrenten« Psychotherapie und Beichte durchaus Gemeinsamkeiten: Beide sind ritualisierte Gespräche. Bei beiden haben die Klienten einen subjektiven Leidensdruck: Man geht hin, weil man ein spezifisches Problem hat, das man loswerden möchte. In beiden Gesprächsformen besteht eine asymmetrische Beziehung, bei der ein Leidender und Hilfesuchender auf einen Experten trifft. Entgegen mancher ideologischer Phantasien ist beides nicht Austausch »auf gleicher Augenhöhe«. In beiden Fällen wird das persönliche Leben des Experten im Gespräch ausgeklammert, und bei beidem besteht ein klarer Auftrag von Seiten des Klienten. Beide kennen das Schuldbekenntnis, das an sich schon Heilkraft hat. Und bei beiden sollte bei professioneller Handhabung die Schuld nicht relativiert oder wegpsychologisiert werden.

Dennoch haben Psychotherapie und Beichte auch außerhalb der Sündenvergebung unterschiedliche Aufgaben und »Aufträge« des Klienten. Ein Psychotherapeut kümmert sich um die Befindlichkeit des Menschen. Seine Aufgabe ist es, den Patienten frei zu machen. Denn oft hat der Mensch seine Freiheit verloren, etwa durch Depressionen oder Ängste. Angst schränkt die persönliche Freiheit extrem ein. Der Therapeut muss dem Patienten somit seine Handlungsfähigkeit zurückgeben. Der Seelsorger hingegen ist dafür zuständig, dem Menschen zu zeigen, was er mit seiner Freiheit anfangen kann. Denn nur wenn der Mensch frei ist, kann er sich zwischen Gut und Böse entscheiden, kann er sich in Tugenden üben oder in der Sünde verfangen. Dem Seelsorger obliegt es auch, mit dem Betroffenen die moralische Dimension seines Handelns zu erörtern.

Der Beichtvater ist klassischerweise in der Rolle des guten Hirten, des barmherzigen Samariters, des Vaters des verlorenen Sohnes und des gerechten Richters. Der Psychotherapeut hingegen grenzt sich ab, ist außerhalb der Therapiestunden nicht zuständig und wertet, urteilt oder richtet nicht. Die Aufgabe des Priesters ist es, immer da zu sein (noch dazu unentgeltlich), während der Psychotherapeut so schnell wie möglich nicht mehr nötig sein sollte (der wird auch bezahlt). Therapeuten, die ihre Klienten – oft aus finanziellen Gründen – psychisch an sich binden oder von sich selbst abhängig machen, sind traurige Ausnahmeerscheinungen. Solche Abhängigkeit ist ein sicheres Zeichen für Kurpfuscherei. Das Weltbild und die Wertvorstellungen des Experten sind in der Beichte sehr wesentlich: Der Beichtende erwartet von ihm, dass er glaubt und sagt, was seine Kirche lehrt. Das Weltbild des Therapeuten sollte in der Therapie nicht relevant sein, sonst verkommt sie zur Manipulation. Die Sittlichkeit des berichteten Lebens ist in der Beichte relevant, in der Psychotherapie nicht, denn die Couch ist nach psychotherapeutischem Ethos eine moralfreie Zone. Das bedeutet natürlich nicht, dass der Therapeut nicht selbst ethische Prinzipien hat, aber er hat nicht den Auftrag, diese dem Klienten zu vermitteln. Methodisch arbeitet die Beichte mit Reue, Bekennen und Absolution, während die Psychotherapie auf Selbsterkenntnis und die Erforschung der eigenen unbewussten psychischen Anteile setzt und so Grundhaltungen aufdeckt, die zu Selbstbetrug und psychischen Konflikten beitragen.

Johannes B. Torello, zunächst Psychiater, später aus Überzeugung ausschließlich katholischer Priester und ein gefragter Beichtvater, stellte klar: »*Das Schlimmste beim Beichtpriester ist die Entsakralisierung des eigenen Amtes durch Psychologisierung der Sünde: die Verharmlosung der Schuld bis zur Verflüchtigung.*« Tragisch sei eine Relativierung der Selbstanklage in der Beichte, denn dann fühlten sich die Pönitenten nicht ernst genommen. Die Beichte dürfe nicht eine billige Imitation und Karikatur einer Psychotherapiesituation sein, deshalb sei dem Beichtstuhl gegenüber dem Aussprachezimmer der Vorzug zu geben. Auch garantiere das Beichtgitter den Schutz von Priester und Beichtkind in dieser maximal intimen Situation. Nichts ist bekanntlich so intim wie die Schuld.

Priester wissen oft nicht, welch starkes und psychologisch heilsames Instrument sie mit der Beichte in der Hand haben.

Ein evangelischer Psychiater, Jungianer und damit heimlicher Bewunderer der katholischen Beichte, erzählte mir vor Jahren, dass er einmal von einem katholischen Priester angesprochen wurde: »Herr Professor X, wir beide haben im Grunde einen sehr ähnlichen Job. Es gibt Psychiater, die die Patienten in fünf Minuten mit einem Medikament abspeisen. Auch unter uns Priestern gibt es solche, die so agieren.« Bei ihm dauere eine gute Beichte im Gegensatz zu diesen eben über eine Stunde, weil er die psychologische Ursache der »Sünde« (dabei machte er eine beidhändige Geste für die Anführungszeichen) herausfinden wolle. Der Priester war recht erstaunt, als der Psychiater ihm die Thesen Jungs auseinandersetzte und ihm sagte, dass seine Stärke eigentlich in der Vergebung der Sünden ohne Anführungszeichen liege. Die Anführungszeichensünden und deren psychologische Ursachen zu ergründen seien nicht der Auftrag des Pönitenten und damit ein Privatinteresse des Experten, das in seinem professionalen Kontext nichts verloren habe.

Die Psychotherapie erarbeitet die Einsicht in die eigene Schuld, indem sie Verdrängungen freilegt, Blockaden durch Fremdbeschuldigung aufhebt und die Willensfreiheit stärkt. So kann sie Reue bewirken und ebnet möglicherweise den Weg zur Beichte. Die Aufgabe der Religion hingegen ist die moralische Beurteilung der Schuld. Die Aufgabe des Beichtrituals schließlich ist die Befreiung von der Schuld – denn ein Psychiater kann definitiv keine Sünden vergeben! Umgekehrt kann der Beichtvater die Sünden nicht vergeben, wenn der Pönitent seine Fehler durch Verdrängung nicht sieht. Insofern können sich Psychotherapie und Beichte gut ergänzen.

Religion ist aus psychologischer Sicht in der Aufarbeitung der Schuld sicherlich hilfreich. Die religiöse Beichte ist der Ort, der das Aussprechen der Schuld ritualisiert möglich macht und göttliche Vergebung gewährt. Umkehr und Neubeginn werden dadurch erleichtert, hartnäckige antisoziale Verhaltenschemata können so vom Klienten durchbrochen werden. Der Mensch wird durch Religion dann besser, wenn er sich in ihr Wertesystem einordnet, statt es nach seinen antisozialen Neigungen und moralischen Defekten umzuschreiben. Dadurch wird er mehr Mensch, wächst über sich hinaus und weicht seine störenden Verhaltensmuster auf.

Religiöse Gebote harmonieren im Idealfall mit dem Gewissen und bewahren durch die unbestechliche Formulierung vor moralischen Irrwegen, denen der Mensch in seiner Schwäche folgen will. Diese Irrwege haben oft selbst ungesunde psychische Folgen. Religiöse Gebote schützen aber auch vor eigenen seelischen Abgründen mit entsprechendem Selbstbetrug, wie das Beispiel der Pädophilie anschaulich klarstellt. Dieser doppelte Schutz wirkt dann nicht, wenn man sich der Religion nur heuchlerisch bedient, statt sich ihr unterzuordnen.

FALL 40: Eine 19-jährige Psychologiestudentin kommt in einem emotionalen Ausnahmezustand mit einem Akuttermin in die psychiatrische Praxis und bittet unter Tränen: »Machen Sie mir die Schuldgefühle weg.« Der Psychiater fragt nach dem Grund ihrer Schuldgefühle. Sie antwortet verzweifelt, dass sie den nicht genau wisse. Aber die seien halt seit der Abtreibung gestern einfach da. Sie ist sichtlich irritiert durch eine scheinbare Fehlfunktion ihres »psychischen Apparats« und kann sich nicht erklären, woher solche intensiven negativen Gefühle plötzlich stammen könnten. Sie sei im linksalternativen Milieu groß geworden, auch ihre Mutter habe mehrere Abtreibungen hinter sich. Es war ihr nicht erklärlich, woher ihr Über-Ich diese kruden Skrupel bezieht. Auch sei sie kein bisschen religiös, nicht getauft, wenn auch offen für esoterische Reinkarnationstheorien.

Der Psychiater fragt sie, wie sie sich das vorstelle, dass er ihr diese Gefühle jetzt wegmachen solle. Sie meint, mit einem Gespräch. Er ist gerne dazu bereit. Fast zwei Stunden sitzen die beiden zusammen, und der Psychiater hört ihr zu, wie sie über Leben, Tod, Ewigkeit, das Geschenk des Lebens, das Böse und sogar die Existenz eines höheren Wesens spricht – und vor allem über Schuld, Schuld, Schuld. Wie sie ihren Freund betrogen habe, ihre Mutter belogen, in der Schule eine Lehrerin fertiggemacht, die später Krebs bekommen habe. Sie erzählt dem Psychiater alles – alle dunklen Seiten ihres Lebens. Der Psychiater sieht ihr in die Augen und weiß, dass er die Schuld, die sie da so existenziell wahrnimmt, nicht relativieren darf. Er nimmt sie ernst in ihrer Schuld, die sie auf sich geladen hat, teilweise ohne es zu wissen. Nach zwei Stunden fährt sie dann nach Hause, viel ruhiger und sehr dankbar, dass sie alles abladen konnte.

ANALYSE: Es tut gut, seine schuldhaft erlebten Handlungen bei einem Unbeteiligten abzuladen, zu »beichten«. Dabei erwartet man vom Gegenüber, ernst genommen zu werden, also gerade kein Bagatellisieren der Schuld. Es tut gut, gemeinsam die Schuld zu betrauern.

ZUSAMMENFASSUNG: Der psychodynamische Prozess der Reue besteht darin, Schuldbewusstsein zuzulassen und die Schuld nicht weiter zu verdrängen. Diese Dynamik ist ein innerer Konflikt, in dem der wehleidige Bauch und das Gewissen um die Vorherrschaft ringen. Dieser Konflikt wird erst im Schuldbekenntnis aufgelöst; dadurch schwenkt schließlich auch der Bauch auf die Linie des Herzens ein. Die Beichte ist oft ein Alleingang des Herzens, der die Freiheit und den persönlichen Handlungsspielraum vergrößert. Reue ist eine affektive Trauerreaktion über die begangene Schuld, die Selbstannahme ermöglicht. Abschluss der Reue ist die Sühne, eine (selbst- oder fremdauferlegte) Strafe, die läutert und somit subjektiv von der Schuld reinigt.

9. Kapitel

Die Wende des Herzens

Jean Valjean auf der Couch

Wenn man das Leben von Richard York (Kapitel 5) mit dem von Rodja Raskolnikow (Kapitel 8) vergleicht, bemerkt man, dass beide Dramen jeweils ähnlich beginnen. Beide Protagonisten nehmen eine subjektiv empfundene Ungerechtigkeit wahr und beschließen, etwas dagegen zu tun. Dieses Tun deckt sich nicht ganz mit dem, was ihnen ihr Gewissen sagt, aber mit verschiedenen Tricks schaffen sie es, diese innere Stimme zum Schweigen zu bringen. Bei beiden kommt es zu dramatischen Kollateralschäden, weil unvorhergesehene Umstände auftreten. Doch danach entwickeln sich die Schicksale in verschiedene Richtungen: Richard kommt durch eine Orgie von Gewalt kurzzeitig an sein Ziel – wird aber seines Lebens nicht froh, manövriert sich immer mehr ins Abseits, wird schließlich gestellt und furchtbar abgestraft. Raskolnikow hingegen bereut nach langem innerem Ringen und stellt sich am Ende freiwillig der Polizei. In Sibirien läutert er sich in der Sühne. Raskolnikow hat durch sein schonungsloses Schuldbekenntnis an Freiheit gewonnen. Während Richard sein Herz verhärtet hat und in Bosheit erstarrt, ist die Entwicklung Raskolnikows durch eine schmerzhafte Öffnung des Herzens gekennzeichnet, die ihm letztendlich neuen Handlungsspielraum gibt. Victor Hugo hat in »Les Miserables« eine ähnliche Herzenswende beschrieben:

Die Wende im Leben von Jean Valjean

Jean Valjean ist ein notorischer Dieb, weswegen er im 25. Lebensjahr zu fünf Jahren Haft als Galeerensträfling verurteilt wird. Die Strafe ist hart, denn ertappt wird er, als er Nahrung für seine hungernde Familie stiehlt. Noch dazu werden wegen zahlreicher Fluchtversuche letzten Endes neunzehn Jahre aus den ursprünglichen fünf. Mit 44 Jahren ist er am Ende: verbittert, nach wie vor auf der Flucht, von der Gesellschaft gebrandmarkt und innerlich verhärtet. Er erwartet nichts mehr vom Leben und von den Menschen. Valjean kommt nach einer neuerlichen Flucht in das Haus des Bischofs Myriel von Digne. Dort bestiehlt er nach alter Gewohnheit auch den Geistlichen, der ihn aber auf frischer Tat ertappt. Doch der gütige alte Mann liefert ihn nicht der Polizei aus, sondern schenkt ihm das Diebesgut und gibt ihm sogar noch einige wertvolle Stücke zur Beute dazu. Valjean ist von dieser unerwarteten Menschenfreundlichkeit überwältigt, sie berührt sein Herz, das von der bisher er- und gelebten Unmenschlichkeit hart geworden war. Schlagartig wird ihm klar, worauf es im Leben ankommt: Er beschließt, ein guter Mensch zu werden.

Mit den geschenkten Wertgegenständen kauft er unter dem Namen »Madeleine« in der Stadt Montreuil-de-Mer eine Glasfabrik und bringt diese zur Blüte. Er behandelt seine Arbeiter gerecht, lässt sie an seinem Reichtum partizipieren und bedenkt die Armen großzügig mit Almosen. Erstmals im Leben wird Jean Valjean von der Gesellschaft wertgeschätzt, wenn auch unter falschem Namen. Sogar das Bürgermeisteramt wird ihm angetragen. So lernt er auch Fantine kennen, eine Arbeiterin in seiner Fabrik. Sie wurde von einem Studenten geschwängert und dann verlassen. Wegen ihres unehelichen Kindes Cosette wird sie aus der Fabrik entlassen und kann ihr Leben nur noch als Prostituierte fristen. Ihr Kind hat sie aus blanker Not an ein geldgieriges Wirtsehepaar gegeben und wird nun von diesem betrogen und finanziell ausgenommen. Valjean bewahrt Fantine zwar vor dem Gefängnis, aber sie stirbt an der Schwindsucht. Am Sterbebett verspricht ihr Valjean, sich um ihre Tochter Cosette zu kümmern.

Als ein Unschuldiger angeklagt wird, der untergetauchte ehemalige Häftling Valjean zu sein, gibt die Erinnerung an die gute Tat des Bischofs, die ihm sein erfolgreiches neues Leben ermöglicht hat, Valjean die Kraft, sich der Polizei zu stellen, um den Unbekannten zu entlasten. Zuvor aber bringt er noch sein ehrlich verdientes Vermögen in Sicherheit. Jean Valjean wird verhaftet, kann aber später wieder entfliehen. Er erinnert sich seines Versprechens und holt die Tochter Fantines, Cosette, aus ihrer unwürdigen Existenz als Haussklavin bei den ausbeuterischen Wirtsleuten heraus. Valjean findet jetzt seine Berufung als Pflegevater der Waisen. Unter dem Namen »Fauchelevent« leben die beiden viele Jahre in trauter Zweisamkeit glücklich in Paris. In liebevoller und selbstloser Hingabe an einen anderen Menschen, der ihm anvertrauten Pflegetochter, findet Valjean sein spätes Glück.

Irgendwann begegnet Cosette dem jungen Studenten Marius, und wie es die Natur so will, verlieben sich die beiden. Diese jugendliche Zuneigung ist für Valjean aber emotional schwer zu verkraften, da er seine ganze Liebe auf die Pflegetochter gesetzt hat und sich nur schwer von ihr lösen kann. Er versucht, die junge Liebe zu unterdrücken, und will mit Cosette nach England fliehen. Der verliebte Student, für den eine Welt untergeht, wirft sich lebensmüde in den Pariser Juniaufstand von 1832 und kämpft auf den Barrikaden in der Hoffnung, dort den Tod zu finden. In der Zwischenzeit ist Valjean in sich gegangen, erkennt seine egoistischen Motive und rettet Marius das Leben, ohne dass dieser es merkt. In einem Kraftakt der Liebe verzichtet Valjean sogar auf Cosette und macht den Weg frei für die Liebe zwischen den beiden jungen Leuten.

Nach der Hochzeit offenbart Jean Valjean seinem Schwiegersohn Marius vertrauensvoll seine wahre Identität als ehemaliger Häftling. Doch dieser versteht und verkraftet das Geständnis nicht, sondern versucht in der Folge, Valjean von Cosette fernzuhalten. Valjean trifft das hart, er zieht sich aber zunehmend von den jungen Leuten zurück, um nicht zu stören, und wird vor Verzweiflung krank. Durch Zufall erfährt Marius später aus sicherer Quelle, dass Valjean ihm während der Revolutionskämpfe das Leben gerettet und sein Geld außerdem legal verdient hat. Marius ist bewegt, er erkennt, dass er seinem Schwiegervater jahrelang Unrecht getan hat, und möchte ihn um Verzeihung bitten. Aber er kommt beinahe zu spät: Als er gemeinsam mit Cosette Valjean zur Aussprache und Versöhnung aufsucht, liegt dieser schon im Sterben, kann aber nun in Frieden sein Leben beschließen.

Das stimmige Leben

Was können wir am Schicksal Jean Valjeans ablesen? Warum ist sein Leben so stimmig, trotz des fatalen Fehlstarts? Nun, er nimmt eine Freiheit in Anspruch, die ihm so manche Psychotheoretiker aufgrund seiner schlimmen Kindheit und traumatisierenden Vorerfahrungen mit der herzlosen Gesellschaft eigentlich abgesprochen hätten. Er handelt plötzlich unberechenbar menschlich, sein »psychischer Apparat« wird zu einem Herz aus Fleisch: Das Beispiel des großherzigen Priesters erschüttert ihn und führt zu einer Bewegung des Herzens. Das ist eben kein momentanes Bauchgefühl der Rührung wie die Tränen vor dem Fernseher, sondern der permanente Willensentschluss, ein neues, selbstloses und uneigennütziges Leben zu beginnen. Die Wende des Herzens ist eine innere, feste Entscheidung. Valjean beschließt, sich zu ändern und ein guter Mensch zu werden – so wie Richard III. mit ganzem Herzen beschließt, ein Bösewicht zu sein. Von dieser Haltung geht er in der Folge auch nicht mehr ab. »In guten wie in schlechten Tagen«, koste es, was es wolle, ob es ihm leicht- oder schwerfällt: Jean Valjean kümmert sich uneigennützig um seine Arbeiter, outet sich, um einen Unschuldigen zu retten (das ist richtiggehend unvernünftig), und nimmt aus freiem Entschluss das kleine Waisenkind Cosette zu sich (das ist zumindest recht unpraktisch). Hier erfährt der vorher Verbitterte die Freude der Selbstlosigkeit – eine Horrorvorstellung für jeden Selbstverwirklicher. Diese Selbstlosigkeit wird durch die Liebe Cosettes zu einem jungen Mann auf eine harte Probe gestellt. Auch hier bleibt er seinem Herzensprinzip treu, wenn auch unter Tränen. Valjean wächst in einem langen Ringen – der schwerfällige

Bauch hat sich an Cosette gewöhnt, das bewegliche Herz sieht den notwendigen Verzicht aus Liebe – über sich hinaus und schafft das Unmögliche: Er lässt die junge Liebe zu und zieht sich selbst zurück. Zuerst noch rettet er unter Einsatz seines eigenen Lebens den Rivalen – »grenzt« sich also überhaupt nicht von den Problemen anderer ab (auch das kann man nicht wirklich als vernünftig bezeichnen). Erst im letzten Moment (und von Valjean nicht selbst herbeigeführt) wird seine Hochherzigkeit vom Schwiegersohn erkannt, der sich gerade noch am Sterbebett entschuldigen kann.

Der Unterschied zwischen dem Leben Valjeans vor seiner Begegnung mit dem Gottesmann und seinem Leben danach ist durch die Wende seines Herzens gekennzeichnet. Die Herzenswende führt dann mit der Zeit zu einer Wende der Bauchgefühle: Seine Selbstlosigkeit fällt ihm zunehmend leichter und wird von ihm immer mehr verinnerlicht. So kann er mit der Zeit immer höhere Hürden nehmen, bis er sogar aus Liebe verzichten kann. Das größte Opfer, das er bringt, ist seine Liebe zu Cosette. Das würden Aristoteles und Martin Seligman das Wachsen in der »Tugend« nennen: konsekutive emotionale Leichtigkeit im Tun des Guten. Die Gefühlswelt zieht der Herzensentscheidung nach, wie die »emotional forgiveness« nach der »decisional forgiveness« kommt (siehe Kapitel 6). Nicht ichhaftes, selbstisches, letztlich billiges »Mitleid« – wie es der harmlose Leutnant Hofmiller lebt – prägt in der zweiten Hälfte seines Lebens sein Handeln, es ist vielmehr die Fähigkeit, sich selbst mit Freude zu schenken. Aus Liebe verzichten zu können, aus Rücksicht sich selbst zurücknehmen.

Vor lauter Ich kann die Psychotherapie das Herz – und damit die Langfristigkeit – leicht aus dem Blick verlieren. Sie ist aufgrund ihres Bemühens um die Befindlichkeit immer in Gefahr, zur kurzfristigen Bauchpsychologie zu werden, bei der die Eigenliebe und Selbstverwirklichung nach Paul Vitz zum Goldenen Kalb stilisiert und das Du vergessen wird. Jean Valjean lehrt uns einen erfrischend anderen Weg.

Selbsterkenntnis ist der beste Weg zur inneren Freiheit

Die stimmige Herzenshaltung des Jean Valjean kann für jeden Menschen handlungsrelevant sein. Wenn beispielsweise in einem Partnerschaftskonflikt jeder zur Hälfte recht hat – das ist die Regel, auch wenn die beiden Hälften mitunter verschieden groß sein können –, dann gibt es zwei Möglichkeiten, damit umzugehen.

Erstens: Jeder konzentriert sich auf das, was der andere besser machen könnte. Bei dieser Option folgt jeder bequem seinem Bauchgefühl, das sich wenig für die eigene und sehr für die fremde Schuld interessiert. Das ist dann der ideale Nährboden für humorlose, verbissene Besserwisserei. Häufig wird im Partnerschaftskonflikt das bemängelte Verhalten des anderen vom eigenen Fehlverhalten reflexhaft ausgelöst, wenn beide vom Bauch gesteuert sind. Dann verteidigt jeder naturgemäß nur mehr seine Interessen, sein Terrain, denn der Bauch kann gar nicht anders als egozentrisch sein, weil Lustmaximierung und Unlustvermeidung seine Kriterien sind. Selbsterkenntnis tut weh und macht deswegen keine Lust. Oft wird in Ehekonflikten auf beiden Seiten nur mehr aus dem Bauch heraus reagiert und damit jeweils die Kontrolle über die eigenen Handlungen und

Worte verloren. Damit landen die beiden früher oder später beim Paartherapeuten oder vor dem Scheidungsrichter. Manchmal kann man über die eigene innere Unfreiheit nur staunen. Der Mensch ist blockiert, der Bauch regiert, das Herz ist verstockt: »Ich habe schon so viel getan für die Beziehung, jetzt ist mal der andere an der Reihe.«

Die zweite Möglichkeit – und diese Option hat Jean Valjean gewählt – ist, dass jeder vor seiner eigenen Türe zu kehren beginnt. Das ist eine anstrengende Funktion des Herzens, die Tapferkeit verlangt und langwierig eingeübt werden muss. Der Herzmuskel braucht Aufbautraining – Einüben in der Tugend. Durch die eigene Herzenswende ändert sich auch oft der überraschte Partner, der die willentliche Abkehr von den irrationalen Bauchreflexen des Ehepartners sehr schnell positiv wahrnimmt. Erinnern Sie sich: Am Anfang wird Valjean von der paradoxen Güte des Bischofs überrascht. Dadurch kommt seine Entwicklung überhaupt erst ins Laufen. Paartherapeuten und Scheidungsrichter hätten massive Einkommensrückschläge zu verzeichnen, wenn Mann und Frau lernen könnten, über den eigenen Schatten zu springen. Denn es ist der Schatten des Bauches, über den sich das Herz in einem Kraftakt hinwegsetzt: »Ich sehe ihre 50 Prozent mit stechender Klarheit, aber, verflixt noch mal, wo sind denn schnell meine 50 Prozent? Mal suchen gehen!« Auch eine Prise selbstkritischer Humor lockert die eigene Verbissenheit auf – und die des Partners übrigens ebenfalls.

Diese Wende aber – ich wiederhole mich – findet im Herzen statt und nicht im Bauch. Wer darauf wartet, bis die Entschuldigung, Versöhnung, Bekehrung, Vergebung lustvoll von selbst aus dem Bauch heraus kommt – ohne Mühe, ohne den vorgeschalteten Akt des Herzens –, wartet in der Regel lang. Entschuldigen, Versöhnen, Bekehren, Vergeben muss vom Herzen mühsam eingelernt werden, dann gewöhnt sich schlussendlich auch der Bauch daran.

Die Ressourcen zur Selbsterkenntnis sind bei jedem Menschen ständig präsent. Jeder von uns hat das Korrektiv, das er braucht, immer bei der Hand. Denn die besten Aufklärer sind unsere Nächsten, die uns täglich ertragen müssen. Niemand kennt uns so gut wie die, die mit uns leben oder arbeiten. Sie sehen uns in allen möglichen Situationen. Und sie sehen uns – im Gegensatz zu uns selbst – ohne den Filter der Selbstgefälligkeit oder des Selbstbetrugs. Erst die Zusammenschau von Fremdbild und Selbstbild ergibt im Kopf ein relativ komplettes und objektives Bild der Wirklichkeit. Andere sehen an mir, was ich nicht sehe. Ich wiederum weiß von mir, was sie nicht wissen. Wenn man die beiden Bilder vernünftig übereinanderlegt, entsteht ein dreidimensionales Bild. Deshalb ist es von außen betrachtet erstaunlich kurzsichtig, dass die meisten gar nicht so neugierig sind auf dieses kritische Feedback der anderen aus Angst, es könnte etwas Schmerzhaftes – also Negatives – dabei sein. Das ist die irrationale Vogel-Strauß-Politik des Bauches zur Schmerzvermeidung: »So genau will ich das gar nicht wissen – und dann ist es weg und nicht mehr wahr.« Wenn ein wehleidiges Herz bei dieser Verdrängung mitspielt und wegschaut, wird der Verstand dann nur mehr – im Sinne einer Rationalisierung – zum selbstgefälligen Selbstbetrug eingesetzt. Dadurch weicht das Selbstbild immer mehr von der Realität ab und entwickelt sich zu einem unrealistischen und idealisierten Trugbild. Die Extremform, der Narzisst, reagiert aggressiv und unkontrolliert gekränkt auf jeglichen Hinweis auf die unerwünschte Realität. Der Bauch kann gar nicht anders – Lustmaximierung, Unlustvermeidung. Nur das Herz hätte die Freiheit, die Türe zur Wahrheit schmerzhaft aufzustoßen. Selbsterkenntnis bedarf also eines tapferen Herzens.

Eine alte biblische Weisheit besagt, dass man den Splitter im Auge des Bruders besser erkennen kann als den Balken im eigenen Auge. Das ist scharf beobachtet und bedeutet erstens, dass man bei anderen besonders sensibel und unnachsichtig auf Fehler reagiert, die man bei sich selber verdrängt. Und zweitens, dass man tatsächlich ohne Schwierigkeiten die größten Holzbrocken in einer noch so kleinen Augenhöhle in der inneren Wahrnehmung negieren kann, wenn sie nicht genehm sind. Die Bauchangst vor der Realität – vor der Wahrheit über sich selbst – blockiert den Kopf in einer inneren Unfreiheit, einer angstvollen Verklemmung.

Der Minderwertigkeitskomplex nach Alfred Adler ist eine besondere Ausformung der ichhaften, unfreien Angst vor der Wahrheit. Im Unbewussten herrscht folgende Doktrin: Ich muss besser sein, als ich bin, und ertrage nicht, dass ich es nicht bin. Das Problem ist nicht die Minderwertigkeit an sich, sondern dass man die eigenen Mängel nicht annehmen kann und stattdessen ins Unbewusste abdrängt. Das aber ist ein Mangel an Sachlichkeit, denn diese akzeptiert, dass jemand anderer vielleicht besser ist, dass man selber in einem gewissen Bereich nicht so begabt, muskulös oder gebildet ist. Die bittere, aber auch befreiende Wahrheit ist: Jeder ist irgendwo »minderwertig« und könnte deswegen »Minderwertigkeitskomplexe« haben, der gebildete Bücherwurm gegenüber dem Muskelprotz, der Durchtrainierte, weil er weniger gebildet ist, der Politiker, weil er kein Universitätsprofessor ist, dieser wiederum, weil er nicht so bekannt ist wie ein Sportler, der Sportler, weil er nicht öffentlich Reden halten kann, und so weiter. Es gibt immer Gründe, Minderwertigkeitskomplexe zu hegen und zu pflegen, aber es ist letztlich eine ichhafte Angst um sich selbst. Bin ich ungebildet, unmuskulös, unbekannt, unberedt – na und? Wie schön ist es, fehlerhaft zu sein! Durch Annahme seiner eigenen Defekte und Fehler wird die Selbsterkenntnis der Grund für eine tiefe Freude, für Freiheit und Erleichterung. Heilsam ist es, zu seinen »Minderwertigkeiten« stehen zu können und mit ihnen zufrieden zu sein.

Das Fehlen der inneren Freiheit ist bei vielen Problemen im Spiel, die Psychotherapeuten auf die Couch gesetzt bekommen. Die meisten suchen nämlich im Grunde therapeutische Hilfe, um verlorene Freiheit zurückzugewinnen. Vordergründig wollen sie dabei unabhängig werden von Ängsten, von Süchten oder von der Meinung anderer. Tiefe innere Freiheit ist hingegen die Folge einer Herzensentscheidung für das Gute und Wahre: Sie bedeutet das Freisein von beengender Ichhaftigkeit, von Machtstreben und Habgier, von Kontrollzwang und Anspruch auf Fehlerlosigkeit im eigenen Leben, von Launen, Verbitterung und Fremdbeschuldigung. Jeder Mensch leidet im Grunde unter seinem Neid, Zorn, seiner Trägheit, Wollust, Habsucht, Völlerei und vor allem seinem Hochmut.

Freiheit des Herzens bedeutet, wie der Pädagoge Johann Heinrich Pestalozzi erkannt hat, nicht nur das Freisein von etwas, sondern auch die Freiheit zu etwas. Freiheit verlangt Richtung und Hingabe, denn wenn sie sich nur selbst genügt, bleibt sie wirkungslos. Hier sind allerdings die Grenzen der Psychotherapie erreicht. Denn sosehr sie dem Klienten auch beim Erkunden seines Handlungsspielraums helfen kann, beantwortet sie doch nicht die Frage, wofür er seine Herzensfreiheit einsetzen soll. Das zielt in die transzendente Dimension und ist Domäne von Philosophie und Religion. Die Psychotherapie kann keine Lebensinhalte bestimmen, keinen Sinn anbieten, sie kann nur – wie Viktor Frankl immer betont – bei der Sinnsuche begleiten.

FALL 41: Der 60-jährige Seelsorger Alfred H. kommt in die Therapie, um sich selbst besser kennenzulernen. Er wolle in seiner Entwicklung weiterkommen. Viele psychologische Bücher habe er zu diesem Zweck gelesen, um sich besser zu verstehen. Ihn interessiere, wie er bei den Menschen ankomme. Das sei in der Seelsorge schon sehr wichtig, dass man die Menschen dort abhole, wo sie seien. Je glaubwürdiger und authentischer seine Persönlichkeit sei, desto besser könne er abholen. Er frage auch häufig nach, wie seine Predigten bei den Leuten ankämen, »denn ich brauche Feedback, um mich weiterzuentwickeln«.

ANALYSE: Die große Entdeckung in der Therapie war für ihn, dass es seine Berufung sei, in der Seelsorge den Menschen zu dienen, statt »belesen zu sein, um zu glänzen« und die Menschen für seine persönliche »Entwicklung« zu benutzen. Hier nochmals das Zitat von Viktor Frankl: »Nur das kranke Auge sieht sich selbst.« Alfred H. ist zu Therapiebeginn in der Ichhaftigkeit gefangen, es gelingt ihm aber, das in der Therapie zu reflektieren und abzulegen.

In einem jüdischen Märchen bittet ein Rabbi Gott einmal darum, den Himmel und die Hölle sehen zu dürfen. Gott erlaubt es ihm und gibt ihm den Propheten Elia als Führer mit. Elia führt den Rabbi zuerst in einen großen Raum, in dessen Mitte auf einem Feuer ein Topf mit einem köstlichen Gericht steht. Rundum sitzen Leute mit langen Löffeln und schöpfen aus dem Topf. Aber die Leute sehen blass, mager und elend aus. Denn die Stiele ihrer Löffel sind viel zu lang, so dass sie das herrliche Essen nicht in den Mund bringen können. Als die Besucher wieder draußen sind, fragt der Rabbi den Propheten, welch ein seltsamer Ort das gewesen sei. »Das war die Hölle«, antwortet Elia und führt den Rabbi anschließend in einen zweiten Raum, der genauso aussieht wie der erste. In der Mitte des Raumes brennt ein Feuer, und dort kocht ein köstliches Essen. Leute sitzen ringsum mit langen Löffeln in der Hand. Aber sie sind alle gut genährt, gesund und glücklich. Sie versuchen nicht, sich selbst zu füttern, sondern benutzen die langen Löffel, um sich gegenseitig zu essen zu geben. »Dieser Raum ist der Himmel!«

Das schöne jüdische Märchen zeigt die Wende des Herzens, die Entscheidung, endlich über den eigenen Schatten zu springen: Selbstlosigkeit statt Selbstverwirklichung. Altruismus statt Abgrenzen. Das menschliche Herz ist natürlicherweise auf ein Du hin ausgerichtet, auf die anderen, die menschliche Gemeinschaft. Adler spricht vom Gemeinschaftsgefühl, sein Schüler Künkel von der Wirhaftigkeit (im Gegensatz zur Ichhaftigkeit). Weil in diesem Märchen der Bauch – rücksichtslos auf sich selbst bedacht – gierig gefüllt werden will, hungert er in seiner ängstlichen, egozentrischen Kurzfristigkeit.

Die Wende des Herzens macht es möglich, sich selbst und die eigenen Bedürfnisse zu vergessen und selbstlos auf die Bedürfnisse des anderen zu blicken.

Der amerikanische Psychoanalytiker Karl Menninger, Gründer der gleichnamigen Klinik, ließ 1975 mit seinem erstaunlichen Buch »Whatever became of Sin?«, in dem er nach dem Verschwinden des Begriffs der Sünde forschte und den Zeitgeist ordentlich gegen den Strich bürstete, aufhorchen: *»Es gibt Immoralität, es gibt unethisches Verhalten, es gibt unrechtes Handeln. … Solange ich nicht erkenne und anerkenne, dass ich meines Bruders Hüter bin, wird die Flut menschlicher Selbstzerstörung nicht eingedämmt werden können. … Sünde, Hass, Entfremdung, Aggression – nennen Sie es, wie Sie wollen – können durch Liebe besiegt werden. Die eigene Ichzentriertheit zu überwinden ist keine Tugend, es ist eine rettende Notwendigkeit.«* Der Psychoanalytiker macht die Menschen darauf aufmerksam, dass – wie schon Martin Buber, der große jüdische Religionsphilosoph, sagte – der Mensch erst am Du zum Ich wird.

In der menschlichen Gesellschaft gibt es eine natürliche gegenseitige Zugehörigkeit und Abhängigkeit, weil der Mensch ein soziales Wesen ist. Wer sich dem entzieht, ist sozial gestört. Selbstbefreiung aus der neurotischen Ichhaftigkeit, die der gesunden Wirhaftigkeit entgegensteht, macht den Menschen erst fähig für das Du und sozial kompetent.

Folge dieser Selbstbefreiung ist ein »in sich Ruhen«, das offen ist auf den anderen hin. Erst der Selbstbefreite kann einen klaren Blick auf die Bedürfnisse des Nächsten haben. So gesehen sind Selbstlosigkeit und Altruismus, von Psychologen lange pathologisiert (so nach dem Motto »der Selbstlose hat kein Selbst«), ein Zeichen für psychische Gesundheit. Jeder Mensch neigt zur Ichhaftigkeit, jeder kann einen narzisstischen Anteil in sich entdecken, wenn er sich traut. Doch der, der sich um die selbstlose Liebe und den selbstlosen Dienst bemüht, öffnet sich dadurch wieder für die anderen, macht in seinem Herzen Platz, wächst in seiner Beziehungsfähigkeit und ist für andere Menschen liebenswert.

Je weniger man an sich selbst hängt, desto eher kann man auch eigene Schuld erkennen und um Verzeihung bitten – das ist der Schritt zurück zum Du, von dem man sich durch die Schuld entfernt hat. Der prominente Sozialpsychologe Philip Zimbardo empfiehlt: *»Sagen Sie die Zauberworte: ›Es tut mir leid‹, ›Ich entschuldige mich‹, ›Verzeih mir‹. Nehmen Sie sich vor, aus Ihren Fehlern zu lernen, ein besserer Mensch zu werden. Wenn wir das oft tun, schwindet die Notwendigkeit, Fehler zu rechtfertigen oder zu rationalisieren und dadurch weiterhin für schlechtes oder unmoralisches Verhalten einzutreten. Das Eingeständnis von Fehlern entzieht der Motivation, kognitive Dissonanz zu reduzieren, die Grundlage; eine Realitätsprüfung lässt die Dissonanz verschwinden. Nachzugeben, statt eisern einen falschen ›Kurs zu halten‹, kostet zunächst Überwindung, erbringt jedoch stets einen bleibenden Gewinn.«*

Das innere Stehaufmännchen

Wie können Menschen wie Jean Valjean Ungerechtigkeiten und Demütigungen aushalten, während andere wie Michael Kohlhaas daran zerbrechen? Nehmen wir zur Beantwortung kurz Anleihen bei der Physik. Dort beschreibt der Begriff »Resilienz« die Toleranz eines

Systems gegenüber Störungen. Ein anschauliches Beispiel dafür ist das Stehaufmännchen, das sich aus jeder beliebigen Lage von selbst wieder aufrichtet. Sosehr wir es auch kippen, drücken, schlagen, herzen: das bunte Männchen kippt immer wieder in seine Ausgangslage zurück. In der Psychologie ist Resilienz ein Ausdruck für die Stabilität gegenüber jedweder Lebenskrise. Das Bild aus der Physik ist hier speziell brauchbar, weil es veranschaulicht, was »in sich ruhen« bedeutet. Ein anderer physikalischer Begriff für das funktionierende Stehaufmännchen ist »stabiles Gleichgewicht«, im Kontrast zum »labilen Gleichgewicht«. Zweiteres schaut von außen ähnlich aus, verliert aber bei Belastung völlig die Fassung und stürzt in sich zusammen – wie Michael Kohlhaas.

Es gibt Situationen im Leben, die das innere Stehaufmännchen in eine ziemliche Schieflage bringen. In der Psychologie nennt man das Krise. Manche Krisen sind so eindeutig Folge unseres eigenen Verhaltens, dass es mindestens jedem Außenstehenden klar ist. Nehmen wir ein harmloses Beispiel: ein Schüler, der die Klasse wiederholen muss. Wir sprechen hier nicht über Ausnahmefälle, die sieben Monate lang schwer krank waren, dreimal das Land wechselten und sich gleichzeitig um die gebrechliche Großmutter kümmern mussten. Sprechen wir über den Normalfall, also dass der junge Mann oder die junge Dame aus purer Faulheit schlicht und einfach zu wenig gelernt hat. Das ist jedem nüchternen Beobachter schnell klar. Befragt man aber den Betreffenden selbst, so erhält man interessanterweise recht selten die Antwort: »Ich war zu faul, habe zu wenig gelernt und bin daher selber schuld.« (Das wäre mutige Selbsterkenntnis aus Herzensstärke.) Schuld sind dann schnell die Lehrer, die unseren Helden sehr ungerecht behandelt haben, eventuell auch gemobbt. Schüler mit etwas Phantasie können auch die Eltern und die Mitschüler beschuldigen. Oder die Großmutter, die Straßenbahn oder notfalls die Pubertät. Daraus folgt aber, dass das Opfer nur selten die richtigen Konsequenzen zieht und im folgenden Schuljahr einfach mehr lernt. Aus Schaden wird man nur dann klug, wenn man die Ursachen des Schadens richtig erkennt und benennt. Statt in die Hände zu spucken, könnte der Betroffene im schlimmsten Fall als »Opfer« die Hände beleidigt verschränken und bockig den Unterricht boykottieren. Sie sehen, das innere Stehaufmännchen richtet sich leichter wieder auf, wenn der Schüler erkennt: Ich bin selber schuld! Hätte ich mehr gelernt! Jean Valjean sagt diesen Satz: Er erkennt, dass er bis jetzt falsch gelebt hat und sich ändern muss. Nur so kann er sich dann auch tatsächlich zum Besseren verändern.

Wie der Neurowissenschaftler Joachim Bauer in seinem Buch »Schmerzgrenze« anschaulich dargelegt hat, verarbeitet unser Gehirn Ungerechtigkeit wie körperlichen Schmerz und reagiert deshalb darauf mit Abwehraggression. Oder in manchen Fällen mit Verbitterung, wie Michael Linden hinzufügen würde. Beides jedoch hilft unserem Freund im neuen Schuljahr kaum weiter: Fremdbeschuldigung blockiert die Lösung. Die Hauptperson im 7. Kapitel, Raskolnikow, hätte die Jahre der Zwangsarbeit in Sibirien schwerer ertragen, wenn er unschuldig gewesen wäre. Oder wenn er sich unschuldig – also als Opfer – gefühlt hätte. Denn die Subjektivität, die persönliche Bewertung ist hier entscheidend. Raskolnikows Schuldbewusstsein, sein Selbstverständnis als Täter und sein Gerechtigkeitssinn lassen ihn seine Leiden als Zwangsarbeiter als berechtigte Strafe und als Sühne, als Wiedergutmachung seiner Schuld, erkennen und annehmen. Dadurch reift er als Person und läutert sich. Diese sieben Jahre als selbsternanntes Opfer und in Leugnung seiner eigenen Schuld hätten Raskolnikow hingegen zur Verzweiflung gebracht. (Natürlich kann man auch solch eine Situation in Würde tragen: Nelson Mandela war 29 Jahre für den gerechten Kampf gegen die Apartheid inhaftiert und ist nicht verbittert: Daran kann man wieder die Heilkraft der Vergebung erkennen, aber das ist ein anderes Thema.) Eine gerechte Strafe jedenfalls kann im Normalfall von einem schuldbewussten Täter angenommen werden. Die Auflehnung gegen eine als gerecht erlebte Bestrafung wäre psychopathologisch sogar richtiggehend auffällig. Empört ist man als psychisch gesunde Person nur bei einer als ungerecht empfundenen Behandlung, nicht bei einer als gerecht erlebten Strafe.

Die Annahme der eigenen Schuld und damit der gerechten Strafe steigert die Resilienz ungemein. Das ist, um im bereits verwendeten Bild zu bleiben, wie wenn Sie dem Stehaufmännchen ein Metallgewicht in den runden Boden legen: Es wird dadurch stabiler. Das ist das Geheimnis von Jean Valjean: Er weiß, dass er auch einiges auf dem Kerbholz hat, und ist deswegen nicht so zimperlich. Verdrängte Schuld und Opfergejammer hingegen wirken, wie wenn Sie dasselbe Metallgewicht auf das Köpfchen unseres Stehaufmännchens kleben. Das Fazit ist dann, dass das Männchen bei der kleinsten Berührung umfällt. Das ist das Drama von Michael Kohlhaas. Darum wirkt eine Psychotherapie, die ein gesundes Schuldbewusstsein stärkt, wie wenn Sie das Metallgewicht langsam vom Kopf unseres Stehaufmännchens nach unten in den runden Boden verlagern: Der Mensch wird auf diese Weise immer stabiler, er kann nicht nur passive Opfer-, sondern immer mehr auch seine aktiven

Täteranteile sehen. So kommt er vom Selbstbetrug zur Selbsterkenntnis.

FALL 42: Der 35-jährige Kleinunternehmer Herbert Z. kommt empört in die Praxis. Er sei Vater geworden, und jetzt dürfe er sein Kind nicht sehen. Noch dazu einen Sohn! Das sei schon das zweite Kind, bei dem ihm das passiere. Es sei unglaublich, wie die Frauen ihn behandeln würden! Beim Nachfragen kommt folgende Geschichte ans Licht: Der Mann, ein notorischer Frauenheld, hat viele Jahre lang sein Geld mit Wein, Weib und Gesang verbraten. Nie war er einer Frau treu. Eine seiner Freudinnen wurde eher »zufällig« schwanger, warf ihn aber, bereits hochschwanger, aus der Wohnung, nachdem er wiederholt im betrunkenen Zustand fremdgegangen war. In der Folge heiratete sie auf einem anderen Kontinent. Der neue Mann adoptierte das Kind dort, und so konnte Herr Z. seinen ersten Sohn nie sehen. Nach vielen Liebschaften verliebte er sich in eine acht Jahre jüngere, verheiratete Frau. Sie begannen eine sexuelle Beziehung, die Frau jedoch schwankte immer zwischen ihrem Ehemann und dem Liebhaber. Herr Z. war auch sehr eifersüchtig auf den Ehemann, was die Frau nicht unbedingt goutierte. Schließlich wurde die Frau schwanger und wusste nicht von wem. Sie entschied sich für den Ehemann und gab dem Liebhaber den Laufpass. Das war hart, denn irgendwie reizte ihn der Gedanke an weiteren Nachwuchs. Erstaunlicherweise meldete die Frau sich aber kurz vor der Geburt des Kindes wieder bei Herbert Z. mit den Worten: »Ich glaube, das Kind ist doch von dir.« Begründen konnte sie das Gefühl nicht. So waren sie bei der Geburt wieder in Kontakt, das Dreiecksverhältnis wurde wieder aufgenommen.

Der Ehemann wusste von der unsicheren Vaterschaft, wollte das Kind aber trotzdem als sein eigenes annehmen und gerne ohne Vaterschaftstest aufziehen. Die Frau führte jedoch gegen seinen Willen einen Test durch, und Herr Z. stellte sich dabei als biologischer Vater heraus. Danach wusste die Frau noch viel weniger, wie sie sich entscheiden sollte: Beide Männer waren bereit, sie mit dem Kind zu nehmen! Als Ausweg schlug sie ein Leben zu viert vor: sie, zwei Männer und ein Baby. Das wurde von beiden Männern abgelehnt. Herr Z. fungierte in dieser Zeit mehr und mehr als Babysitter, wenn sie einmal joggen gehen wollte. Das war fast täglich. Schließlich, nach monatelangem Ringen, entschied sich die Frau wieder für ihren Mann, und Herbert Z. durfte seinen eigenen Sohn, dessen Babysitter er in einem fremden Haus geworden war, plötzlich nicht mehr sehen.

Herr Z. ist tief gekränkt und verbittert gegen die Frau, gegen den anderen Mann und gegen sein Schicksal im Allgemeinen. Aber in erster Linie gegen die Frau: »Wieso lässt sie sich von mir schwängern, wenn sie doch ihren Mann liebt? Und wieso muss sie mir das Kind unter die Nase halten, wenn sie es mir dann wieder wegnimmt? Wieso meldet sie sich nochmals, nachdem sie mich schon von sich gestoßen hatte?«

Im Sinn der Weisheitstherapie nach Linden arbeitet der Therapeut mit Empathietraining und Perspektivenwechsel. Der Patient kann dadurch schrittweise erkennen, dass er sich durch seine Handlungen selbst in diese unlösbare Lage manövriert hat. Sicher hat sich die Frau ihm gegenüber falsch benommen – er kann aber mit der Zeit besser ihre Überforderung erkennen. Jede denkbare Lösung ist für sie eine schlechte. Herr Z. hat mit den Frauen ein Leben lang gespielt, er hat seine erste Frau falsch behandelt, er hat sich dann mit einer verheirateten Frau eingelassen. Jetzt hat er wieder einmal die Rechnung für sein Verhalten bekommen. Was ihm gegen die aufkommenden Verbitterungsgefühle und die Verzweiflung hilft, ist, sich selbst zu sagen: »Ich bin selber schuld!« Er erkennt sein aktuelles Leiden als direkte Folge seines Lebens und kann die gegenwärtige Qual als wohlverdiente Strafe verstehen. Und er verzichtet auf einen juristischen Kampf um das Besuchsrecht. Er kann in der Zwischenzeit sogar über sein anfängliches Opfergejammer lächeln. Damit kommt er schrittweise zur psychischen Stabilisierung, und ein neues Leben beginnt. Die nächste Beziehung glückt.

ANALYSE: Durch Annahme der zuerst verdrängten eigenen Schuld gewinnt Herbert Z. durch eine Wende des Herzens Handlungsspielraum. Der Bauch schreit stolz: »Nicht mit mir!«, während das Herz weise erkennt: »Selber schuld!« Das sagt er sich immer wieder vor, es dient als Erinnerung an den Lösungsansatz.

Der eigene Handlungsspielraum im Trauma

Das Trauma gilt in der Psychiatrie – wie wir in der Einleitung gesehen haben – als einer von drei Gründen seelischen Leidens. Die psychischen Folgen des Traumas sind nicht Thema dieses Buches. Hier soll nur nochmals klargestellt werden, dass selbstverständlich das echte Opfer einer Untat oder Misshandlung an dem Verbrechen, das an ihm begangen wurde, nicht »selber schuld« ist. Da manchmal sogar pathologische Schuldgefühle bei traumatisierten Opfern auftreten, ist diese Klarstellung umso wichtiger.

Eine posttraumatische Belastungsstörung entwickelt sich jedenfalls umso leichter, je niedriger die Resilienz ist. Deswegen lohnt es sich, die Frage zu stellen, was die Resilienz zu steigern vermag. Was also richtet unser inneres Stehaufmännchen nach einem Trauma schnell wieder auf? Was umgekehrt bringt es völlig aus dem Gleichgewicht? Am schwersten zu ertragen ist ein Trauma, bei dem uns Unrecht getan wurde, etwas leichter ist schon ein schicksalhaftes Ereignis als Ursache für unser Unglück, und deutlich leichter wird allgemein eine Unbill verkraftet, die man selbst zu verantworten hat. So gesehen ist hier also die subjektive Frage nach der Gerechtigkeit psychohygienisch relevant. Ungerechtigkeit und fremde Bosheit sind eine schwere Last am Köpfchen unseres Stehaufmännchens und können den ganzen Menschen destabilisieren.

Nach den Forschungen Michael Lindens ist das subjektive Gefühl, ungerecht behandelt worden zu sein, das Kernelement der Verbitterung. Der ebenfalls bereits zitierte Joachim Bauer hat wiederum herausgefunden, dass Ungerechtigkeit in unserem Gehirn vom Schmerzzentrum verarbeitet wird. Der Schmerz wird unbewusst mit Aggression abgewehrt. Verbitterung und Aggression hängen eng miteinander zusammen: Der Verbitterte giert laut Aristoteles nach Rache: *»Denn geübte Vergeltung beschwichtigt die Erregung, indem sie das Gefühl des Schmerzes durch ein Gefühl der Befriedigung ersetzt.«* Aber oft ist seine Gier unersättlich, so viel Rache kriegt ein Mensch meist gar nicht hin. Das Problem ist eher, dass er – wieder nach Aristoteles – *»schwer zu versöhnen«* ist und *»lange den Zorn festhält«*. Er kann nicht verzeihen, nicht loslassen. Laut Aristoteles setzt dort, wo Aggression nicht ausreichend Rache nehmen kann, Verbitterung ein. Der Begriff »ausreichend« ist ein relativer: Michael Kohlhaas zum Beispiel nimmt exzessiv Rache, aber sie erscheint ihm nie ausreichend.

Daraus kann man mehrere Schlüsse ziehen: Sich Ungerechtigkeit einzubilden oder innerlich zu konstruieren, wo es gar keine gibt, ist manifeste Selbstschädigung. Ein Therapeut, der ein vermeintliches Opfer in seiner unkritischen Fremdbeschuldigung bestärken würde, beginge einen Kunstfehler. Er fixiert seinen Patienten so in der schmerzhaftesten Position und provoziert dadurch chronische Aggressionen und Verbitterung.

Auch folgt daraus, dass es psychotherapeutisch essenziell ist, bei tatsächlichem Fremdverschulden die fremde »Bosheit« durch eine entsprechende Interpretation möglichst zu neutralisieren. Je mehr das Fremdverschulden als Schicksalsschlag verstanden werden kann, umso mehr wird es nicht mehr als so böse, so giftig, so ungerecht erlebt.

Damit ist gemeint, den Blick nicht auf das »Böse« des Täters zu fixieren – wie das Kaninchen vor der Schlange erstarrt. Natürlich braucht der eigene Schmerz eine Ausdrucksmöglichkeit. Aber die aggressive Fremdbeschuldigung ist eine Sackgasse. Denn fremde Bosheit – die zweifelsfrei ebenso existiert wie die eigene – kann von außen niemals umfassend beurteilt werden. Ein Auto kann in eine Schülergruppe fahren, weil die Bremsen versagen, weil der Fahrer unachtsam ist oder weil er bewusst morden wollte. Der Fahrer kann vielleicht in einem psychischen Ausnahmezustand sein, weil seine Mutter am Vortag zu Tode gekommen ist – das wissen wir alles nicht. Die Aufarbeitung seiner Bosheit oder seines Anteils ist in erster Linie Sache des Täters. Oder die des Richters. Psychodynamisch gesehen reduziert dieses innere Manöver der wohlwollenden Interpretation die Psychotoxizität, also das Seelengift des Traumas. Diese Haltung ist zwar noch nicht die hohe Kunst der Vergebung, steigert aber ebenfalls durch positives Denken die Resilienz.

Dazu kommt die Erfahrung, dass es guttut, wenn ein Täter wirklich reuig um Verzeihung bitten kann, weil er damit offensichtlich selbst das Böse reduziert. Dann sieht man als Opfer, dass der Täter versteht, welchen Schmerz er verursacht hat. Der Täter ist damit wieder Mensch, ist wieder begreifbar und nachvollziehbar geworden. Die Entschuldigung des Täters verändert nicht das Stehaufmännchen – aber es mildert den Schlag ab, den das Männchen abbekommen hat. Je mehr man als Opfer zu verstehen versucht, dass der Täter vielleicht gar nicht so frei war, wie es schien, desto eher kann der Vergebungsprozess gelingen. Das ist ohne Vergebungsbitte des Täters viel schwerer, aber manchmal trotzdem möglich. Papst Johannes Paul II. konnte beispielsweise seinem Attentäter von 1981, der keinerlei Reue zeigte, trotzdem verzeihen und hat ihn sogar in der Gefängniszelle besucht.

FALL 43: Die 55-jährige Anita S. kommt mit dem Auftrag zum Psychiater, sie wolle ihr unangenehmes Lebensgefühl loswerden. Sie leide schon sehr lange unter Traurigkeit, Einsamkeit und Sinnlosigkeit. Sie sei seit 15 Jahren geschieden und kinderlos (»Gott sei Dank«), lebe alleine und habe hauptsächlich massive Probleme mit ihrer 83-jährigen Mutter, die ihr ein Leben lang Schuldgefühle gemacht habe. »Sie lässt mich nicht leben, es gibt nichts in meinem Leben, mit dem sie einverstanden ist.« Sie sei übergriffig und indiskret.

Der Psychiater lenkt im Erstgespräch das Thema auf andere Lebensdimensionen, aber spätestens beim dritten Satz ist Frau S. wieder bei ihrer Mutter, die schon lange verwitwet sei und außer ihr weder Verwandte noch wirkliche Freunde habe. Die Mutter selbst sei von ihrer eigenen Mutter äußerst schlecht behandelt worden, und dieses Schicksal würde der Patientin indirekt ständig zum Vorwurf gemacht werden. Anita S. überlege, die Beziehung mit ihrer Mutter vollständig zu beenden, aber da sie ein Einzelkind sei, hätte diese dann überhaupt keine Bezugsperson mehr. So gehe sie weiter jedes Wochenende mit versteckter Wut im Bauch zu ihr – häufig komme es da zu Streit, besonders wenn die Mutter übergriffig werde.

In den nächsten Therapiestunden wird das Thema Nähe und Distanz bearbeitet: den richtigen Abstand der beiden Frauen zueinander finden. Dann kommt es zu einem Eklat: Frau S. erzählt, sie habe sich von ihrer Mutter provoziert gefühlt und daraufhin angebrüllt, dass sie sich nicht weiter von ihr so ungerecht behandeln lasse, ja, dass sie sie schon lange »letztklassig« behandeln würde. »Aus der Emotion heraus – ich habe mir Luft gemacht. Nachher ist es mir relativ gutgegangen – ich habe keine Schuldgefühle.«

In der Therapie erkennt Anita S. mit der Zeit, dass sie aufgrund des Alters ihrer Mutter in der Zwischenzeit überlegen ist und ihre emotionale Explosion doch eher unsouverän gewesen sei. Erstmals regt sich so etwas wie Mitleid mit der alten, einsamen Frau. In der Woche darauf kann die Patientin der Mutter gegenüber freundlich lächelnd gerechte Grenzen ziehen und so die verletzende Übergriffigkeit der Mutter abwehren. Erstmals fühlt sich Frau S. souverän im Umgang mit ihrer Mutter.

Ein paar Therapiestunden später staunt Anita S. über ihre eigene Entwicklung: Die Mutter respektiere jetzt die

Grenzen, die Beziehung sei dadurch so gut wie noch nie – und sie habe ihrer Mutter vergeben, weil sie sie jetzt besser verstehe.

ANALYSE: Es ist in der Therapie hilfreich, nicht bei den zweifellos vorhandenen Defekten der Mutter stehenzubleiben, sondern lösungsorientiert zu arbeiten. Als Kriterium für Grenzziehungen ist aber die Frage nach der Gerechtigkeit hilfreicher (»Was bin ich meiner Mutter schuldig und was nicht?«) als die Frage nach der eigenen Befindlichkeit (»Was tut mir gut?«). Letztere birgt immer die Gefahr, sich in Kurzsichtigkeit und Ichhaftigkeit zu verirren. Verzeihen konnte Anita S., weil sie am Ende genug Abstand hatte, um Empathie mit ihrer Mutter zuzulassen.

Die Fähigkeit zur Vergebung, die »Forgiveness«, steigert die Resilienz. Das macht das Trauma nicht ungeschehen, aber leichter verdaubar. Hilfreich kann hierfür die gelassene Erkenntnis sein, dass jedes menschliche Zusammenleben immer aus Unrecht erleiden und Unrecht tun besteht und dass man selbst auch schon Unrecht getan hat. Wer austeilen kann, muss auch einstecken können.

Der eigene Handlungsspielraum bei Schicksalsschlägen

Auch bei Schicksalsschlägen ohne direkten Schuldigen, wie zum Beispiel bei Naturkatastrophen, ist Fremdbeschuldigung dringend zu vermeiden. Natürlich hat der Ichhafte, der Narzisst, das Opferlamm hier eine viel geringere Resilienz. Sein viel instabileres inneres Stehaufmännchen hat durch die Ichzentriertheit einen Riesenklotz auf dem Kopf. Er befolgt viel eher Watzlawicks anschauliche »Anleitung zum Unglücklichsein« und beschuldigt das Schicksal, Gott und die Umstände: »Warum immer ich?« oder »Warum gerade ich?«.

Bei Schicksalsschlägen stellt sich häufig die Frage nach dem Sinn des Leidens, die aber die Psychotherapie überfordert. Der große Theologe Romano Guardini schreibt: *»Wenn wir also hier nach ihrem Sinn fragen, so ist damit auch schon gesagt, dass es uns nicht um eine psychologische oder psychiatrische, sondern um eine geistige Angelegenheit geht.«*

Ein Psychiater, der selbst im Konzentrationslager war und dort viel Unrecht erleiden musste, hat sich recht weit in dieses geistige Gebiet vorgewagt: Viktor Frankl. Er hat das »Leiden am sinnlosen Leben« beschrieben und damit eine neue Tür für die Psychotherapie aufgemacht. Jeder Mensch braucht einen Sinn im Leben, ein Ziel, eine Richtung. Auch im Leiden. Und doch stellt er klar, dass der Therapeut dem Patienten nicht einen Sinn aufs Auge drücken kann, weder den Sinn des Lebens noch den Sinn des Leidens. Therapie ist dazu da, dem Patienten bei seiner Entdeckung des Sinns zu helfen, quasi als Geburtshelfer.

FALL 44: Die 35-jährige schizophrene Patientin Theresia G., bereits seit Jahren in Invaliditätspension, kommt zur erkrankungsspezifischen psychotherapeutischen Begleitung. Sie habe bis zum Krankheitsausbruch Medizin studiert, danach keine Prüfung mehr gemacht, aber wolle »nach der Heilung« das Studium fortsetzen. Medikamentös ist sie gut eingestellt, hat weder Halluzinationen noch Wahnvorstellungen. Frau G. habe aber ein spezielles Problem. Seit Jahren spucke sie vier bis fünf Stunden pro Tag in Taschentücher, weil ihr das das Gefühl gebe, ihre Leiden aktiv mindern zu können. Diese Taschentücher falte sie dann nach einem bestimmten Ritual zusammen. Wenn sie mit dem Therapeuten darüber rede, erkenne sie klar, dass das alles eigentlich völlig sinnlos sei. Aber keine Medikamente und keine Therapie hätten das bisher ändern können. Sie lebe mit ihren 70-jährigen Eltern in einem Haus und könne ihnen nicht helfen, »solange ich krank bin«. Nach der Heilung wolle sie dann als Ärztin arbeiten, heiraten und Kinder kriegen. So lange müsse sie halt noch warten. Die Eltern seien ob dieses Verhaltens unglücklich und besorgt, da sie Hunderte Packungen Papiertaschentücher pro Woche verbrauche, und wiesen sie neuerdings an, ihre Spucktätigkeit auf Klopapier zu verrichten. Dieses Papier werde dann innerfamiliär weiterverwendet.

In der Therapie erkennt die Patientin schnell, dass sie im Moment hauptsächlich daran leidet, sinnlos zu sein. Solange ihr Leben subjektiv keinen Sinn hat, wird sich auch ihr Spuckverhalten nicht ändern, so folgert sie. Auch ihre Hoffnung auf eine spätere Genesung der Schizophrenie ist der Veränderung des Alltags nicht förderlich. In der Therapie geht man auf die Suche nach einem Sinn im Leben. Sie kann entdecken, dass sie eigentlich im Haushalt helfen könnte. Ihre 70-jährige Mutter würde das entlasten, und sie hätte eine zweifellos sinnvolle Tätigkeit. Letztlich kommt sie auf die Formel »Helfen statt spucken!«. Nach zwei Monaten stellt sie das jahrelange Spuckverhalten ein. Die Patientin ist froh, die Eltern sind euphorisch.

ANALYSE: Ein Sinn – der Mutter im Haushalt helfen – hat Frau G. von ihren Verhaltensperseverationen losbringen können, die oft psychopharmakologisch therapieresistent sind. Selbstloses Tun um einer anderen Person willen ist ein starker Motor für Verhaltensänderungen.

Die konfessionell ungebundenen »Anonymen Alkoholiker« verwenden gezielt allgemeine Religiosität, um Verlusterlebnisse anders als mit Alkohol zu bewältigen: *»Gott, gib mir die Gelassenheit, Dinge hinzunehmen, die ich nicht ändern kann, den Mut, Dinge zu ändern, die ich ändern kann, und die Weisheit, das eine vom anderen zu unterscheiden.«* Tatsächlich, die Religionen haben jahrtausendelange Erfahrung im Umgang mit Schicksalsschlägen. Die Resilienz steigt mit der Religiosität, das hat die Coping-Forschung von Kenneth Pargament, Psychologe an der Bowling Green State University, eindrucksvoll bewiesen. Das ist auch irgendwie logisch: Der religiöse Mensch weiß, dass es hier auf Erden keine absolute Gerechtigkeit gibt. Damit kann der Gottgläubige vielleicht gelassener irdisches Unrecht ertragen, und sein inneres Stehaufmännchen wackelt etwas sanfter bei traumatisierenden Schicksalsschlägen.

Je mehr man seinen persönlichen Anteil an einem Schaden erkennt, desto leichter ist es, mit den schmerzhaften Folgen fertigzuwerden. Teilschuld nennt man das in der juristischen Sprache. Damit ist der Stachel des Schicksalsschlags gezogen: Es gibt weder einen Grund zu Aggression noch einen zur Verbitterung. Daraus folgt, dass es psychisch hilfreich ist, seine eigene Schuld zu betrachten, vor seiner eigenen Türe zu kehren. Das innere Stehaufmännchen bekommt damit ein schweres Metallgewicht um den Hintern geschnallt und kann sich leichter wieder aufrichten. Wer die eigene Verantwortung wahr- und annimmt, auch wenn sie noch so klein ist, lebt einfach leichter.

Man kann in ein Erdbebengebiet fahren, eine Giftschlange streicheln, Polizisten aus Prinzip duzen, einen Lehrer hinterfragen, eine Politesse auslachen, einem Politiker vertrauen – oft hat man im Leben einen nicht unwesentlichen Anteil daran, dass eigener Schaden entsteht. Da ist es psychologisch heilsam, nach diesen Anteilen zu suchen. Die berühmten letzten Worte des Sportlehrers, »Alle Speere zu mir!«, sind so ein Beispiel. Oder die des Chemielehrers: »Und nun der Geschmackstest.«

Natürlich hat man nicht immer einen Anteil am Problem. Außerdem soll dies kein öffentlicher Aufruf zur Übervorsichtigkeit werden: Klar, wer nicht aus dem Hause geht, dem passiert natürlich viel weniger. Trotzdem ist es gut und richtig, das Haus hin und wieder zu verlassen. Die Botschaft ist nur: Raus aus der Opferfalle! Jeder ist in seinem Leben Täter und Opfer. Aber nur der Täter kann etwas ändern, das Opfer muss weiterleiden.

Als besondere psychische Konstellation gilt freilich ein leichtes Eigenverschulden mit katastrophalen Folgen, zum Beispiel ein kleiner Fahrfehler, der aber den Tod eines Kindes zur Folge hat. Diese traurige Situation ist im Wesentlichen ein Schicksalsschlag, bei dem dann aber oft pathologische Schuldgefühle auftreten, die entsprechend behandelt werden müssen.

FALL 45: Die 40-jährige Rebekka D., beruflich in der mittleren Managementebene, ist in der Krise. Ihr Lebensgefährte Christoph hat sie nach zwanzig Jahren Beziehung verlassen. Sie galten lange als ideales Paar. Sie hätten in einer offenen Beziehung gelebt, hätten für die kon-

ventionellen Spießbürgerehen nur ein müdes Lächeln übriggehabt, sagt sie. Es sei ideal gewesen: Keiner habe den anderen kontrolliert; es habe keinen Zwang gegeben. Sie habe selten Außenbeziehungen gehabt, er etwas öfter. Aber nichts Ernstes. Danach habe man sich gegenseitig von seinen Abenteuern berichtet. Das sei die Abmachung gewesen. Ihre Eltern, recht konservativ, hätten längere Zeit auf eine Heirat gedrängt. Aber das junge Paar sei stets der Auffassung gewesen, dass diese bürgerlichen Fesseln die Liebe nur zerstören würden. Und die Ehe der Eltern sei auch nicht so toll gewesen. Kinder hätten sie keine, dazu hätten sie beide nie eine besondere Neigung gehabt. Einmal sei sie trotz Pille schwanger gewesen, aber das habe sie abtreiben lassen. Das hätte damals bei der Karriere gestört.
Wegen einer zwanzig Jahre Jüngeren habe ihr Lebensgefährte Christoph sie nun verlassen. Das tue weh. Noch dazu sei die andere schwanger. »Christoph wird Vater, was er bei mir nie wollte!« Frau D. macht ihrem ehemaligen Lebensgefährten die Trennung nicht leicht. Sie ist verzweifelt. Sie hasst ihn dafür. Wie kann er nur? Sie könnte ihn kastrieren! In der Therapie erkennt sie, dass sie miteinander ja eigentlich ausgemacht hatten, keine Lebensbindungen einzugehen. Dass jeder immer »frei« war. Und dass er sich jetzt – entsprechend ihrer Abmachung – diese Freiheit genommen habe. Es wird ihr schmerzhaft bewusst: Sie hat sich eigentlich, im Gegensatz zu ihrem theoretischen Beziehungsideal, immer die lebenslange Treue gewünscht – so wie ihre spießigen Eltern. Erschreckt entdeckt sie, dass sie tief im Inneren ja doch konservative Wertvorstellungen hat. Und dass sie ihren Kinderwunsch immer verdrängt hat – der sich jetzt an der Schwangerschaft der Rivalin schmerzhaft und bitter entzündet. Mit dieser Erkenntnis kann sie sich

vom Bild der zerstörten »idealen Liebe« trennen, und ein Aufarbeitungsprozess kommt in Gang.

ANALYSE: Frau D. ist von ihrem Lebensgefährten verlassen worden, mit dem sie selbst eine offene, ungebundene Beziehung eingegangen ist. Verbindlichkeit hat sie selbst immer aus ideologischen Gründen abgelehnt, obwohl sie von ihr unbewusst intendiert war. Die Erkenntnis des eigenen Beitrags an der momentanen schwierigen Situation macht ihr die Aufarbeitung leichter.

Scheitern fruchtbar machen

In diesem Buch wurden neun Schicksale aus der Weltliteratur vorgestellt und deren Umgang mit Schuld beschrieben. Alle neun sind außergewöhnliche Menschenleben und keines davon scheint aufs Erste wünschenswert. Jeder dieser neun Charaktere ist in gewisser Weise gescheitert. Drei erscheinen uns trotzdem in ihrem Scheitern bewundernswert: Gregorius, Raskolnikow und Valjean. Diese Protagonisten konnten die Schuld umwandeln und ihr Scheitern fruchtbar werden lassen. Bei ihnen ist die Herzenswende offensichtlich. Drei weitere erregen weniger unsere Bewunderung, sondern eher unser Mitleid: Faust, Kohlhaas und Hofmiller. Stefan Zweig würde die drei »durchschnittliche Charaktere« nennen, die nicht ganz zu ihrer Schuld stehen können. Ihr Herz bleibt lange unentschlossen, letztlich weiß man noch nicht, wie sie sich innerlich weiterentwickeln werden. Und bei drei Figuren wendet sich unsere Sympathie eher ab: Richard, Scrooge und Moor sind traurige Erscheinungen, die um sich selbst kreisen, ihre

Schuld verdrängen und in aggressive Fremdbeschuldigung flüchten.

Sechs der neun in diesem Buch vorgestellten Charaktere schaffen letztlich aber doch die Herzenswende. Neben Gregorius, Raskolnikow und Valjean, bei denen die Herzensbewegung beschrieben wurde, noch Faust, Hofmiller und Scrooge, die ihr lang verdrängtes Fehlverhalten schließlich doch wahrnehmen können und eine selbsterwählte Sühne zur Wiedergutmachung auf sich nehmen. Diese sechs haben mit einer Herzensbewegung ihr Scheitern fruchtbar gemacht, haben aus ihrem Sturz Schwung geholt für einen moralischen Aufstieg. Durch das Schicksal der anderen oder die eigene Schuldeinsicht bewegt, haben sie sich vom Egoismus des Bauches oder der berechnenden Kopfentscheidung abgewandt und sind zur Herzensgröße aufgestiegen.

Von Kohlhaas, Richard und Moor ist keine Schuldeinsicht oder Sühnebereitschaft berichtet. Sie enden verbittert als Folge ihrer Machenschaften. Ihre Herzensverhärtung bleibt anscheinend bis zum Schluss unverändert. Sie haben »endlich auf die eigenen Bedürfnisse geschaut«, »sich selbst etwas Gutes getan«, sich selbst verwirklicht – und sind dabei über Leichen gegangen. Für den Beobachter ist das Leben dieser drei bedrückend und abschreckend, im Gegensatz zum fruchtbaren Scheitern der sechs anderen, die den Mist, den sie gebaut haben, zu Humus machen konnten. Die Herzenswende ist für den unbeteiligten Zuseher bewegend, denn die Erfahrung des Scheiterns und des Schuldigwerdens ist allgemein menschlich. Diese Art der inneren Wende ist auch das Erfolgsrezept vieler bekannter Filme, wie etwa des in Kapitel 8 beschriebenen »Das Leben der Anderen«. Abgesehen von manchen weltfremden Theoretikern ist sich die Menschheit hier sehr einig, dass

Selbstlosigkeit und Schuldeinsicht edler sind als stumpfe Egozentrik und rücksichtslose Selbstverwirklichung.

Das Phänomen des menschlichen Scheiterns ist in den vergangenen Jahren zunehmend entdeckt worden. Eine Reihe von Ratgebern erklären heute, wie man »lässig«, »gescheit«, »besser« oder »schöner« scheitert, sprechen von der »Kunst«, der »Kraft«, dem »Charme« und sogar vom »Glück« des Scheiterns sowie von dessen »heilender Kraft«, davon, dass Scheitern »kein Fehler« und eine »Chance für ein neues Leben« sei. Das ist alles schön und erfreulich – aber ohne das Thema der eigenen Schuld bleiben alle diese Bücher merkwürdig zahnlos. Manche Ratgeber tappen sogar in die Falle der Fremdbeschuldigung und blockieren damit die eigentliche Lösung: Wenn man nur gescheitert ist, weil man einem Bösewicht begegnet ist, ist man wieder in der Opferfalle. Die eigene Schuld ist das Scheitern schlechthin – und damit die schmerzhafteste und innerste Form. Diese anzunehmen, ohne sie zu verdrängen, macht wahrhaft frei.

ZUSAMMENFASSUNG: Schuld wird man los, indem man sie annimmt. Der selbstauferlegte Anspruch auf Fehlerlosigkeit überfordert und erdrückt das menschliche Leben. Irren ist menschlich, und Scheitern gehört zum Leben! Die Schuldannahme bewirkt einen Freiheitsgewinn und macht durch laufende Kurskorrektur ein geglücktes Leben möglich. Wende des Herzens bedeutet die Wegwendung von der Egozentrik und Hinwendung zum Du – und damit zu einem sinnvollen Leben.

Literatur

Adler, Alfred: Gesammelte Werke in 7 Bänden. Vandenhoeck & Ruprecht, Göttingen 2007

Allers, Rudolf: Das Werden der sittlichen Person. Wesen und Erziehung des Charakters. Herder, Freiburg im Breisgau 1935

Aristoteles: Nikomachische Ethik. Rowohlt, Reinbek 2006

Bauer, Joachim: Schmerzgrenze: Vom Ursprung alltäglicher und globaler Gewalt. Karl Blessing, München 2011

Buber, Martin: Schuld und Schuldgefühle, Gesammelte Werke, Erster Band, Schriften zur Philosophie, S. Fischer, Frankfurt am Main 1963, S. 475-502

Burggraf, Jutta: Teresa von Ávila. Humanität und Glaubensleben. Ferdinand Schöningh, Paderborn 2001

Canacakis, Jorgos: Ich sehe deine Tränen. Kreuz, Stuttgart 1987

Cloninger, Robert: Feeling Good. The Science of Well-Being. Oxford University Press, New York 2004

Dickens, Charles: A Christmas Carol. Philipp Reclam jun., Stuttgart 1986

Dilling, Horst mit W. Mombour, M. H. Schmidt: Internationale Klassifikation psychischer Störungen: ICD-10 Kapitel V (F). Klinisch-diagnostische Leitlinien. Huber, Bern; 8. Auflage 2011

Dostojewski, Fjodor M.: Schuld und Sühne. dtv, München 1997

Eigler, Gunther: Platon: Werke in acht Bänden. 6. Auflage, Wissenschaftliche Buchgesellschaft, Darmstadt 2010

Ellenberger, Henri F.: Die Entdeckung des Unterbewussten. Huber, Bern 1973

Ernst, Heiko: Wie uns der Teufel reitet. Herder, Freiburg im Breisgau 2011

Exline, Julie mit R. F. Baumeister, A. L. Zell, A. J. Kraft, C. V. Witvliet: Not so innocent: Does seeing one's own capacity for wrongdoing predict forgiveness? J. Pers. Soc. Psychol. 2008 March; 94(3): 495-515

Frankl, Viktor E.: Ärztliche Seelsorge. dtv, München 2007

Frankl, Viktor E.: Das Leiden am sinnlosen Leben. Herder, Freiburg im Breisgau 2009

Freud, Sigmund: Gesammelte Werke in 19 Bänden, S. Fischer, London 1951

Fromm-Reichmann, Frida: Principles of Intensive Psychotherapy. University of Chicago Press, 1960

Fuchs, Thomas: Das Gehirn – ein Beziehungsorgan. Eine phänomenologisch-ökologische Konzeption. Kohlhammer, Stuttgart 2010

Geyer, Christian: Hirnforschung und Willensfreiheit. Zur Deutung der neuesten Experimente. Suhrkamp, Frankfurt am Main 2004

Goethe, Johann Wolfgang von: Faust. Eine Tragödie: Erster und zweiter Teil. dtv, München 1997

Goleman, Daniel: Emotionale Intelligenz. dtv, München 2009

Goleman, Daniel: Lebenslügen. Warum wir uns immer wieder selber täuschen. »Psychologie heute«-Taschenbuch, Beltz, Weinheim 1991

Görres, Albert; Rahner, Karl: Das Böse. Herder, Freiburg im Breisgau 1982

Guardini, Romano: Vom Sinn der Schwermut. Matthias Grünewald, Ostfildern 1983

Handke, Peter: Wunschloses Unglück: Erzählung. Suhrkamp Tb, Frankfurt am Main 1972

Hell, Daniel: Die Sprache der Seele verstehen: Die Wüstenväter als Therapeuten. Herder, Freiburg im Breisgau 2002

Hirigoyen, Marie-France: Die Maske der Niedertracht. dtv, München 2009

Hirsch, Mathias: Schuld und Schuldgefühle. Zur Psychologie von Trauma und Introjekt. Vandenhoeck & Ruprecht, Göttingen 2012

Hugo, Victor: Die Elenden. Manesse, Stuttgart 1968

Jung, Carl Gustav: Psychologie und Religion. (Werke XI), Rascher, Zürich 1937

Kleist, Heinrich von: Michael Kohlhaas: Aus einer alten Chronik. Philipp Reclam jun., Stuttgart 1986

Kornhuber, Hans Helmut; Deecke, Lüder: Wille und Gehirn. Edition Sirius, Bielefeld 2009

Künkel, Frinz: Die Arbeit am Charakter. Friedrich Bahn, Konstanz 1985

Künkel, Fritz: Einführung in die Charakterkunde. Hirzel, Stuttgart 2000

Linden, Michael; Maercker, Andreas: Embitterment: Societal, psychological, and clinical perspectives. Springer, Wien 2010

Lorenz, Konrad; Das sogenannte Böse. Zur Naturgeschichte der Aggression. Dr. G. Borotha-Schoeler, Wien 1963

Malessa, Andreas; Giesekus, Ulrich: Vergeben kann man nicht müssen. Brunnen, Gießen 2007

Mann, Thomas: Der Erwählte. Fischer Tb, Frankfurt am Main, 29. Aufl. 2012

Menninger, Karl: Whatever Became of Sin? Hawthorn Books, New York 1973

Miller, Alice: Evas Erwachen. Über die Auflösung emotionaler Blindheit. Suhrkamp, Frankfurt am Main 2011

Pargament, Kenneth: The Psychology of Religion and Coping: Theory, Research, Practice. Guilford, New York 1997

Peterson, Christopher; Seligman, Martin: Character Strengths and Virtues. Oxford University Press, New York 2004

Pieper, Josef: Über die Tugenden. Kösel, München 2008

Prisching, Manfred: Das Selbst. Die Maske. Der Bluff. Über die Inszenierung der eigenen Person. Molden, Wien 2009
Röhr, Heinz-Peter: Narzissmus. Das innere Gefängnis. dtv, München 2012
Saß, Henning mit Hans-Ulrich Wittchen und Michael Zaudig: Diagnostische Kriterien (DSM-IV-TR). Hogrefe Verlag, Göttingen 2003
Schiller, Friedrich: Die Räuber, Studienausgabe, Philipp Reclam jun., Stuttgart 2009
Schulz von Thun, Friedemann: Miteinander reden 3. Das innere Team und situationsgerechte Kommunikation. Rowohlt Tb, Hamburg 1998
Seligman, Martin: Der Glücksfaktor: Warum Optimisten länger leben. Ehrenwirth, Bergisch Gladbach 2003
Seligman, Martin: Flourish. Wie Menschen aufblühen. Kösel, München 2011
Shakespeare, William: König Richard der Dritte. Aus: Shakespeares dramatische Werke, Bd. 3, Übersetz. A. W. Schlegel und L. Tieck, De Gruyter, Berlin 1896, Reprint 2012
Singer, Wolf: Der Beobachter im Hirn. Suhrkamp, Frankfurt am Main 2002
Steffens, Melanie Caroline; Mecklenbräuker, Silvia: False Memories. Phenomena, Theories, and Implications. Zeitschrift für Psychologie/Journal of Psychology, Göttingen S2007 (215):12-25
Torello, Johannes B.: Psychoanalyse und Beichte. Fassbänder, Wien 2005
Vitz, Paul: Der Kult ums eigene Ich. Brunnen, Gießen 1995
Watzlawick Paul: Anleitung zum Unglücklichsein. Piper, München 2007
Welzer, Harald; Giesecke, Dana: Das Menschenmögliche. Zur Renovierung der deutschen Erinnerungskultur. Edition Körber-Stiftung, Hamburg 2012
Winterhoff, Michael: Persönlichkeiten statt Tyrannen: Oder:

Wie junge Menschen in Leben und Beruf ankommen. Gütersloher Verlagshaus, Gütersloh 2010
Winterhoff, Michael: Tyrannen müssen nicht sein: Warum Erziehung allein nicht reicht – Auswege. Gütersloher Verlagshaus, Gütersloh 2009
Winterhoff, Michael: Warum unsere Kinder Tyrannen werden: Oder: Die Abschaffung der Kindheit. Gütersloher Verlagshaus; Gütersloh 2008
Worthington, Everett L. mit C.V. Witvliet, P. Pietrini, A. J. Miller: Forgiveness, Health and Well-Being: A review of evidence for emotional versus decisional forgiveness, dispositional forgiveness, and reduced unforgiveness. J. Behav. Med. 2007 August, 30 (4): 291-302
Worthington, Everett L.: Handbook of Forgiveness. Routledge, New York 2005
Zimbardo, Philip: Der Luzifer-Effekt. Die Macht der Umstände und die Psychologie des Bösen. Spektrum Sachbuch, Heidelberg 2008
Zweig, Stefan: Marie Antoinette: Bildnis eines mittleren Charakters. Fischer Tb, Frankfurt am Main 2012
Zweig, Stefan: Ungeduld des Herzens. S. Fischer, Frankfurt am Main 2004